Trabalho 4.0

Trabalho 4.0

2020

Coordenador: José Roberto Afonso

ALMEDINA

TRABALHO 4.0
© Almedina, 2020
COORDENADOR: José Roberto Afonso
DIAGRAMAÇÃO: Almedina
DESIGN DE CAPA: Roberta Bassanetto
ISBN: 9786556270609

Dados Internacionais de Catalogação na Publicação (CIP)
(Câmara Brasileira do Livro, SP, Brasil)

Trabalho 4.0 / coordenador José Roberto Afonso. --
São Paulo : Almedina, 2020.

Vários autores.
Bibliografia.
ISBN 978-65-5627-060-9

1. Direito do trabalho 2. Inovações tecnológicas
3. Inteligência artificial 4. Política econômica
5. Políticas sociais 6. Relações do trabalho - Brasil
7. Seguro social I. Afonso, José Roberto.

20-38222   CDU-34:331

Índices para catálogo sistemático:
1. Direito do trabalho 34:331
Cibele Maria Dias – Bibliotecária – CRB-8/9427

Este livro segue as regras do novo Acordo Ortográfico da Língua Portuguesa (1990).

Agosto, 2020

EDITORA: Almedina Brasil
Rua José Maria Lisboa, 860, Conj.131 e 132, Jardim Paulista | 01423-001 São Paulo | Brasil
editora@almedina.com.br
www.almedina.com.br

SOBRE O COORDENADOR

José Roberto Afonso

Professor da Pós-Graduação stricto sensu do IDP
Investigador do Centro de Administração e Políticas Públicas do ISCSP da
Universidade de Lisboa
Pós-doutorando do ISCSP da Universidade de Lisboa
Doutor em Desenvolvimento Econômico pela UNICAMP
Mestre em Economia da Indústria e da Tecnologia pela UFRJ
Consultor independente, especializado em finanças públicas
Economista e contabilista

SOBRE OS AUTORES

Adriana Nunes Ferreira

Doutora em Economia pela UNICAMP
Mestre em Economia pela USP
Graduada em Economia pela USP
Professora e pesquisadora do IE/UNICAMP
Economista

Anaely Machado

Doutoranda em Economia pela UnB
Mestre em Economia pela UnB
Graduada em Economia pela UnB
Especialista em Desenvolvimento Industrial na CNI

Camila Bevilaqua

Doutoranda em Antropologia Social pelo Museu Nacional pela UFRJ
Mestre em Antropologia Social pelo Museu Nacional (UFRJ)
Graduada em Ciências Sociais pela UFRJ

Daniela Gorayeb

Doutora em Economia pela UNICAMP
Mestre em Economia pela UNICAMP
Graduada em Economia pela UNICAMP
Professora de Economia da FACAMP
Pesquisadora do IE/UNICAMP

Dora Kaufman

Pós-doutoranda pela Filosofia USP
Pós-doutora pela Coppe UFRJ
Pós-doutora pelo TIDD PUC/SP
Doutora em Ciência da Comunicação pela USP com período sanduíche em
Université Paris-Sorbonne IV
Professora do TIDD PUC/SP
Professora convidada da Fundação Dom Cabral (FDC)
Economista

Fabio Silveira

Mestre em economia pela *Université Grenoble Alpes* (França)
Pós-graduado pelo *Graduate Institute of International and Development Studies de Genebra* (Suíça)
Graduado em Economia pela USP
Economista

Geraldo Biasoto Jr.

Doutor em Economia pela UNICAMP
Mestre em Economia pela UNICAMP
Professor aposentado do IE/UNICAMP
Economista

José Roberto Afonso

Professor da Pós-Graduação stricto sensu do IDP
Investigador do Centro de Administração e Políticas Públicas do ISCSP da Universidade de Lisboa
Pós-doutorando do ISCSP da Universidade de Lisboa
Doutor em Desenvolvimento Econômico pela UNICAMP
Mestre em Economia da Indústria e da Tecnologia pela UFRJ
Consultor independente, especializado em finanças públicas
Economista e contabilista

Marie France Garcia-Parpet

Doutora em Antropologia Social (Museu nacional)
Mestre em Antropologia Social (Museu Nacional)
Graduada em Economia (Faculté de Nanterre)
Professora no Instituto de Filosofia e Ciências Sociais da UFRJ (até 1994)
Pesquisadora aposentada do Institut National de la Recherche Agronomique (INRA)
Pesquisadora associada ao Centre de Sociologie et de Sciences Politiques
Ecole des Hautes Études em Sciences Sociales

Paulo Henrique da Silva

MBA em Machine Learning pelo IGTI
Graduado em Ciências Sociais pela USP
Especialista em Desenvolvimento Industrial na CNI

Thiago Felipe Ramos de Abreu

Doutorando em Ciências Econômicas na UERJ
Mestre em Ciências Econômicas na UERJ
Economista

A publicação dos capítulos 1, 2, 4 e 5 deste livro tem a cooperação da UNESCO no âmbito do Projeto 570BRZ1013, Edital 02/2018, o qual teve por objetivo de identificar as mudanças na sociedade e no setor produtivo decorrentes da revolução digital. Os estudos foram concluídos em dezembro de 2018. As indicações de nomes e a apresentação do material ao longo deste livro não implicam a manifestação de qualquer opinião por parte da UNESCO a respeito da condição jurídica de qualquer país, território, cidade, região ou de suas autoridades, tampouco da delimitação de suas fronteiras ou limites. As ideias e opiniões expressas nesta publicação são as dos autores e não refletem obrigatoriamente as da UNESCO nem comprometem a Organização.

APRESENTAÇÃO

O uso das expressões Quarta Revolução Industrial ou Segunda Era das Máquinas para qualificar as transformações em curso no mundo produtivo podem passar uma ideia equivocada de que as mudanças se limitam às fábricas. Na verdade, as novas tecnologias de informações e comunicações dispararam uma revolução que vai muito além da indústria, alcança também comércio, serviços, finanças (privadas e públicas), afetando também as relações sociais e culturais.

Se é difícil compreender e avaliar uma revolução em meio ao seu curso, a missão torna-se impossível quando boa parte do governo, da academia e das entidades organizadas de um país parece não ter informações e conhecimento sobre as transformações que ocorrem.

Parece que não se tem formulado diagnóstico atualizado sobre esse novo cenário produtivo, econômico e social, pouco se busca na bibliografia externa e muito menos conhecer das experiências internacionais. O Brasil, apesar de ativamente participar de mudanças tecnológicas a nível global, não conta, ainda, com um estudo compreensivo e que considere diagnósticos atualizados e experiências internacionais.

Falta uma visão plural, atualizada, abrangente e consistente das questões decorrentes dessas transformações estruturais (econômicas, sociais e culturais) e das alternativas para suas soluções, especialmente no âmbito das mudanças de políticas públicas, ou seja, de novas ações governamentais e novas leis (e divulgação do conhecimento).

Na tentativa de contribuir para cobrir em parte essas lacunas no Brasil, além de abordar o tema eventualmente na coluna mensal na Revista Conjuntura

Econômica, publicada pelo IBRE da Fundação Getúlio Vargas, este coordenador buscou parcerias com outras instituições, bem assim professores e especialistas que também vinham trabalhando nessas áreas de concentração. Em particular, inicialmente foram realizadas pesquisas para a CNI, demandadas por Marcio Guerra, gerente executivo do Observatório Nacional SESI/SENAI/IEL – cujos técnicos contribuíram com o trabalho que constitui o capítulo 4 deste livro. Elas se desdobraram em estudos contratados pela UNESCO, desenvolvidos com parceiros, que resultaram em trabalhos concluídos em dezembro de 2018 e agora publicados nesta obra – caso dos capítulos 1, 2, 4 e 5. Reflexões seguintes, próprias ou de alguns parceiros, resultaram nos demais capítulos.

As reflexões em torno dos impactos da inteligência artificial e das mudanças nas finanças públicas já foram objetos de discussões, inclusive na forma de webinar, no âmbito do Projeto *Governance* 4.0, que o IDP lidera com outras instituições universitárias e de pesquisas, do Brasil e de Portugal, com coordenação do mesmo coordenador deste livro. Além do curso ministrado pelo coordenador no programa de pós-graduação da citada escola de Direito de Brasília.

A estruturação em si deste livro, consolidando e dando consistência aos capítulos, faz parte das atividades do projeto que este coordenador desenvolve no seu pós-doutorado em administração pública, na Universidade de Lisboa, desde 2019. A pesquisa, sob tema "O Financiamento das Administrações Públicas e a Sustentabilidade Fiscal diante das Mudanças no Mercado de Trabalho na Era Digital: Os Desafios Brasileiros à Luz da Experiência Internacional", é desenvolvida para o Centro de Administração e Políticas Públicas – CAPPs, do Instituto Superior de Ciências Sociais e Políticas – ISCSP, sob orientação do professor supervisor Dr. João Ricardo Catarino.

Os estudos que compõem esta obra analisam, a partir de uma visão multidisciplinar, os impactos esperados da revolução digital em curso sobre a economia e a sociedade brasileira, especialmente no que toca às mudanças nas relações de trabalho e na organização da educação, da ciência e da cultura. Objetivam subsidiar entidades da sociedade civil organizada, autoridades governamentais e parlamentares para melhor conhecerem e se posicionarem no debate nacional, sobretudo de políticas públicas.

Em cada caso, buscou-se realizar uma revisão bibliográfica, mais focada na literatura internacional. Por se tratar de assuntos novos e ainda sem definições precisas, por vezes, recorreu-se também a artigos de mídia, inclusive audiovisual. Além de buscar um contraponto entre a cena internacional e a nacional, são feitas recomendações de mudanças e ações.

Vale destacar as grandes reflexões desenvolvidas nos capítulos desses livros.

Transformações e políticas públicas

As mudanças tecnológicas são inexoráveis, inclusive com a "nova onda" da Internet das Coisas. O mesmo se pode dizer da globalização e da concentração de negócios, desde o comércio eletrônico até as diferentes fontes de entretenimento. Impostos não continuarão a ser cobrados no futuro como hoje são no presente. Moedas, instituições bancárias, transações financeiras também mudarão, rápida e radicalmente. Previdência social, saúde pública e até ensino mudarão.

Como mudar as políticas públicas para atender a esse novo e, em grande parte, ainda desconhecido mundo moderno é um desafio radical para os formuladores e os executores das políticas públicas, bem como para os especialistas que estudam, publicam e debatem sobre o tema.

Mesmo a ideia liberal e clássica de que a educação será o elemento-chave para promover a igualdade dentre as famílias passa a ser questionada. Habilidades (*skills*) são defendidas, sobretudo por organismos multilaterais, como a chave das mudanças. Isso traz à tona ter um novo olhar e plano de ação

Em *As Novas Relações do Trabalho*, de autoria deste coordenador em parceria com Thiago Felipe Ramos de Abreu, conclui-se que a perspectiva para o emprego e para a Previdência será ainda mais negativa com a radical mudança de paradigmas tecnológicos e de trabalho. No âmbito do emprego, o objetivo maior da esfera pública deve ser entender o impacto nas relações de trabalho e sociais da substituição do trabalho humano por robôs e agentes inteligentes. Quanto à Previdência Social, por mais que esta tenha sido decisiva para deterioração fiscal no país, a sua reforma não deveria se limitar aos impactos nas contas públicas. Uma visão estratégica e mais abrangente pode contemplar o pacto de coesão social e a formação de poupança domiciliar, entre outros aspectos.

Transformações industriais e emprego no setor

Os desafios da indústria brasileira são imensos, particularmente em relação ao seu mercado de trabalho. Além de fatores estruturais, é possível que a saída da recessão econômica 2015-2016 tenha acentuado tendências deste mercado, já que, entre outros aspectos, a diminuição (ainda que lenta) do desemprego vem se pautando pela assimilação crescente de profissionais sem carteira de trabalho.

Há anos, o Brasil já vive um processo de transformação, sobretudo no setor privado, tendo em vista que os assalariados de renda mais elevada passaram a ser contratados como pessoas jurídicas. Nos países centrais, uma tendência nova surgiu nos últimos tempos: a contratação de trabalho por empreitada e independente do vínculo empregatício. Tais fenômenos tendem a se intensificar, sobretudo à medida que as unidades produtivas forem migrando para uma Indústria 4.0.

O trabalho *Mudanças na Sociedade e no Setor Produtivo Decorrentes da Revolução Digital* foi liderado por Fabio Silveira, em parceria com Geraldo Biasoto Júnior, Adriana Nunes Ferreira e Daniela Gorayeb. Tratam da articulação do trabalho ao novo mundo da produção em especial o impacto da Quarta Revolução Industrial e as tensões postas para o mercado de trabalho a partir do movimento recente da economia brasileira. Autores alertam:

> Entretanto, a incapacidade de articular o trabalho ao novo mundo da produção pode elevar o risco de ampliar falhas na qualificação profissional, gerando um mercado de trabalho fragmentado e ainda mais desigual. As decisões de agora definirão as trajetórias possíveis do futuro do mercado de trabalho.

Acerca da crise do mercado de trabalho brasileiro, os autores, a partir de dados da Pesquisa Nacional por Amostra de Domicílios Contínua (Pnad Contínua), do Cadastro Geral de Empregados e Desempregados (Caged) e da Relação Anual de Informações Sociais (Rais), destacam dois períodos: a) de 2012 a 2014 – com um movimento de aumento da ocupação, queda das taxas de desocupação e melhora da qualidade dos vínculos; b) de 2015 a 2018 – apresenta-se uma piora de todos os indicadores de mercado de trabalho, ainda que, em 2018, os dados do Caged mostrem que o setor apresenta recuperação modesta.

Trabalho independente

Na sequência dos estudos sobre as transformações produtivas, é interessante estudar mais as novas relações de trabalho que se caracterizam, muitas vezes, pela forte independência e autonomia dos trabalhadores. Cada vez mais se está a demarcar fronteiras para conceituar essas novas relações, sendo que, em uma dentre as várias nomenclaturas, se referem a trabalho-padrão vis-à--vis trabalho não-padrão.

Paulo Henrique Silva e Anaely Machado desenvolveram uma pesquisa para CNI em que buscaram quantificar os diferentes tipos de relações de trabalho no Brasil, a partir da tabulação de micro dados da Pnad. Em particular, identificaram e dimensionaram o chamado trabalho independente em ocupações industriais.

Podemos comentar alguns achados. As ocupações industriais com maior proporção de trabalhadores autônomos formais são bastante diversificadas, com alguma predominância de ocupações ligadas à construção civil e confecção do vestuário. Em geral não são ocupações de alta tecnologia e seus trabalhadores são ligeiramente menos escolarizados do que os empregados com carteira mas bem mais do que os informais o que deixa claro que não se pode confundir o autônomo formal com as formas de inserção precária típicas da informalidade.

A presença do trabalho autônomo formal no mercado de trabalho tende a continuar crescendo e, caso a economia volte a crescer com taxas mais robustas, esse crescimento pode acelerar com o tempo.

Habilidades para o desempenho das novas funções

A transformação digital impacta positivamente a economia ao incrementar a produtividade e ao reduzir os custos. Por outro lado, como indicam diversos estudos, pressiona o mercado de trabalho em variáveis como emprego e habilidades. Numa velocidade inédita, em consequência dos recentes avanços, as máquinas e os algoritmos inteligentes assumem desde tarefas repetitivas e rotineiras até as cognitivas. Em paralelo, há um déficit de profissionais habilitados a desempenhar as novas funções. As universidades e os centros de formação, via de regra, capacitam profissionais para um mercado do século XX, o que implica, em parte, a baixa produtividade do país.

A carência de profissionais aptos a desempenhar as novas funções é uma das principais barreiras nos processos corporativos de transformação, seja no setor industrial, seja no de serviços. Relatos do setor bancário varejista, setor que no Brasil vem demonstrando estar a frente dos demais com relação as novas tendências de mercado mundial, atestam igualmente a dificuldade de reciclar os profissionais pela deficiência na formação básica em conhecimento de tecnologia, análise de dados e matemática/estatística/algoritmos.

Em *Os Impactos Esperados das Mudanças Tecnológicas: Novas Habilidades Demandadas dos Trabalhadores*, uma investigação foi conduzida por Dora Kaufman, até dezembro de 2018, a partir de fontes secundárias acerca das habilidades potenciais e necessárias para o século XXI, em um contexto de maior produtividade com economia de custos e maior eficiência nas grandes mudanças sociais, em função do avanço tecnológico da inteligência artificial e robótica nos sistemas globais de produção. São abordadas questões, como as transformações na sociedade e no setor produtivo decorrentes das mudanças tecnológicas, as principais tendências tecnológicas com impacto para o mercado de trabalho. A autora também destaca as habilidades mais demandadas dos trabalhadores e os efeitos das mudanças tecnológicas sobre o emprego e a educação do trabalhador.

Sociologia da *gig economy*

O desenvolvimento das plataformas (P2P) fez aumentar o número de trabalhadores independentes. A forma como o jovem de hoje encara o emprego mudou, desde sua formação escolar até sua carreira profissional – e também o que se pode esperar do poder público e do futuro que este possa lhe oferecer. Cumpre, portanto, estudar as novas formas e manifestações que surgem na economia, voltados para atividades econômicas e empregatícias, que receberam diversas alcunhas recentemente. Diferentes teorias buscam explicar as diferenças constatadas na maneira como se adentra no mercado de trabalho, como se vislumbra sua permanência, fora do perfil de consumo e das expectativas para futuro.

É preciso refletir como essas teorias se aderem e se aplicam ao cenário brasileiro e como os jovens podem agir como atores de transformações sociais, econômicas e culturais. Busca-se mapear, assim, as expectativas, tanto do poder público quanto da população em relação às novas relações econômicas emergentes.

Nesse sentido, em análise coordenada por Marie France Garcia-Parpet, em parceria com Camila Bevilaqua, denominada As Novas Economias Digitais: Impacto sobre o Trabalho e a Gig Economy, são discutidas as consequências das transformações decorrentes das tecnologias digitais sobre o futuro do emprego e do trabalho. O texto destaca as transformações ocorridas no mundo econômico, social, político e cultural no seu conjunto, o papel das plataformas "peer to peer" (P2P) e da "gig economy" no processo de desconstrução do "trabalho decente", como entendido pela percepção compartilhada pela Organização Internacional do Trabalho (OIT). No que se refere à realidade brasileira, o trabalho confronta a bibliografia existente no Brasil com a literatura internacional, destacando aspectos nacionais – como a larga existência de emprego informal e a extensão peculiar do estatuto de pessoa jurídica (PJ) – para além das atividades tipicamente empresárias, explicitadas em um *survey* composto por várias entrevistas.

Além das implicações diretas das mudanças tecnológicas na dinâmica produtiva incidindo diretamente nas relações de trabalho, as autoras chamam atenção sobre a evolução das aspirações a respeito do trabalho por parte dos jovens: um *survey* efetuado entre jovens de classe média mostra, entre outros valores a respeito do uso do seu tempo, a valoração da independência em detrimento à carteira assinada. Se esse fato se confirmar numa população mais ampla, virá somar-se a uma porcentagem já muito elevada de trabalhadores independentes. Entender esses processos e essas novas tendências é importante para desenhar propostas de políticas públicas voltadas ao mercado de trabalho atual.

Fundamentos da economia de dados

As tecnologias de Inteligência Artificial (IA) representam uma nova fronteira para os negócios digitais e, gradativamente, vêm sendo incorporadas aos aplicativos, aos serviços, aos produtos e aos processos, mediando a comunicação e as relações sociais em todas as suas dimensões. Esse movimento reflete os recentes resultados positivos dos modelos estatísticos preditivos de redes neurais (*deep learning*), que viabilizaram, em larga escala, identificar padrões e correlações com base em grandes quantidades de dados; seus algoritmos são concebidos, treinados e aperfeiçoados a partir dos dados captados por meio de distintos sensores, particularmente nas interações *on-line*.

A inovação pode já começar na abordagem, inclusive da economia e de seus fundamentos. Em outro e ambicioso trabalho, Dora Kaufman procura mostrar como o *Big Data* e as tecnologias de IA estão configurando um novo modelo econômico, que ela chama de Economia ou Capitalismo de Dados. Os impactos não se limitam ao desenvolvimento e produção, mas alcançam também o mercado de trabalho. Entender os fundamentos e a lógica do ambiente de negócio do século XXI é condição *sine qua non* para navegar com vento a favor.

O novo século está marcado pela aceleração e modelos de negócios intensivos em tecnologia. Estar preparado para o mercado de trabalho depende de empenho individual, de ser protagonista de sua própria carreira. Assim, no capítulo denominado *Fundamentos da Economia de Dados: como os dados e a inteligência artificial impactam o trabalho*, a investigadora conclui que, mantido o ritmo atual, a cada cinco anos se dá quase uma mudança de planeta.

Seguro-social e desenvolvimento econômico e social

Um aumento estrutural do desempenho decorrente da automação é uma hipótese muito forte e que exigirá repensar os esquemas de proteção social dos trabalhadores, sobretudo daqueles que não mais terão um vínculo empregatício. Não poderão receber seguro-desemprego porque sequer estavam empregados com carteira assinada.

No último capítulo, *Seguro-social e desenvolvimento: o velho Keynes e os novos desafios*, este coordenador volta aos primórdios da concepção econômica da rede de proteção social adotada em meados do século passado, que girava em torno do emprego com carteira de trabalho assinada. Empregadores e empregados contribuem em cima do valor de seus salários, que também passa a balizar os benefícios pagos no futuro (aposentadoria) ou, antes, em caso de alguma intempérie (uma delas é o seguro-desemprego). Esse paradigma está sendo quebrado pela revolução em curso, na indústria, na economia e na sociedade, que compreende, dentre outros, uma intensa automação do processo de trabalho (substituindo trabalhadores por robôs) a economia compartilhada e a do "bico" (com trabalhadores exercendo suas funções sem vínculo contratual, físico e temporal).

Os países precisarão construir um novo pacto ou contrato, social e também econômico, para lidar com essa realidade. Um dos eixos dessa mudança de estrutura no Brasil deverá passar pelo FAT e BNDES, de modo que o amparo ao trabalhador deverá assumir outras formas que não apenas aquela presa a carteira assinada, bem assim o financiamento de investimentos, também deverá pensar em trabalho e não mais apenas em emprego.

Em conclusão,

Cada vez mais trabalho não representará necessariamente emprego. As políticas públicas precisão mudar para responder aos novos desafios e questões.

Diante da nova revolução, não se pode reagir como os luditas que quebravam as máquinas de fiação e tecelagem que tirariam seus trabalhos no início do século XIX, nos primórdios da primeira revolução industrial.

Da academia às autoridades econômicas e legisladores, é preciso se preparar e, sobretudo, mudar as políticas públicas de práticas. O setor privado já mudou e não sobreviverá quem ficar preso ao passado. Agora, é premente diagnosticar e traçar um plano estratégico para lidar com essa nova realidade tecnológica, econômica e social.

O mercado de trabalho já mudou radicalmente e ainda vai se alterar mais com a crescente opção pelo trabalho flexível ou independente. Este livro é apenas uma pequena contribuição ao debate que precisa ser iniciado, nacionalizado e aprofundado. Ninguém sabe ao certo para onde e como se irá, mas é certeza absoluta que o futuro será muito diferente do presente.

Por fim, é importante registrar que não teria sido possível publicar este livro sem o suporte já mencionado da UNESCO e da CNI para alguns capítulos, assim como o apoio nas atividades de coordenação da advogada e pós--graduada em Direito Tributário e Finanças Públicas, Deborah d'Arcanchy, bem como do economista e mestrando em Economia da Inovação, Bernardo Motta Monteiro.

Lisboa, abril de 2020.

JOSÉ ROBERTO AFONSO
Coordenador

PREFÁCIO

Arnold Toynbee, em seu "Um Estudo da História", desenvolveu a tese de como surgiam, desenvolviam-se e feneciam as civilizações. Para ele, as civilizações crescem na medida em que seus líderes dão respostas criativas aos desafios do meio em que vivem. O renomado historiador inglês elencava 27 civilizações que se sucederam ao longo da história, seguindo basicamente 3 modelos de desenvolvimento. Quando, em 1975, concluía seu estudo, que lhe tomou mais de 50 anos de pesquisas, Toynbee distinguia no mundo, convivendo temporalmente, 5 civilizações, consideradas como diferentes ordens de valores em torno dos quais se organizavam povos e nações: ocidental cristã, oriental marxista, islâmica, hindu e sino-japonesa.

Já Niall Fergusson, igualmente destacado historiador britânico, em seu "Civilização", procurava demonstrar a razão pela qual a civilização ocidental cristã acabou impondo sua supremacia no mundo pelos últimos 5 séculos, quer pelo seu desenvolvimento tecnológico, modelo econômico ou jurídico, quer ainda pela sua religião, perguntando-se o que será do confronto "Ocidente x Oriente" a partir deste século XXI.

Pois bem, quem poderia imaginar que ao final da 2ª década do século XXI o mundo estaria enfrentando um desafio tão avassalador, que nenhuma tecnologia ou desenvolvimento científico tem dado conta de superar, que é a pandemia decorrente do coronavírus, vindo justamente do gigante comunista da China Continental e que já ceifou centenas de milhares de vidas em todo o mundo, não poupando nenhum país ou continente.

E o impacto dessa pandemia se tem dado de forma especialmente profunda no mundo do trabalho, paralisando a prestação de sem número de serviços e atividades, a ponto de se cogitar de crise econômica mundial pior que a de 1929, a par de impor, pelo isolamento horizontal adotado pela maioria dos países, o trabalho remoto, exigindo maior aperfeiçoamento tecnológico e a adaptação pessoal forçada a essas novas tecnologias.

Com efeito, atravessamos nesta quadra da história humana crise mundial que, começando pela questão vital da saúde, tem seus aspectos econômicos, políticos e sociais especialmente avultados, uma vez que a produção e distribuição de bens se viu comprometida, a pobreza e a fome ameaçam a paz e segurança sociais, e os líderes políticos se contrapõem em relação às estratégias a serem seguidas para enfrentar esses desafios, muitas vezes superpondo seus interesses pessoais e paroquiais ao bem estar social, comprometendo vidas e desestruturando economias e países.

Desde que o homem surgiu sobre o planeta Terra as crises se sucedem, a começar pela própria narração bíblica do pecado original, numa alternância de períodos de paz e de guerras e revoluções, bem representada pelos princípios complementares do yin-yang da cultura oriental. Se no campo político os impérios surgem e desaparecem na efêmera disputa pelo poder, no campo econômico, fortemente marcado pelo desenvolvimento científico e tecnológico, as revoluções implicam patamares sempre mais elevados, desde a "revolução neolítica" ainda na pré-história, quando o homem passou de caçador e coletor para agricultor, seguida pelas "revoluções comerciais", com o surgimento da moeda e dos bancos, até as "revoluções industriais", com a invenção da máquina a vapor (1ª revolução), das máquinas elétricas e de combustão (2ª revolução), da energia nuclear (3ª revolução) e da tecnologia digital (4ª revolução), a ponto dos historiadores divergirem sobre a superação da divisão clássica da história em 4 períodos (antiga, média, moderna e contemporânea), se o atual período em que vivemos (numa 5ª Idade) seria o da Era Nuclear ou da Informática, tal o peso e impacto da 4ª Revolução Industrial na vida das pessoas.

Nesse contexto ao mesmo tempo histórico e atual, a obra coletiva **"Trabalho 4.0"**, organizada por **José Roberto Afonso**, ilustre economista pátrio, ganha especial relevo, interesse e diria até necessidade para leitura e conhecimento, tal a profundidade e abrangência que possui, fruto natural da experiência e cultura de seu autor, notável professor, administrador público e consultor no setor privado.

No Brasil, a reforma trabalhista levada a cabo pelo governo Temer em 2017 procurou estabelecer marcos regulatórios, e que também fossem claros e seguros, para as novas relações de trabalho que surgiam no mercado, tais como a terceirização e o trabalho intermitente, bem como ao trabalho realizado com base nas novas tecnologias, como foi a regulação do teletrabalho.

Não é verdade que a máquina tira empregos e que, na medida em que a revolução industrial se desdobra, a máquina, especialmente com tecnologias voltadas ao desenvolvimento da inteligência artificial, vai substituir o homem no fazer e produzir, no planejar e até comandar. A ficção científica e o alarmismo sindicalista carecem de substrato científico e até metafísico para tanto.

Por um lado, a visão preponderantemente marxista que ainda subjaz em nossas lideranças sindicais, encarando as relações trabalhistas como eterna luta de classes, e não a de um empreendimento comum de trabalhadores e empresários, como propõe a doutrina social cristã, faz tudo temer das novas tecnologias, postulando o inverossímil, como a manutenção e engajamento do mesmo número de estivadores em portos, após sua modernização com máquinas e processos robotizados.

Por outro, o desconhecimento da natureza humana e dos limites da máquina não permite perceber que o homem nunca será um fator produtivo descartável, pois a natural evolução humana tende a fazer com que os empregos passem de atividades braçais para intelectuais, transferindo para as máquinas as atividades repetitivas e de esforço mais físico. Mas a inventiva, ou seja, aquilo que caracteriza o homem como ser pessoal e livre, nunca será suplantada pela máquina; no limite, poderá ser aparentemente emulado.

Nesse sentido, o livro **"Trabalho 4.0"** serve quase como cartilha para empresários e governos, trabalhadores e sindicalistas, mostrando algumas das mudanças necessárias a serem feitas em políticas econômicas e sociais diante das novas relações de trabalho decorrentes das novas tecnologias desenvolvidas a partir da 4ª revolução industrial.

Não é demais lembrar que até o momento não foi devidamente regulamentada a norma constitucional que prevê a "proteção em face da automação, na forma da lei" (CF, art. 7º, XXVII). E já lá se vão 32 anos da Carta Política de 88. Que incentivos oferecer às empresas para promoverem melhor qualificação a seus empregados, nos casos de mudanças tecnológicas que afetem os postos de trabalho tradicionais? Que garantias ofertar aos trabalhadores nos setores em que os avanços tecnológicos podem efetivamente ameaçar reduzir postos de trabalho? Que formas de seguro social seriam economicamente viáveis para o Estado e para as empresas, já que necessárias?

O desenvolvimento natural da economia e da tecnologia deve levar o ser humano a gastar seu tempo e energia em atividades mais exigentes intelectualmente. Os empregos devem naturalmente ir migrando do setor primário agrícola para o setor secundário industrial e deste para o terciário comercial e de serviços. Ao mesmo tempo, o natural é que o homem alcance os objetivos produtivos melhor e com menor dispêndio de tempo, podendo gozar de mais horas de lazer e menos horas de trabalho.

No entanto, esse quadro se apresenta como natural na teoria, não o é tanto na prática, uma vez que, quanto maior é o desenvolvimento tecnológico, que aproxima as pessoas e agiliza os processos, maior é a competitividade e a exigência de respostas rápidas, com polarização crescente no trabalho, em detrimento de outras dimensões do ser humano, ligadas às suas relações afetivas, familiares, sociais, culturais e espirituais.

Thomas Friedman, em seu "O Mundo é Plano", asseverava que, no século XXI, quase tudo poderia ser digitalizado – pense-se, recentemente, nas impressoras de 3 dimensões, para se ter uma ideia da amplitude da assertiva – e, podendo ser digitalizado, poderia ser terceirizado, isto é, o trabalho poderia ser realizado em qualquer parte do mundo por qualquer pessoa devidamente qualificada para a atividade, como no caso dos exames médicos cujas amostras eram coletadas durante o dia nos Estados Unidos e os laudos eram feitos à noite na Austrália para serem entregues no dia seguinte aos pacientes, economizando-se tempo e custo com essa terceirização.

Pois bem, em tempos de pandemia e pós-pandemia Covid-19, o mundo experimenta o que é trabalhar primordialmente em teletrabalho. E todas as vicissitudes que isso representa sob todos os pontos de vista, quer ergonômico, de equipamentos não adequados em ambiente caseiro, quer tecnológico, pela lentidão do sistema quando todos estão conectados ao mesmo tempo, quer ainda psicológico, com isolamento horizontal e contato apenas telepresencial.

Por outro lado, também se tem experimentado o que é não poder trabalhar ou trabalhar com riscos ponderáveis de contaminação e passamento. Nenhuma economia suporta prolongado isolamento horizontal, tendo o governo brasileiro promovido sabiamente as Medidas Provisórias 927 e 936 como vias excepcionais, no campo do trabalho, para preservar empregos e também empresas, recomendando antecipação de férias e feriados, liberando saques do FGTS, admitindo redução de jornada e salários, além de suspensão do contrato de trabalho, com ajuda governamental aos trabalhadores afetados, especialmente aqueles que se encontram na economia informal. Tudo isso para um cenário limite de 3 meses de confinamento.

Nossa Suprema Corte foi sensível ao momento e respaldou, ao menos naquilo que era mais essencial, as medidas governamentais, reconhecendo a constitucionalidade excepcional dos acordos individuais para suspensão e redução de salários, dada a inviabilidade da negociação coletiva em tempos de se evitar aglomerações em assembleias gerais.

Em suma, lembrando da crise de 29 e do baluarte teórico de sua superação, que foi John Maynard Keynes, autor e economista especialmente prezado por **José Roberto Afonso**, não há como desconhecer a realidade das leis econômicas e de que os investimentos públicos e privados são sua mola propulsora. Renda não cai do céu, mas deve ser gerada. O governo faz a sua parte, mas a iniciativa privada deve ser estimulada e incentivada.

Ao mediarmos recentemente, na relatoria de dissídio coletivo no TST, a negociação coletiva no âmbito da Casa da Moeda e do Sindicato Nacional dos Moedeiros, com vistas a dar continuidade ao trabalho em regime extraordinário e não paralisar a emissão de papel moeda, com vistas ao pagamento dos benefícios proporcionados pelo governo aos trabalhadores desempregados e informais que, pelo isolamento, estariam privados de seu ganha pão, foi natural refletir sobre as consequências de uma expansão da base monetária sem a correspondente produção de bens e serviços. Qual o limite aceitável e absorvível a curto e médio prazo? Qual a melhor e mais acertada política para salvar vidas frente ao vírus, a fome e a insegurança pública: isolamento horizontal ou vertical? Por quanto tempo uma economia estagnada pelo isolamento consegue resistir sem se desestruturar?

Enfim, os segredos, o caminho das pedras, as boas experiências e melhores fórmulas são neste livro abordadas e discutidas, levando o mundo acadêmico às mesas daqueles a quem cabe tomar decisões políticas, econômicas e jurídicas. Os desafios também estão postos. Oxalá, a obra coletiva **"Trabalho 4.0"** possa contribuir substancialmente para a superação, no campo das relações trabalhistas, da crise pela qual passamos, a partir de sua melhor compreensão e descortino das opções que nos são apresentadas.

Brasília, 17 de maio de 2020

Ives Gandra da Silva Martins Filho
Mestre e Doutor em Direito e Filosofia
Ministro do Tribunal Superior do Trabalho

SUMÁRIO

1. Novas relações de trabalho e algumas mudanças necessárias nas políticas econômicas e sociais

José Roberto Afonso
Thiago Felipe Ramos de Abreu

Introdução[1]

A revolução digital em curso não se limita apenas aos aspectos tecnológicos. Ela promove profundas mudanças na economia e nas sociedades brasileira e mundiais. O presente estudo tem como foco avaliar como tais transformações impactarão a formulação e a execução das políticas públicas. Por certo, será impossível esgotar o tema, até porque se trata de uma revolução ainda em andamento, mas pretende-se, ao menos, apresentar primeiras reflexões para induzir o debate.

Antes de tudo, vale esclarecer que este estudo se insere no âmbito de um esforço multidisciplinar para tratar dos impactos esperados da revolução digital em curso no mundo e também no Brasil sobre a economia e sociedade brasileira, especialmente no que toca às mudanças nas relações de trabalho e na organização da educação, ciência e cultura de um país.

[1] Este capítulo compreende uma versão de estudo desenvolvido para UNESCO (Projeto 570BRZ1013), concluído em dezembro de 2018 (não foi possível atualizar os dados). As opiniões são de responsabilidade dos autores.

Esse esforço maior objetiva subsidiar entidades da sociedade civil organizada, autoridades governamentais e parlamentares para melhor conhecerem e posicionarem-se no debate nacional, sobretudo de políticas públicas, diante das mudanças estruturais no mercado de trabalho e de seus reflexos sobre a educação, a ciência e a cultura.

A partir de estudo de aspectos estratégicos, de forma consistente e geral, mapeia as mudanças na governança da sociedade, das empresas e das famílias, para fazer face às novas relações decorrentes da revolução digital em curso.

As mudanças tecnológicas são inexoráveis, inclusive com a nova onda da *Internet* das Coisas (IoT). O mesmo se pode dizer da globalização e concentração de negócios, desde o comércio eletrônico até as diferentes fontes de entretenimento. Não faltam estudos sobre automação industrial ou robôs, mas há uma brutal carência de avaliações sobre como isso mudará a sociedade e a economia como um todo.

Partir da intensa literatura e debate internacional sobre o futuro do trabalho e trazer para o caso brasileiro com uma visão abrangente e consistente é o desafio deste estudo, que tem caráter mais estratégico e abordagem mais geral do que os demais estudos a seguir propostos.

1. Mudanças estruturais

Importa identificar brevemente as mudanças na sociedade e no setor produtivo que decorrem da revolução digital, com maior ênfase nas relações de trabalho.

O uso das expressões *Quarta Revolução Industrial* ou *Segunda Era das Máquinas* para qualificar as transformações em curso no mundo produtivo podem passar uma ideia equivocada de que se limitam às fábricas. Na verdade, as novas tecnologias de informações e comunicações dispararam uma revolução que vai muito além da indústria, alcança também o comércio, os serviços, as finanças (privadas e públicas), afetando também as relações sociais e culturais. Se é difícil compreender e avaliar uma revolução em meio ao seu curso, a missão torna-se impossível quando boa parte do governo, da academia e das entidades organizadas de um país parece não ter informações e conhecimento sobre as transformações em curso.

Parece que não se tem formulado diagnóstico atualizado sobre esse novo cenário produtivo, econômico e social, pouco se busca na bibliografia externa e muito menos se conhece das experiências internacionais. O Brasil, apesar de estar ativamente participando de mudanças tecnológicas a nível global, não conta ainda com um estudo compreensivo que leve em conta diagnósticos atualizados e experiências internacionais.

Falta uma visão plural, atualizada, abrangente e consistente das questões decorrentes dessas transformações estruturais (econômicas, sociais e culturais) e das alternativas para suas soluções, especialmente no âmbito das mudanças de políticas públicas, ou seja, de novas ações governamentais e novas leis (e divulgação do conhecimento).

Há tempos se diz no exterior que o Brasil virou um ponto fora da curva dos debates e das tendências mundiais, mas, recentemente, o país passou a ficar, até mesmo, fora do gráfico. Este atraso fica ainda mais acentuado em torno da discussão da Revolução 4.0 e seus reflexos para instituições, economia e sociedade, já que praticamente inexistem os debates em nosso país, do governo à academia. O resto do mundo, por sua vez, às vezes nos analisa, nos quantifica e nos qualifica.

1.1. As novas relações de trabalho

É essencial debater que cada vez mais trabalho não equivalerá necessariamente a emprego. Surgirão com mais frequência oportunidades e postos de trabalho a serem exercidos e ocupados por trabalhadores, que, embora existam formalmente, não possuirão a carteira assinada. Já é uma realidade o trabalho em casa (*home office*) e a economia compartilhada (bem simbolizada pelo *Uber*). Virão muito mais.

Em recente relatório, a Cognizant (2018) aponta 21 novos empregos que surgirão com o futuro. De acordo com a pesquisa, não são apenas os empregos que estão mudando, mas as habilidades subjacentes também estão se transformando. Não se deve, entretanto, criar uma divisão em novas e velhas habilidades, uma vez que algumas habilidades se mantêm ao longo de gerações, enquanto algumas mais novas são descartadas.

Para entender melhor o valor de qualquer habilidade individual, o relatório expõe os seguintes parâmetros:

- É eterno? Não importa quão brilhantes sejam as nossas tecnologias, certas habilidades surgiram junto à existência da raça humana e continuarão valendo a eternidade. Ex.: arrotar um bebê, manuseio de ferramentas, cooperação dentro do grupo, adaptação.
- É duradouro? Habilidades duradouras são centrais para os empregos do futuro. Ex.: empatia, confiança, ajuda, imaginação, criação, esforço.
- Está emergindo? Novas habilidades no futuro alinham-se à complexidade, à densidade e à velocidade do trabalho. Ex.: agilidade; multitarefas.
- Está desvairando? A lista de habilidades em erosão está ficando mais longa a cada dia, e muitas delas se relacionam à tecnologia. Habilidades de ponta deste ano serão pré-requisitos comuns do ano que vem.

Agora, estudos acadêmicos e pesquisas internacionais apontam o trabalho independente como uma das novas tendências da revolução econômica e social em curso. As novas tecnologias de informação e comunicação abrirão novas oportunidades de trabalho, que venham a exigir maior qualificação técnica, devem ser mais desempenhadas como projetos ao invés de atividades contínuas de empregos. Os trabalhadores firmarão contratos para empreitadas específicas no lugar da tradicional assinatura da carteira profissional.

Dois são os grandes fenômenos esperados da revolução já em curso: 1) haverá desemprego maciço provocado pela automação, o que já atrai muita atenção e preocupação há algum tempo, no exterior. Tido como inevitável, discutem-se cada vez mais paliativos[2]; e 2) ainda que menos comentados, também são esperados arranjos mais flexíveis de trabalho para lidar com ocupações que ainda venham a ser criadas pelas novas tecnologias, cuja inovação e mobilidade não demandam empregados fixos.

Constrói-se, portanto, um cenário terrível para o emprego: os que tendem a ficar imunes ao desemprego, por outro lado, não deverão ter emprego tradicional. Não devem se tornar informais e ilegais se leis e políticas públicas bem regularem o trabalho sem carteira.

Este trabalho independente tem sido qualificado como *gig economy* na literatura internacional. Trabalhos como o da Intuit Research (2010) demonstram

---

[2] Como a simbólica proposta do imposto sobre robôs.

que até 2020 a *gig economy* compreenderá 40% dos trabalhadores americanos. Não há tradução para o português – até porque falta maior reflexão sobre esses fenômenos[3].

Tais conceitos e contextos diferem do que se convencionou recentemente chamar no Brasil de terceirização e de pejotização. Não é só uma diferença linguística. As expressões locais são infelizes, confundem entre si, e não ajudam a compreensão das novas tendências.

A nova dinâmica de trabalho irá muito além da "terceirização" porque ela contempla que o trabalhador seja formalmente empregado por um terceiro, no lugar do próprio demandante daquele trabalho. Mas as novas funções não resultaram em carteira assinada, nem mesmo indiretamente.

Já "pejotização" é a expressão só usada no Brasil e mal colocada. Pressupõe que foi decisão exclusiva do trabalhador optar por se transformar em uma firma individual, como se ele fosse um grande masoquista que abrisse mão de ser remunerado com salário, e não quisesse receber férias e gratificação, décimo terceiro, proteção em caso de doença e aposentadoria, fora outros direitos. É premente reconhecer que é o empregador que contorna um dos custos mais caros no mundo para se empregar formalmente, sobretudo aquele de alto salário. Tal encarecimento decorre de uma Previdência Social que se tornou demasiadamente generosa ou custosa para a realidade de nossa economia, de modo que se está preso à terrível armadilha: sem uma reforma que reduza o déficit, não há como diminuir os encargos patronais, mas eles são driblados e evitados pelo mercado ao contratar cada vez mais firmas de quem poderia lhe servir com emprego formal.

De acordo com o Fórum Econômico Mundial, que há anos prioriza estudar a Quarta Revolução Industrial, foi divulgada uma projeção das principais tendências a afetarem as maiores economias (FÓRUM ECONÔMICO MUNDIAL – *The Future of Jobs*, 2016). Na avaliação da necessidade de mudanças de natureza do trabalho, os 42% dos brasileiros ficaram na média mundial, mas exigindo um esforço maior do que precisará ser realizado por China, Estados Unidos e Alemanha. Também chama atenção que o trabalho flexível deverá requerer atenção no país muito maior do que em outros requisitos, como poder de processamento e novos suprimentos de tecnologia (27%),

---

[3] Para maiores detalhes ver: Mckinsey & Co. (2017); *Folha de S. Paulo* (2018).

internet móvel (24%), mudanças climáticas (21%), economia compartilhada (18%) e ética do consumidor (12%). Por mais subjetivos que sejam tais medidas, sinaliza-se que o Brasil está um pouco mais preparado em termos tecnológicos do que institucionais para os desafios da nova economia.

Gráfico 1 – Principais preocupações sobre a indústria – comparação mundial – Mudança na natureza do trabalho, flexibilidade do trabalho

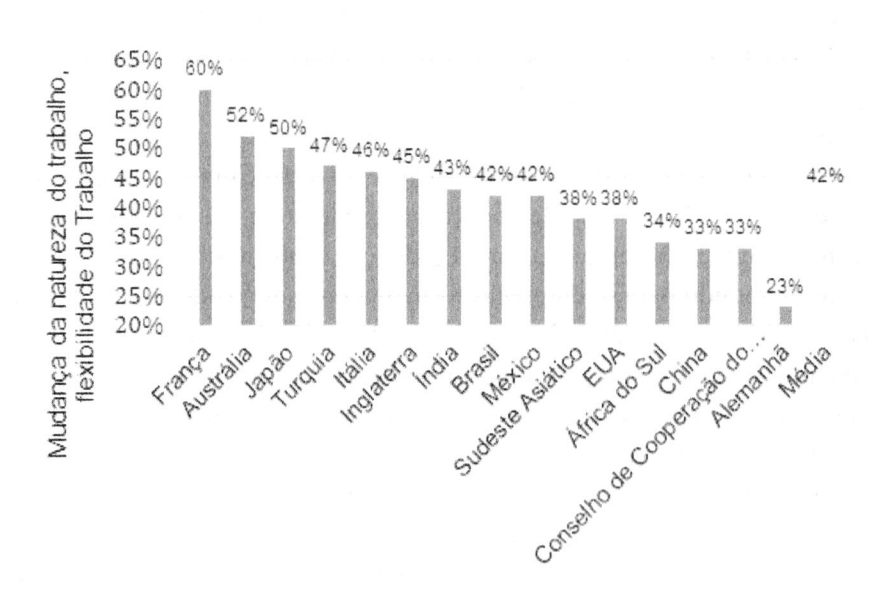

Fonte: Fórum Econômico Mundial (2016). Elaboração própria.

Gráfico 2 – Principais preocupações sobre a indústria no Brasil

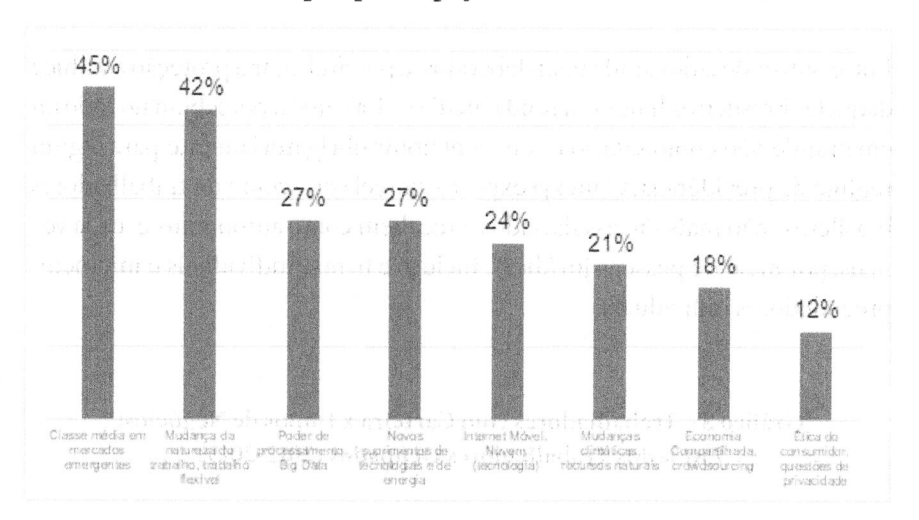

Fonte: Fórum Econômico Mundial (2016). Elaboração própria.

Nesse contexto, espera-se que o processo de transformação de pessoas físicas em jurídicas acentue-se ainda mais. O trabalho independente e crescente, por princípio, tenderia a ser exercido por trabalhadores autônomos. Mas, como no Brasil, o contratante contribui para a Previdência Social com uma alíquota igual e incidente sobre o valor total da remuneração, tanto quanto no caso de um empregado de carteira assinada, a tendência é que opte pela outra solução muito mais barata (menos 20%) de contratar o mesmo trabalho de uma pessoa jurídica.

A *gig economy* no Brasil acentuará ainda mais a peculiar transformação de pessoa física em jurídica. Se a carga tributária excessiva sobre o emprego nasceu como reações dos empregadores, novas razões para sua consolidação e expansão virão das novas tecnologias e relações de negócio. Então, é possível que seja esse um fenômeno brasileiro sem muito paralelo no resto do mundo, no que se refere à extensão (número de firmas) e diversificação (de atividades e de rendas)[4].

---

[4] Cumpre destacar que a análise comparativa de estatísticas fiscais nacionais e internacionais, como as do imposto de renda, fica prejudicada pelo fato de que os ganhos apurados, por firmas individuais ou pequenas e médias empresas, sejam tributados na pessoa física nos Estados Unidos e na Europa, de modo que o Imposto de Renda de Pessoa Jurídica (IRPJ) deles

1.2. Previdência social

Entre outros desafios ainda nem debatidos, é possível citar a proteção à velhice daqueles brasileiros hoje com renda média e alta e que a percebem no todo ou em grande não como salário e sem contribuir obrigatoriamente para algum regime de previdência. Como já exposto, parcela crescente de trabalhadores brasileiros não mais são assalariados e recebem como autônomos e, cada vez mais, por meio de pessoas jurídicas, inclusive firmas individuais e microempreendedores individuais.

Gráfico 3 – Trabalhadores com Carteira x Donos de Negócios: Em % dos Trabalhadores Ocupados (2012-2019)

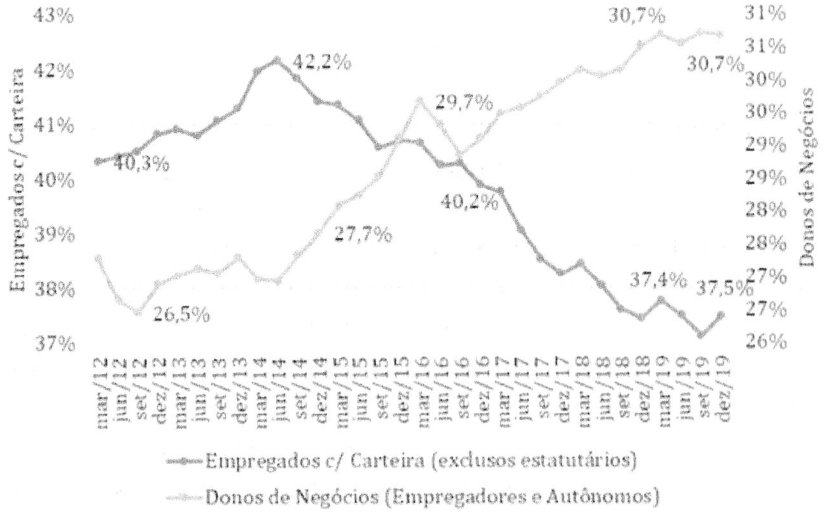

Fonte: PNAD Contínua/IBGE. Elaboração Própria.

A evolução, a longo prazo, da decomposição dos contribuintes para Previdência Social evidencia a rápida e intensa destruição dos empregos formais de

compreenda apenas aquele recolhido pelas corporações – mais próximo ao nosso regime do lucro real. Isto também exige ressalvar comparações do Imposto de Renda de Pessoa Física (IRPF) porque talvez o brasileiro devesse ser acrescido do IRPJ recolhido nos regimes simplificado e presumido, porque, nos outros países, seus lucros são levados à tabela da pessoa física.

quem ganha acima do teto da contribuição previdenciária – casos em que o empregador contribui sobre o valor total do salário, ainda que o empregado só pague e receba até o teto. É visível a diferença entre o setor público (governos mais empresas estatais) e o privado.

Gráfico 4 – Quantidade de contribuintes do INSS – var. % ao ano (2013-1996)

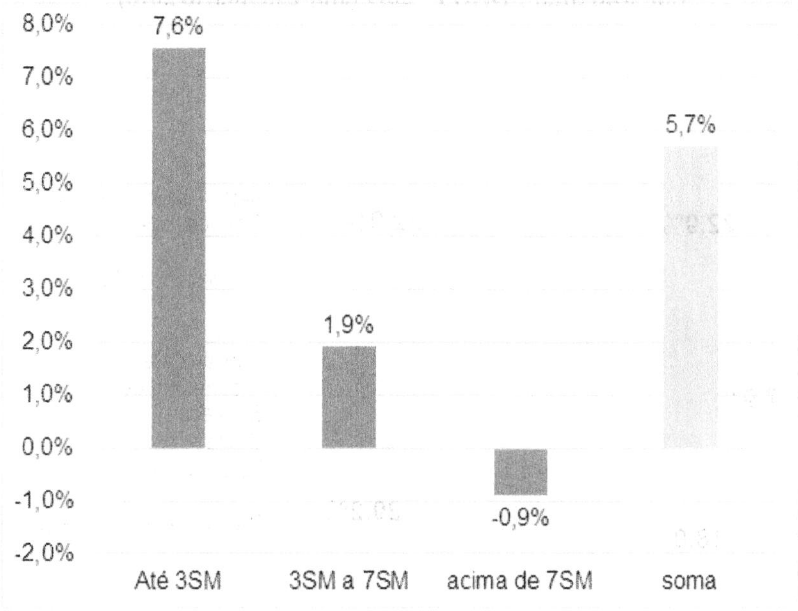

Fonte: Dataprev. Elaboração própria.

Nota: MINISTÉRIO DA ECONOMIA. **Base de dados históricos da Previdência Social.** Disponível em: https://bit.ly/31Jb9dD. Acesso em: 20 jun. 2019.

Uma medida da radical mudança que já sofreu o mercado de trabalho brasileiro pode ser extraída da consolidação das declarações do Imposto de Renda de Pessoa Física (IRPF), divulgadas pela Receita Federal[5]. A publicação da consolidação das declarações do IRPF do ano-base de 2016 comprova uma

---

[5] Estatísticas do imposto de renda consolidadas e divulgadas no portal da Receita Federal do Brasil (RFB). Disponível em: <http://bit.ly/2qojMXb>.

comparação inusitada: de um total de 28 milhões de declarantes, 29,2% se declararam-se empregados de empresas privadas contra 25,9% ditos capitalistas, proprietários de empresa e trabalhadores por conta própria. Em que outro lugar do mundo se tem 1,1 do proletário para cada 1 capitalista?

Gráfico 5 – Participação de declarantes do IRPF por natureza de ocupação – Em % do total – DIRPF* 2017 (ano-calendário 2016)

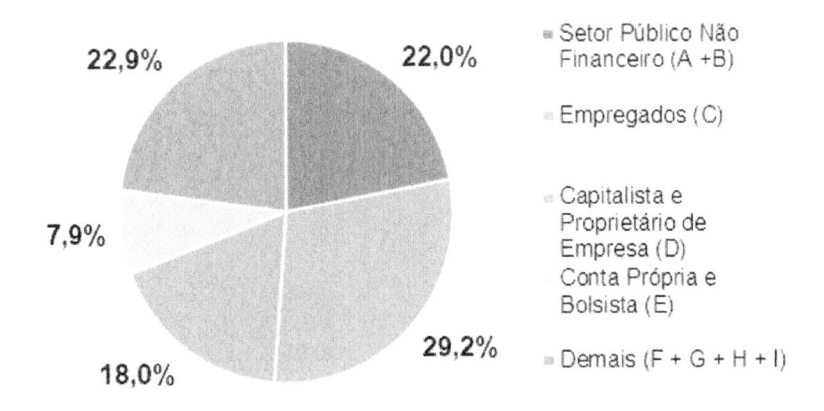

Número de Declarantes do IRPF: 28.003.647

Fonte: RFB (2017). Elaboração própria.

Nota: MINISTÉRIO DA ECONOMIA. Receita Federal. **Declaração de ajuste anual do imposto sobre a renda**: pessoa física (DIRPF). Disponível em: https://bit.ly/2SfrzVh. Acesso em: 20 jun. 2019.

Ainda que patrões contribuam para o regime geral, o fazem em cima de um salário-mínimo ou de valores muito aquém da atual renda de modo que, se não contribuírem para um plano privado, não terão, junto ao Poder Público, uma proteção de renda no futuro que seja compatível com sua renda do presente. Importa atentar que o recurso à previdência privada é, na maioria dos casos, desses brasileiros – nem se trata de complementar, mas sim de constituir a previdência única e básica. É dito isso porque, no caso daqueles que estão à margem do regime geral ou, ainda, quando contribuem, o fazem em cima de valor muito menor do que sua atual renda.

Mesmo diante dessa perspectiva de desproteção pública para a velhice, os brasileiros poupam muito pouco. É monumental a distância para o resto do mundo, que decorre, em grande parte, de se ter um Regime Geral de Previdência Social universal e com acesso e benefícios relativamente mais benevolentes que nos outros países. Mesmo os mais ricos também poupam muito pouco no Brasil comparado a economias congêneres, como demonstra gráfico a seguir extraído de estudo recente do Banco Mundial[6].

Gráfico 6 – População que realiza poupança para a velhice – mais ricos *versus* mais pobres – Em % da população maior de 15 anos

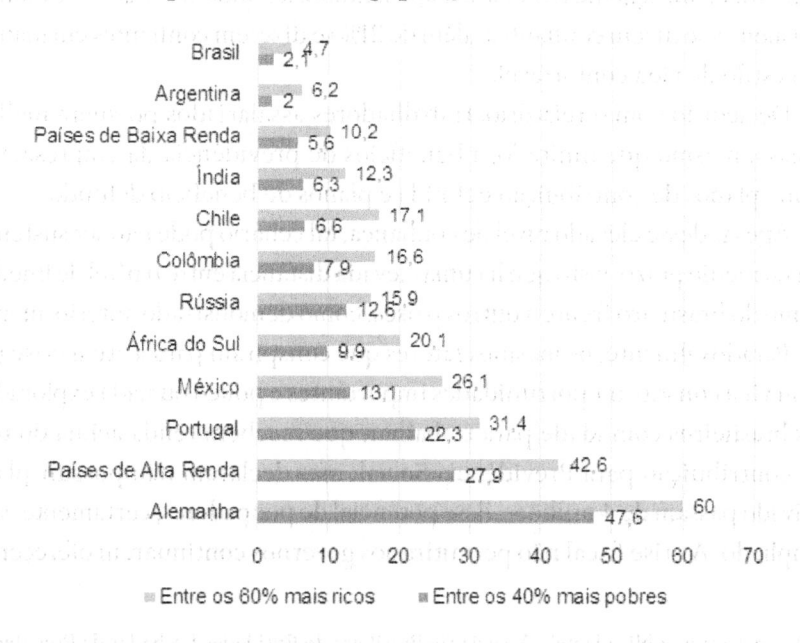

Fonte: Banco Mundial (2016). Elaboração própria.

[6] Ver estudo do Banco Mundial *Saving for Old Age*. Disponível em: http://bit.ly/2qoseG5. Acesso em: 20 jun. 2019. Foi citado pela *Folha de S. Paulo*. Disponível em: <http://bit.ly/2qo7lvQ>. Acesso em: 20 jun. 2019.

Os desafios para a Previdência, como se vê, vão muito além da mudança no perfil demográfico, já era esperada e razoavelmente estudada. Por uma ou outra razão, tenderá a diminuir, de forma expressiva, o contingente de empregados que contribuem para o regime geral. Uma visão mais pragmática e abrangente da reforma exige fomentar a poupança previdenciária como forma de resolver dois desafios gêmeos[7]. Um é o da baixa e decrescente taxa nacional de poupança, justamente quando mais é demandada para financiar a retomada de investimentos de longo prazo, sobretudo em infraestrutura[8]. Outro é o da irrisória penetração atual da previdência privada – tão somente 2,4% da população com mais de 10 anos de idade declarou à Pesquisa Nacional por Amostra de Domicílio (Pnad) ter tais planos.

Entretanto, de acordo com o Instituto de Longevidade Mongeral Aegon (2016), onde busca-se conhecer como se realiza o preparo para a aposentadoria na nova era do trabalho autônomo, destaca-se o resultado de previsão para uma transição flexível para a aposentadoria, onde 84% dos autônomos brasileiros se dizem confiantes, além de 21% se dizerem confiantes em manter um estilo de vida confortável.

De acordo com o relatório, trabalhadores assalariados possuem melhor acesso, mesmo que limitado, a benefícios de previdência da empresa, tais como planos de contribuição definida e planos de benefício definido.

Apesar desse elevado nível de confiança, tal cenário pode não ser sustentável no médio prazo, visto que há uma elevada distância entre o nível de imediatismo do brasileiro frente a outros países, como demonstrado anteriormente.

Paradoxalmente, os mesmos fatores que conspiram para a atual crise podem vir a constituir oportunidades importantes e pouco ou nada exploradas. Os brasileiros com idade para trabalhar, que recebem renda acima do teto de contribuição para Previdência Social, mas declaram não possuir plano privado passam de 4 milhões. Esse potencial de poupadores, certamente, será ampliado. A crise fiscal não permitirá aos governos continuarem oferecendo

---

[7] Ver pesquisa publicada pela Associação Brasileira de Entidades Fechadas da Previdência Privada (Abrapp), "Previdência Complementar e Poupança Doméstica: Desafios Gêmeos no Brasil". Disponível em: https://goo.gl/SGcKyF. Acesso em: 20 jun. 2019.

[8] Entre outros, ver pesquisa do Banco Interamericano de Desenvolvimento (BID), "Poupança para o Desenvolvimento: como a América Latina e o Caribe podem poupar mais e melhor". Disponível em: http://bit.ly/2qoqtZv. Acesso em: 20 jun. 2019.

aos seus novos servidores uma aposentadoria com os mesmos valores dos salários ativos. Há um potencial enorme a ser explorado para elevar a poupança doméstica previdenciária. Isto exigirá nova regulação, novos instrumentos e novos produtos, de modo que será preciso reinventar a previdência privada.

2. Repensando políticas públicas

As relações econômicas – e também as sociais –, no Brasil e em todo mundo, estão mudando em uma velocidade tão drástica e abrupta nunca experimentada na história da humanidade, como apontam diferentes analistas.

Para Marozov (2018), o surgimento de plataformas de compartilhamento, como a Uber e Airbnb, ajudou a construir uma ascensão de uma utopia digital de estímulo às atividades econômicas horizontais e informais, distantes das corporações centralizadas e hierárquicas do passado. Porém não é surpresa que essa utopia desapareceu com aumento da centralização e dominação por algumas poucas plataformas.

Assim como o Estado de Bem-Estar Social, que, em vez de abrir a provisão de serviços de educação e saúde a provedores privados, optou por protegê--los contra a lógica do mercado, resultando em um sistema centralizado com excessos hierárquicos.

Faltou o apoio de partidos políticos convencionais e movimentos sociais para garantir que as plataformas locais contassem com financiamento público adequado, para que não ficassem sujeitas às leis brutais da competição e também pudessem usar sua influência política para excluir do mercado a concorrência de empresas com fins lucrativos e dotadas de recursos consideráveis.

Dessa forma, não houve outro caminho a não ser o da necessidade de gerar lucro, fazendo com que o Uber não hesite em trocar seus motoristas por veículos automotivos, e a Airbnb não hesite em desenvolver residências com recursos de hotéis, por meio da compra e conversão de blocos residenciais já existentes.

Nesse contexto, uma revisão bibliográfica extensa e exaustiva da recente literatura internacional torna-se tarefa inicial e imprescindível. Será preciso pesquisar não apenas obras científicas clássicas, mas, por se tratar de assuntos novos e ainda sem definições precisas, caberá recorrer também a artigos de mídia, inclusive audiovisual. Na medida do possível, sempre se procurarão fontes confiáveis e pesquisadores qualificados, mostrando contrapontos entre a cena internacional e nacional. Não se pode, porém, assegurar que cada tema consiga ser abordado com a mesma extensão ou profundidade. Em alguns casos, já pode existir literatura e até atos governamentais ou legais, em outros, a omissão pode ser total[9].

Entre a bibliografia contemporânea do tema a ser analisada, o *World Development Report 2017*, publicado pelo Banco Mundial (2018), chama a atenção para o papel das novas tecnologias podem desempenhar na melhoria do controle sobre as instituições governamentais.[10] Por outro lado, atenta-se para o poder de criação de algum viés, devido à limitação de acesso à tecnologia, reforçando desigualdades. [11]

Já Organização para Cooperação e Desenvolvimento Econômico – OCDE (2018) chama atenção para a importância da atualização da educação tecnológica dos cidadãos frente às rápidas evoluções tecnológicas, destacando este fator como uma vantagem competitiva para o desenvolvimento econômico dos países.[12]

Em uma publicação voltada diretamente à temática da revolução digital, OCDE (2018b) propõe-se a analisar os impactos econômicos de médio prazo e as implicações de políticas das novas tecnologias. Entre as conclusões do trabalho, pode-se destacar a constatação de que, comparado com outras mudanças de paradigmas tecnológicos, o tempo de difusão pela economia

---

[9] Vale destacar o trabalho de New (2018), que apresenta pontos essenciais a serem seguidos pelos EUA para implementação de uma Estratégia Nacional de Inteligência Artificial.

[10] Segundo o Banco Mundial (2018): *"Digitalization helps transparency and rationalization of fiscal management on the government side, and it creates empowered citizens on the society side. Internet media in general and social networks in particular are now indispensable components of citizen empowerment and collective action".*

[11] *Segundo o* BANCO MUNDIAL (2016): *"ICT instruments may actually reinforce socioeconomic inequalities in citizen engagement. In Brazil, for example, the use of internet voting on municipal budget proposals reveals stark demographic differences between online and offline voters: online voters are more likely to be male, university-educated, and richer".*

[12] Segundo (OECD, 2016b): *"Indeed, digitalisation, globalisation, demographic shifts and other changes in work organisation are constantly reshaping skill needs. Excess inertia in the education and training systems, in particular in universities, translates into people acquiring inadequate skills and eventually into persistent skill shortages and mismatches. The latter are costly for individuals, firms and society in terms of lower wages, productivity and growth."*

das presentes mudanças e, mais ainda, de seus impactos na produtividade, é incerto e pode demorar mais do que o esperado[13].

Em publicação do Banco Interamericano de Desenvolvimento (BID), Navarro (2018) apresenta a oportunidade e os riscos trazidos pela revolução tecnológica, no contexto da América Latina e do Caribe. Eles chamam atenção para possíveis intervenções públicas que podem ser feitas para que a região não fique para trás com relação ao resto do mundo, assim como foi com o advento dos computadores e da internet.[14]

Na sequência de trabalhos sobre o tema, OCDE (2018c) faz um detalhamento das implicações econômicas e de formulação de políticas de cada nova tecnologia com impactos no processo produtivo. O texto destaca duas áreas de maior impacto das novas tecnologias produtivas: 1) a disponibilidade de emprego e as mudanças das relações de trabalho; 2) a difusão da tecnologia, não apenas de *hardware*, mas também do conhecimento intangível a ele atrelado.

Em relação às mudanças na relação do trabalho, cabe destacar a pesquisa realizada por Achor *et al.* (2018), em que os autores, por meio de uma entrevista com 2.285 profissionais americanos, constataram que 90% desses trabalhadores estão dispostos a ganhar menos dinheiro para fazer um trabalho mais significativo. Em média, estes estariam dispostos a renunciar a 23% de todo o seu salário futuro vitalício para ter um trabalho que fosse sempre significativo. O antigo contrato de trabalho entre empregador e empregado expirou. De modo que a lista de itens essenciais para o século XXI deve passar por uma atualização: comida, roupas, abrigo – e trabalho significativo.

Para Shafik (2018), o mundo está vivendo uma era de insegurança, com uma redução dos valores da democracia liberal, das economias liberais e de um sistema internacional baseado em regras que estão sendo renegadas,

---

[13] Para mais detalhes, ver BID (2018) e Block (2018).

[14] Segundo Navarro (2018): *"A partial list of public interventions will likely include: (i) investments aimed at improving the population's level of digital literacy; (ii) government support for the digital transformation of firms and sectors, particularly in the case of SMEs; (iii) support for accelerated development of digital ecosystems and support of digital start-ups; (iv) improving the supply of specialized human capital for the ICT industry and all sorts of digital applications in digital business services, and digital platforms; (v) regulatory reforms aimed at accommodating the requirements of the sharing economy and other consequences of digitally based business models; and (vi) investment in broadband infrastructure, so that all the rest of policies can bear fruit".*

em que o nosso contrato social se desgastou como resultado da hiperglobalização e da austeridade que se seguiu à crise financeira.

Para o autor, o medo de perspectivas futuras é outra fonte de descontentamento. Este temor está largamente enraizado nas expectativas de que a automação irá eliminar muitos tipos de trabalho rotineiro e repetitivo enquanto cria mais demanda por mão de obra altamente qualificada. Talvez seja necessário revisitar as vantagens políticas e sociais dos benefícios universais, que são melhores para obter adesão política e garantir a qualidade.

À medida que a tecnologia avança e as populações envelhecem, a vida profissional será mais longa e as pessoas precisarão se reequipar várias vezes em suas carreiras. Abolir as idades de aposentadoria obrigatória é um bom começo. Também se enfrentam grandes questões de justiça intergeracional. Muitas sociedades envelhecidas gastam mais com os idosos do que com os jovens. De acordo com Ebbinghaus e Naumann (2018), dados da OCDE mostram que, a cada aumento da idade do eleitor mediano em um ano, os gastos públicos com aposentadorias aumentam 0,5% do produto interno bruto (PIB).[15]

3. Sugestões e propostas

Como mudar as políticas públicas para atender a esse novo e, em grande parte, ainda desconhecido mundo moderno é um desafio radical para os formuladores e os executores das políticas públicas, bem assim para os especialistas que estudam, publicam e debatem sobre o tema[16].

Impostos não continuarão a ser cobrados no futuro como são no presente. No passado, chegou-se a cobrar impostos sobre posse e venda de escravos,

---

[15] Segundo Shafik (2018): *"In sum, we need a new social contract to create a sense of security in our globalized and fast-changing economy. The social contract is about how we pool our resources to provide the public goods we agree are needed and how we support those affected by adverse shocks. While different societies will make different choices, we have all arrived at a crossroads: we must renegotiate choices we made in the past because they no longer fit current circumstances, much less those of the future. A new social contract is essential to restoring a sense of security and sustaining political support for open economies and societies."*

[16] Sobre esse assunto é destaque o trabalho de Neureind *et al.* (2018), em que se constrói um grande arcabouço sobre como políticas públicas que devem ser realizadas a fim de enfrentar as mudanças digitais da Revolução 4.0.

algo tão impensável na sociedade moderna que a maioria ignora que isso já existiu. Mas quem garante que o presente – no qual os fiscos muito dependem de taxar pesadamente a compra, a posse e o uso de automóveis e os seus combustíveis – também não pode se tornar algo menor no futuro?

Moedas, instituições bancárias, transações financeiras também mudarão, rápida e radicalmente. Previdência social, saúde pública e até ensino, mudarão.

A ideia liberal e clássica de que a educação será o elemento-chave para promover a igualdade entre as famílias passará a ser questionada. Habilidades *(skills)* são defendidas como a chave das mudanças. Isso traz à tona ter um novo olhar e plano de ação em relação à educação, à ciência e à cultura, diante da revolução digital.

Expressões como "Quarta Revolução Industrial", "Segunda Era das Máquinas", "inteligência artificial", "economia compartilhada" e "governo eletrônico" são qualificações e conceitos cada vez mais usados por pesquisadores e pelos meios de comunicação. Essas expressões estão relacionadas ao processo de profunda e rápida transformação que, em escala mundial, envolve os setores produtivos, comerciais e de serviços, como também as famílias, os governos e as demais instituições.

A tecnologia amplia a capacidade humana de decisão, a partir do amplo e rápido fornecimento de informações, alivia o homem do trabalho repetitivo, mas, ao mesmo tempo, introduz novas preocupações, como a eliminação dos postos de trabalho mais tradicionais. A sociedade, certamente, se adaptará, mas não há uma estratégia para guiar a transformação, com reflexão crítica nos planos econômico, social e jurídico sobre a direção que se quer e que se pode dar.

As inovações avançam muitas vezes por si, aumentando a eficiência dos processos produtivos e moldando as novas relações sociais movidas, principalmente, por criações privadas. Isso vem ocorrendo sem um enquadramento institucional adequado, o que realça os problemas e desafios de regulação na economia moderna. As estruturas institucionais estabelecidas nem sempre têm a capacidade técnica e financeira requerida para lidar com os novos problemas e os desafios gerados pela revolução tecnológica, e mesmo social, em curso.

Existem diversos exemplos relacionados às mudanças que estão em curso. A *internet* já substituiu em boa parte e pode levar ao desaparecimento do correio tradicional, embora o comércio eletrônico leve a um aumento de recurso à entrega de encomendas. A agricultura já usa equipamentos autônomos para identificar a quantidade de fertilizante a ser colocado no solo. A indústria de carros é altamente mecanizada. Alguns automóveis já podem dispensar motoristas, que são substituídos por sistemas inteligentes. O *bitcoin* tenta afirmar-se como moeda internacional à margem das regras dos Estados. O entretenimento telemático interfere no nosso comportamento.

Assim, se existe, por um lado, um universo de incerteza sobre a via de progressão das novas formas de relações econômicas e sociais, por outro, há uma certeza de que pouco ou nada continuará exatamente como é no tempo presente.

Uma atenção especial deve ser dada à falta de privacidade a que a sociedade está sujeita por termos nossos dados coletados continuamente, ao usarmos o ambiente tecnológico oferecido de graça (será?) na *web*. Tais informações são usadas para monitorar o indivíduo e conduzi-lo, de forma quase imperceptível, ao consumo de produtos e de ideias. A Europa, preocupada com isso, já criou regras de proteção à privacidade que terão que ser seguidas por todos os softwares que rodarem na Comunidade Comum Europeia – o *General Data Protection Regulation (GDPR)* entrou em vigor em maio de 2018.

Farias e Moreno (2018) defendem que a regulamentação tecnológica não pode perder de vista os efeitos do uso da tecnologia. Identificar e analisar o impacto da regulamentação sobre os trabalhadores, os consumidores, ou cidadãos preocupados com o tratamento dos seus dados pessoais, exige grande sensibilidade por parte do regulador. Além disso, os efeitos de novos produtos e modelos de negócio em mercados podem gerar barreiras e assimetrias a competição, incentivos ou restrições à inovação e lucro ou perda de produtividade, o que afeta a competitividade das empresas e da economia. Quando a regulamentação não resolve esses desafios, ela pode ser a fonte de muitas resistências que surgiram contra soluções de economia compartilhada em muitos países, como o *Uber* ou o *Airbnb*. Finalmente, há consequências de que as regulamentações da economia digital podem afetar diretamente a maneira como os governos funcionam, redefinindo a maneira pela qual os impostos são cobrados e exigindo recursos que não estão disponíveis para garantir a conformidade.

Para levar em conta todos esses aspectos, os reguladores da nova agenda precisam desenvolver novas capacidades e explorar novas ferramentas. A vantagem é que hoje os governos têm cidadãos muito mais bem informados, o que abre a possibilidade de superar o dilema tradicional entre "regular mais" ou "regular menos" por meio do empoderamento dos usuários.

Nesse contexto, desponta a questão central que, provisoriamente, se designa por ambiente institucional. Os instrumentos e as políticas públicas precisarão mudar para lidar com os impactos da nova economia e da evolução da sociedade. Muito pouco ou nada se fez até agora. Se ainda faltam ações, mais ainda são escassas as reflexões que as enquadram criticamente.

3.1. Tributos

Muito já se discute no exterior, mas o debate a esse respeito sequer começou por aqui. Analistas e até grandes empresários mundiais sugerem a criação de um imposto sobre robô, para tentar enfrentar o desemprego estrutural que resultará de um processo generalizado de mecanização de muitos negócios. Haverá mudança na definição das competências tributárias, que deve levar em conta os condicionantes sociais, econômicos e políticos da época em que são instituídos e cobrados.

Na mesma linha de tentar lidar com o desemprego inevitável, estrutural e brutal, de um lado, se defende tributar mais aqueles empregadores que proporcionalmente mais demitirem, no outro extremo, se sugere tributar os bens de capital[17], e há, no meio, um grande consenso por se adotar alguma forma de renda básica universal condicionada para alguns[18].

Talvez hoje ninguém saiba ao certo como serão cobrados impostos no futuro não muito distante. A única certeza é que nada mais será exatamente igual ao atual sistema tributário, como apontam Fuck e Afonso (2017) e Afonso e Porto (2018).

Um retrato disso pode ser visto ao analisar mudanças na arrecadação federal sob algumas atividades econômicas. O mercado da prestação de serviços já ultrapassa o mercado de bens, e isso tende a se afunilar com o crescimento

[17] Proposta de Eric Posner e Glen Weyl em: https://goo.gl/KJkZ4Y. Acesso em: 20 jun. 2019.
[18] Para uma síntese desse debate, ver Tatiana Roque em: https://goo.gl/pNpcgr. Acesso em: 20 jun. 2019.

de direitos de imagem e outras formas intangíveis e mal (ou não) tributadas. A evolução da arrecadação tributária federal, nos últimos anos, entre setores selecionados mostra uma profunda dispersão nas variações, com fortes recuos em celulares e automóveis e avanços em serviços de saúde, informática e advogados, entre outros.

Essas mudanças estruturais cooperam para um viés de baixa da arrecadação tributária e sua manutenção – o que é agravado ainda mais pela globalização, que reduzirá, cada vez mais, o raio de manobra das políticas tributária e fiscal.

Gráfico 7 – Arrecadação administrada por atividade – Var. % real (IPCA: ago.2018=1) – acum. em 12 meses (ago. 2014 x ago. 2018)

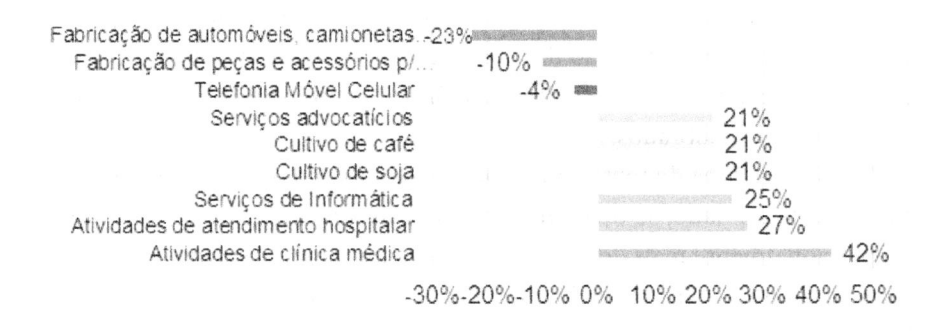

Fontes primárias: STN. Elaboração própria.

Gráfico 8 – Arrecadação administrada por setor – Var. % Real (IPCA: ago. 2018=1) – acum. em 12 meses (ago. 2014 x ago. 2018)

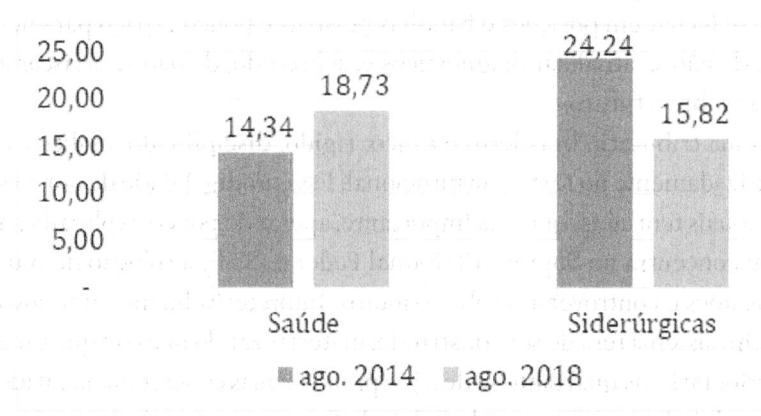

Fontes primárias: STN. Elaboração própria.

Para Coady (2018), reforçar a capacidade tributária interna é essencial para fortalecer a proteção social e desenvolver o capital humano. Um dos principais desafios para as economias em desenvolvimento é expandir seus sistemas de proteção social e ampliar o acesso à educação e à saúde para obter as receitas necessárias no contexto de um grande setor informal. Para isso, o autor aponta alguns caminhos a se traçar:

• Aumentar sua capacidade tributária de forma equitativa e eficiente.
• A utilização de impostos de consumo de base ampla (IVA).
• A utilização de impostos "corretivos" sobre bens como energia, álcool e tabaco.
• Imposto de renda pessoal progressivo.
• Reformas para evitar a evasão fiscal do imposto de renda e reduzir a concorrência fiscal internacional mutuamente destrutiva.
• Aprimorar um ambiente de gastos eficientes, sem desperdícios.

A rigidez constitucional é um entrave importante para se conseguir modernizar o sistema tributário, ainda mais quando se avizinha um processo carregado de incerteza sobre as novas cobranças.

Nas poucas vezes em que há ânimo para propor e debater propostas de reforma tributária, parece comum o vício de se prender ao passado e a ideologias, de se fechar em posições e batalhas pessoais e pouco espaço para negociação, de não se atualizar diagnósticos e, sobretudo, de não se arriscar a prospectar sobre o futuro.

O sistema tributário brasileiro é único: rígido, disciplinado analítica e pormenorizadamente no texto constitucional. Essa prodigalidade de normas constitucionais tem consequência importante, apesar de pouco explorada na literatura: concentra no Supremo Tribunal Federal (STF) a solução de inúmeras questões e controvérsias sobre tributos. Impreterivelmente, um novo e verdadeiro sistema terá de ser construído, materializando mais do que uma reforma tributária, da qual tanto se deseja e promete, mas concretamente nada se faz. A realidade vem se impondo às leis de forma incontornável, como no típico caso da conversão de empregados (com carteira assinada) em prestadores de serviços, por meio de firmas (inclusive microempreendedores) – uma clara resposta ao país que impõe aos seus empregadores os maiores custos em todo o mundo para contratar um trabalhador (entre impostos, encargos e incerteza jurídica).

Governos, leis e, por conseguinte, Justiça parecem que chegam atrasados para tentar lidar e regular com fatos já consumados, na economia e na sociedade. Quando não se sabe nem ao certo onde se está, como saber para aonde ir? Há uma carência de diagnóstico mais completo e atualizado da nova realidade econômica e social. Como dizer se será possível dar respostas, de forma rápida e inteligente, aos novos desafios para políticas públicas. É urgente ao Brasil pensar e adotar uma nova estratégia para construir novas instituições consistentes e compatíveis com a nova economia e sociedade.

No caso particular da tributação, é certo que será preciso construir um novo sistema (até porque as atuais regras formam qualquer coisa menos um "sistema", segundo seu significado). Como já dito, será impossível, até a médio prazo, adivinhar, antecipar e cravar no texto constitucional as novas competências tributárias compatíveis com a atual economia. Por isso, defendemos que a Constituição sofra um drástico e radical encurtamento em suas normas tributárias. É preciso assegurar princípios mais elementares, como a proteção básica dos contribuintes – como no caso da legalidade e da anterioridade. Agora, não se poderá sequer denominar os novos impostos no texto constitucional, sob pena de não contemplar todas as novas atividades e fatos geradores, ou o fazer de forma parcial ou inadequada.

Assim, deve-se buscar a tributação das novas transações, notadamente daquilo que tem crescente valor econômico atualmente, embora de difícil mensuração: o capital intelectual ou intangível – dos frutos do conhecimento aplicado (como a propriedade intelectual) aos *softwares* e bens virtuais – não se vislumbra, maneira eficiente, de se fazer isso dentro do atual sistema.

A tributação só subsiste se acompanhar a realidade socioeconômica. Estamos em meio a uma revolução que traz paradoxos. Se novas tecnologias tornarão os fiscos mais ágeis e competentes, por outro lado, essa economia colaborativa cresceu à custa de pagar menos ou nenhum imposto. Por exemplo, um levantamento calculou que a Amazon, gigante do comércio eletrônico, paga 11 vezes menos impostos corporativos do que uma livraria tradicional[19]. Consultores também calculam que negócios por trás de aplicativos e plataformas digitais, em geral (taxa média de 8,5% em atividades domésticas a 10,15% em internacionais), pagam muito menos impostos que os tradicionais (20,9% a 23,2%, respectivamente)[20].

Uma alternativa seria reinventar o sistema tributário e, talvez, a teoria, para se conseguir taxar mais intensamente novos negócios/contribuintes e sem tirar o fôlego deles, as mesmas condições que limitam política tributária e fiscal abrem oportunidades amplas para melhorar eficiência e eficácia da administração tributária e a gestão da despesa e da dívida. Restar saber se tais ganhos de produtividade compensariam uma carga tributária estável ou, até mesmo, decrescente – o que não é tarefa fácil.

Para Afonso e Porto (2018), no campo constitucional, o ideal seria enxugar drasticamente o texto tributário, para deixar apenas preceitos cruciais para a democracia (como só criar imposto por lei e os exigir depois de uma carência mínima). A exemplo das Constituições da maioria dos outros países, o ideal seria definir e delinear competências tributárias e suas aplicações em uma lei infraconstitucional, ainda que especial – como Código Tributário. Sem isso, a revolução digital acelerará ainda mais o ritmo frenético de

[19] THE GUARDIAN. *Amazon pays 11 times less corporation tax than traditional booksellers* (2017). Disponível em: https://bit.ly/2xjM5NI. Acesso em: 20 jun. 2019.
[20] PWC; ZEW. *Digital Tax Index* (2017). Disponível em: https://goo.gl/Bvulwr. Acesso em: 20 jun. 2019.

111 emendas à Constituição (inclusive as de revisão), aprovadas nos seus primeiros 31 primeiros anos de existência, com frequentes mudanças em torno dos tributos.

3.2. Educação versus *skills*

Estamos atualmente no meio de uma revolução industrial com um ritmo exponencial de mudanças que está afetando todos os setores de todos os países. Com a tecnologia evoluindo tão rapidamente, os programas de treinamento corporativo estão atrasados e precisam ser atualizados. O foco deve ser na educação em áreas, como computadores, dados, inteligência artificial e pensamento projetado para permitir um treinamento consistente para a força de trabalho.

A automação potencial de muitos trabalhos levanta algumas questões grandes e complicadas, mas uma delas não recebeu atenção suficiente: qual é o verdadeiro propósito da educação em um momento em que as máquinas estão ficando mais inteligentes e inteligentes?

No Japão, como aponta Grove (2015), cursos de ciências sociais e humanas seriam cancelados na época em função de uma recomendação para que as universidades "sirvam áreas que contemplem as necessidades da sociedade". Das 60 universidades nacionais que oferecem cursos nessas disciplinas, 26 já confirmaram que irão cancelar ou reduzir essas matérias.

À medida que a tecnologia evolui, fica cada vez mais claro para mim que nossos sistemas educacionais não estão preparando as pessoas para as oportunidades que os avanços da Revolução Industrial 4.0 apresentarão. Educadores, formuladores de políticas, organizações sem fins lucrativos e comunidade empresarial precisam confrontar esse fato – mesmo que (especialmente se) isso signifique questionar práticas de longa data e suposições da moda.

Acemoglu e Restrepo (2016) argumentam que é justamente a mudança tecnológica e os processos de automação que estão gerando novas ocupações, de crescente complexidade. Segundo os autores, nos Estados Unidos, entre 1980 e 2007, os empregos com novos cargos representavam aproximadamente metade dos novos empregos. Isso indicaria que o potencial de geração de emprego é dificilmente previsível em relação a sua quantidade, então o equilíbrio entre a destruição de empregos como resultado da automação e a geração de novos empregos, especialmente em novas ocupações, depende da dinâmica de ambos os processos.

De fato, na média dos países desenvolvidos, entre 1995 e 2012, de acordo com o Banco Mundial (2016), ocupações baseadas em tarefas rotineiras (cognitivas e manuais) perderam 0,6 ponto percentual (p.p.) na estrutura ocupacional, enquanto aquelas baseadas em tarefas cognitivas e tarefas manuais interpessoais e não rotineiras aumentaram essa participação em 0,4 p.p. e 0,2 p.p., respectivamente.

Winthrop e Barton (2017) aponta que, em 2030, mais da metade dos jovens do mundo alcance a idade adulta sem as habilidades necessárias para prosperar no trabalho e na vida. Mais preocupante é o fato de que levará décadas – e em alguns lugares ao longo de um século – para as crianças de famílias de baixa renda alcançarem os níveis de aprendizado dos mais ricos.

Em entrevista a Trotta (2017), o economista Michele Boldrin chama atenção ao dizer que a desigualdade é fruto da inovação, e como não há crescimento sem inovação, a desigualdade é um efeito secundário do crescimento econômico. Entre medidas para minimizar o problema, aponta a reestruturação do sistema educativo, a fim de formar estudantes mentalmente flexíveis, uma vez que hoje a inovação destrói empregos com mais rapidez do que a educação os salva.

As tecnologias que serão desenvolvidas podem levar a sérios problemas éticos. Para mitigá-los, temos de pensar no ponto de vista humano. Será que a tecnologia vai impactar negativamente a vida de alguém? Se o fizer, como resolver isso? Isso só será possível quando nos colocarmos no lugar da pessoa que vai ser usuária da tecnologia.

Nesse aspecto, em recente entrevista de Edson Prestes ao jornalista Canônico (2018), Prestes adverte que desenvolver as habilidades nas áreas de Ciências e Tecnologia é importante, mas não é suficiente. Há também a necessidade do estímulo de habilidades sociais, interpessoais.

Pring (2004) vai além ao defender que a preparação para um futuro que seja economicamente próspero, bem como social e pessoalmente satisfatório, certamente, requer a aquisição de habilidades que forneçam as competências para alcançar padrões apropriados em ampla gama de atividades. Mas focar nas habilidades nos leva a uma linguagem limitada que transforma e empobrece o empreendimento educacional.

Em estudo recente do BID (2017), defende-se que – em um futuro que, certamente, incluirá mais robôs, mais criatividade e desafios e inovações que nem se pode imaginar – não deve haver uma preocupação apenas dos pais em possibilitar que seus filhos tenham o desenvolvimento de novas *skills*, mas também é um grande desafio para os governos saber que políticas podem ser implementadas para facilitar a aquisição dessas habilidades.

Ainda sobre o relatório, em uma pesquisa realizada sobre as habilidades mais exigidas pelas empresas ou empregadores, muitos foram os que responderam que as habilidades técnicas eram importantes. Mas muitos apontaram para habilidades de convivência socioemocionais, como a empatia ou a capacidade de resolver problemas. De fato, 23 das 187 respostas que recebemos disseram que as habilidades de comunicação eram uma habilidade essencial no mundo do trabalho.

Vestesber (2018) defende três propostas amplas para a educação:

- Incutir a qualidade das habilidades CTEM (ciências, tecnologia, engenharia e matemática) necessárias para atender adequadamente às necessidades de nossa sociedade cada vez mais tecnológica.
- Tão importante quanto isso é incutir o entendimento cívico e ético que permitirá aos seres humanos usar essas poderosas tecnologias com sabedoria, perspectiva e consideração pelo bem-estar dos outros.
- Encontrar formas muito mais criativas e atraentes de atender a essas duas primeiras necessidades em uma faixa muito mais ampla de idades e situações de vida do que tem sido tradicionalmente o caso em nossos sistemas educacionais.

Para a autora, a lição é clara: para a tecnologia cumprir sua promessa de melhoria humana, ela precisa de uma bússola cultural e moral. Por muito tempo, as disciplinas que instalam tal bússola – as humanidades – foram rejeitadas como um anacronismo; ao contrário, eles podem ser precisamente o que nos permite fazer o melhor uso de tecnologias cada vez mais potentes.

Gráfico 9 – Computadores nas escolas – Proporção média de computadores para alunos nas escolas (2000 e 2009)

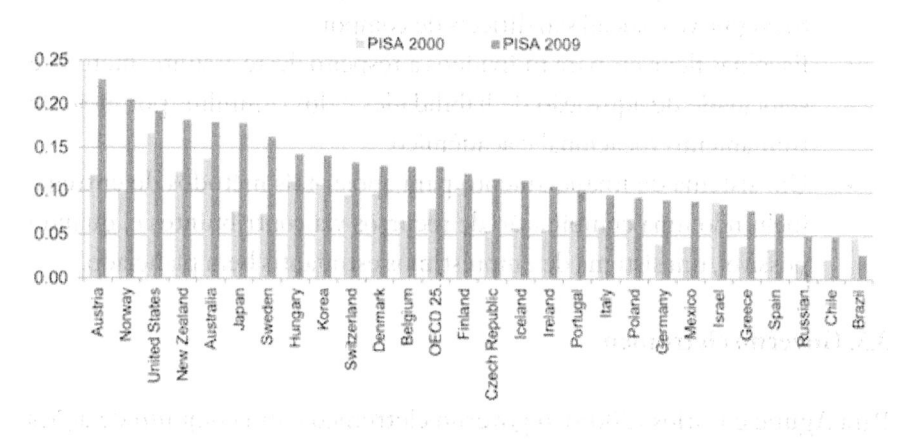

Fonte: OCDE (2017).

Um exemplo de uma política educacional nesse quesito seria o Plano Ceibal do Uruguai[21]. É uma iniciativa para digitalizar a educação no país que está progredindo bem e que é vista mais como um programa para alcançar a igualdade social do que um programa que é apenas educacional. Antes da instalação do programa, 43% das escolas primárias do país não tinham computador. Em escolas públicas de baixa renda, a proporção era de 1 (um) computador para cada 78 alunos. Por meio do Plano Ceibal, o Uruguai tornou-se um dos primeiros países do mundo a oferecer um *laptop* para todos os alunos do ensino fundamental, mas não faz sentido ter um computador portátil se você não tiver conectividade com a internet. O Plano Ceibal também reúne professores de inglês especialistas por meio de vídeo. Hoje, no Uruguai, quase 80.000 crianças aprendem inglês por meio desse sistema de videoconferência e iniciativas similares já existem em outros países da América Latina e do Caribe.

Para Barr (2018), a gama de habilidades necessárias no mercado de trabalho está crescendo, assim como as formas de adquiri-las. Dada a velocidade da mudança tecnológica, os trabalhadores terão que se reinventar, às vezes várias vezes, ao longo de uma vida de trabalho cada vez mais longa. Portanto, para o autor, é necessário um sistema com pelo menos três atributos estratégicos:

---

[21] Para mais informações, acessar o *link*: <https://www.ceibal.edu.uy/es>.

- Ênfase no desenvolvimento da primeira infância, dados os resultados de pesquisas poderosas de que as lacunas precoces no desenvolvimento cognitivo e social são difíceis de compor.
- Escolhas flexíveis para indivíduos a respeito deste assunto, método e velocidade de aquisição de habilidades e dos caminhos por meio de treinamento vocacional e acadêmico.
- Um sistema de financiamento para apoiar tais métodos de entrega, incluindo uma combinação de recursos via contribuintes e, quando possível, um sistema de empréstimos estudantis bem planejado.

3.3. Governo eletrônico

Para Agune e Carlos (2005), o governo eletrônico é um conjunto de ações modernizadoras vinculadas à Administração Pública, que começam a ganhar visibilidade no final da década de 1990.

A ideia de governo eletrônico ultrapassa a dimensão associada ao uso de tecnologia de informação no setor público. A criação de uma Administração Pública mais eficiente, mais eficaz, mais transparente e capaz de prestar serviços públicos com maior nível de qualidade e de forma integrada ao cidadão constitui um dos grandes objetivos e, simultaneamente, um dos grandes desafios com que se confrontam os profissionais da Administração Pública[22].

A concretização deste objetivo requer a existência de maior capacidade de colaboração entre os diversos organismos, o que impõe, necessariamente, a existência de capacidade de interoperabilidade entre seus sistemas de informação.

Resultados empíricos, em Gustova (2017) e Corsi e D'Ippoliti (2010), demonstram uma relação positiva entre a implementação de um governo eletrônico e o crescimento do PIB, a estabilidade política e a redução da taxa de mortalidade, além de contribuir positivamente para o crescimento da produtividade no setor público, de forma mais efetiva e significativa do que os investimentos públicos como um todo.

De acordo com o último relatório publicado pelas Nações Unidas (2018), *E-government Survey*, o município de Porto Alegre é reconhecido

---

[22] Para maiores detalhes sobre a evolução histórica do uso de tecnologia pela Administração Pública, ver Soares (2009) e Diniz *et al.* (2009).

internacionalmente como uma iniciativa inovadora em que o governo estadual envolveu mais de 1 milhão de residentes em suas decisões multicanais, *on-line* e *off-line*, para melhorar a provisão de uma ampla gama de serviços públicos e utilitários, dando a oportunidade de discutir e votar sobre como partes do orçamento de seu governo devem ser usadas.

Além desse exemplo, o relatório ainda cita o Decreto nº 8.243, que estabelece a Política Nacional de Participação Social e cria o Sistema Nacional de Participação Social; e a política brasileira de dados abertos, instituída pelo Decreto nº 8.777/2016.

Ainda, há muito espaço a percorrer para a melhor aplicação do governo eletrônico no Brasil. Em um *ranking* entre 193 países, o Brasil figura com a 44ª colocação, atrás de seus vizinhos Uruguai (34ª), Chile (42ª) e Argentina (43ª).

Para colher melhores resultados, os países, ao redor do mundo, devem enfrentar as divisões digitais atuais e emergentes. Embora haja um papel para as diferentes partes interessadas, os governos devem assumir a liderança no estabelecimento de padrões, na implantação de instrumentos estratégicos e no fornecimento de serviços governamentais. As parcerias com vários interessados devem ser forjadas com a sociedade civil e o setor privado para estimular a demanda por governo eletrônico.

Deve ser dada maior atenção à alfabetização digital, entre a população em geral, mas também entre os funcionários públicos. A implementação e a entrega de serviços eletrônicos dependem da capacidade de os usuários usá-los. Dados os potenciais benefícios socioeconômicos para cidadãos e governos, maior ênfase deve ser dada ao desenvolvimento de habilidades.

3.4. Previdência

É unânime que a Previdência precisa mudar, por razões que vão da demografia até a fiscalidade. É consenso que se necessita reformar o regime geral. É natural que haja muitas discussões e alterações na proposta original, afinal se trata de assunto naturalmente complexo e não mais uma medida provisória que tramita com prazo datado[23].

---

[23] Para maiores detalhes, ver BID (2018).

Entre outros desafios ainda nem debatidos, é possível citar a proteção à velhice daqueles brasileiros hoje com renda média e alta e que a percebem no todo ou em grande parte não como salário e sem contribuir obrigatoriamente para algum regime de previdência. Parcela crescente de trabalhadores brasileiros não mais são assalariados e recebem como autônomos e, cada vez mais, por meio de pessoas jurídicas, inclusive firmas individuais e microempreendedores individuais.

Mesmo com o trabalhador que virou firma pagando a Contribuição para o Financiamento da Seguridade Social (Cofins), o Programa de Integração Social (PIS), o Imposto Sobre Serviços de Qualquer Natureza (ISS), mais o Imposto de Renda – Pessoa Jurídica (IRPJ) e a Contribuição Social sobre o Lucro Líquido (CSLL), o maior de todos os prejuízos restou para a Previdência Social. Empregadores deixam de contribuir 20% sobre o valor integral da folha e o empregado, geralmente, passa a recolher o valor mínimo sobre o pró-labore simbólico recebido da empresa dele. Se a Reforma da Previdência já reclamava urgência porque benefícios passaram a ser acessados de forma cada vez mais prematura e fácil, o que dizer se forem recalculadas suas projeções de arrecadação, com participação cada vez menor de assalariados de alta renda e, sobretudo, sem o subsídio cruzado pago por seus empregadores.

Segundo o Fórum Econômico Mundial (2018), na avaliação da necessidade de mudanças de natureza do trabalho, os 42% de brasileiros ficaram na média mundial, mas exigindo um esforço maior do que precisará ser realizado por China, Estados Unidos e Alemanha. Também chama a atenção que o trabalho flexível deverá requerer muito maior atenção no país que em outros requisitos, como poder de processamento e novos suprimentos de tecnologia (27%), internet móvel (24%), mudanças climáticas (21%), economia compartilhada (18%) e ética do consumidor (12%). Por mais subjetivas que sejam tais medidas, elas sinalizam que o Brasil está um pouco mais preparado em termos tecnológicos do que institucionais para os desafios da nova economia.

Em recente pesquisa à *Folha de S. Paulo* (2018), perguntou-se a uma amostra de 8.601 eleitores brasileiros o que seria mais importante pra eles: ter um salário mais alto como autônomo, sem benefícios trabalhistas e impostos mais baixos ou ter carteira de trabalho assinada, com os benefícios trabalhistas e pagando impostos mais altos. O resultado encontrado foi o de que metade dos eleitores prefere ser autônomo, e a preferência aumenta conforme a escolaridade e a renda mensal do trabalhador são maiores, ou seja, acima de uma renda mensal média familiar de dez salários-mínimos a preferência por ser autônomo chega a 58%, contra 34% em ser celetistas. A taxa de preferência por ser autônomo é mais alta entre os que atualmente já atuam na modalidade (69%), os profissionais liberais (73%) e os empresários (74%).

Muitas das questões sugeridas e dos problemas endereçados estão em consonância com as discussões em andamento na Europa, onde a Comissão Europeia debate a criação e a regulação do *Pan-European Personal Pension Product* (PEPP), um novo produto para poupança individual/voluntária, visando proteger a velhice, com caráter transnacional, foco suplementar (ou seja, não substituirá previdência oficial ou privada atual), oferecido pelo sistema financeiro, focado na simplicidade, na portabilidade (total na União Europeia – EU), com diferentes formas de aportes e investimentos e baixo custo. As discussões em andamento por lá podem ser de grande apoio à definição de novos rumos por aqui.

No Brasil, o movimento de estímulo à previdência passa por ajustes para o aumento da eficiência do atual sistema privado, incluindo medidas que estimulem o cidadão a poupar com foco no futuro de longo prazo e que permitam o alongamento das carteiras de forma regulada, segura e transparente, liberando recursos que possam ser direcionados a investimentos estruturantes, escassos no país, como em muitos mercados emergentes.

A proposta visa estabelecer as bases para um mercado de previdência mais seguro, eficiente em termos de custos, acessível, transparente e que possa ser gerido em escala pan-europeia[24].

O modelo de PEPP compreende um sistema voluntário suplementar aos regimes nacionais, ou seja, não substituirá nenhum esquema atual e oficial. O objetivo é canalizar mais poupanças domésticas de instrumentos tradicionais, como depósitos de poupança, para os mercados de capitais.

A ideia é garantir que os consumidores estejam plenamente conscientes das principais características do produto. Em relação à política de investimento, os consumidores terão uma escolha entre uma opção-padrão de investimento seguro e opções alternativas com diferentes perfis de risco-retorno.

---

[24] Uma síntese do novo produto previdenciário proposto é apresentada em: https://goo.gl/ouwEzX.

Os consumidores se beneficiarão da portabilidade em escala da UE, da total transparência dos custos do PEPP e da capacidade de mudar de fornecedor (com os custos de mudança limitados).

As discussões europeias, e mesmo internacionais, podem ser de grande apoio à definição de novos rumos por aqui. No Brasil, o movimento de estímulo à previdência passa por ajustes para o aumento da eficiência do atual sistema privado, incluindo medidas que estimulem o cidadão a poupar com foco no futuro de longo prazo, e que permitam o alongamento das carteiras de forma regulada, segura e transparente, liberando recursos que possam ser direcionados a investimentos estruturantes, escasso no país, como em muitos mercados emergentes.

Por necessidades econômicas e sociais, o Brasil precisa enfrentar dois desafios, definidos como desafios gêmeos: incrementar a previdência privada e, ao mesmo tempo, a taxa nacional de poupança. Causa ou consequência, os mercados de capitais e financeiros tanto podem estimular e motivar as discussões e as decisões para incentivar o aumento da poupança previdenciária, quanto precisarão ajustar processos e produtos para atender a essa maior e diferenciada forma de aplicações. Paradoxalmente, a crise abre oportunidades, inclusive no prazo mais curto, para se avançar no objetivo maior de aumento da oferta e alongamento da oferta de financiamento de longo prazo por meio do mercado de capitais brasileiro.

Essa vasta agenda de análises e mudanças para uma reforma estratégica da Previdência no Brasil não se esgota e nem será abandonada caso não avance o projeto de reforma do regime geral em apreciação no Congresso. Este não deveria ser visto como panaceia, muito menos para produzir efeito em curto prazo, como retomar crescimento – lição que já deveria ter sido aprendida com a medida de limite de gasto. Expectativas, sim, podem ser melhoradas se for mostrado que o país é capaz de enfrentar seus problemas, com medidas dolorosas e impopulares. Tal percepção seria mais positiva se fosse adotada uma visão mais abrangente e ambiciosa para reformar a Previdência como um todo, inclusive fortalecendo a privada (menos importa se fechada ou aberta) como duplo meio para proteção social e fomento à poupança.

Segundo relatório do BID (2018), os novos sistemas devem abordar as lacunas na proteção social em diferentes momentos da vida, incluindo educação, infância, emprego, lacunas na carreira, aposentadoria e cuidados com idosos.

Os sistemas devem oferecer flexibilidade suficiente para apoiar indivíduos que seguem caminhos de carreira e vida substancialmente diferentes, mantendo a igualdade entre grupos e promovendo a resiliência individual. Um sistema de proteção social sustentável deve abordar as mudanças e os desafios descritos acima, garantindo contribuições justas para empregados e empregadores no momento da geração de renda para que pagamentos adequados possam ser garantidos quando a renda não for possível.

Para Rutkowski (2018), são necessários novos sistemas que atendam às necessidades de todas as pessoas, independentemente de como eles se envolvem no mercado para ganhar a vida. Essas novas políticas também devem ser mais adaptáveis e resilientes a forças econômicas, sociais e demográficas dinâmicas. O autor ainda destaca alguns pontos-chave, dadas as novas tendências mundiais:

- Informalidade – a maioria das pessoas estaria em melhor situação com um sistema de proteção social que não dependesse de sua situação de trabalho.
- Assistência social – programa de rendimento mínimo; a renda básica universal, imposto de renda negativo a pessoas abaixo de certo nível de renda.
- A noção de "universalismo progressista" – a expansão da Seguridade Social deve ser realizada de maneira a beneficiar os pobres e vulneráveis primeiro.

3.5. Sistema financeiro

À medida que o poder da computação melhora drasticamente e mais e mais pessoas em todo o mundo participam da economia digital, devemos pensar cuidadosamente em como elaborar políticas que nos permitam explorar plenamente os benefícios da revolução digital e, ao mesmo tempo, minimizar o deslocamento do trabalho.

Para Mühleisen (2018), do Fundo Monetário Internacional (FMI), as criptomoedas anônimas (*blockchain*) provavelmente revolucionarão o financiamento ao tornar as transações mais rápidas e mais seguras, enquanto informações melhores sobre clientes em potencial podem melhorar o preço dos empréstimos por meio de uma melhor avaliação da probabilidade de paga-mento. As estruturas reguladoras precisam garantir a integridade financeira e proteger os consumidores, ao mesmo tempo em que ainda apoiam a eficiência e a inovação.

Dado o alcance global da tecnologia digital e o risco de uma corrida para o fundo, há uma necessidade de cooperação política semelhante à dos mer-cados financeiros globais e do tráfego marítimo e aéreo. Na arena digital, tal cooperação poderia incluir a regulamentação do tratamento de dados pessoais, que é difícil de supervisionar de maneira específica do país, dada a natureza internacional da internet, bem como ativos intangíveis, cuja natureza e localização um tanto amorfos podem complicar a tributação das empresas digitais. Os sistemas de supervisão financeira voltados ao monitoramento de transações entre instituições financeiras terão dificuldade em lidar com o crescimento dos pagamentos *peer-to-peer*, inclusive quando se trata de impedir o financiamento do crime.

He e Guo (2018) alertam que fora as grandes possibilidades que a inteli-gência artificial (IA) pode trazer para o processo produtivo, ela também pode trazer riscos, sobretudo no mercado financeiro, em torno da concentração do mercado, brechas de mercado, conexão e tecnologia. Em relação ao emprego no setor, estima-se que, até 2027, 23% dos empregos no setor financeiro da China serão cortados pela AI ou serão transformados em novas posições.

A respeito do financiamento e da reformulação do Sistema Público de Emprego, Trabalho e Renda (SPETR), vale destacar o trabalho de Silva (2018), em que a autora aponta algumas propostas, entre elas:

- Destinação da parte da multa rescisória de contrato de trabalho que diz respeito à Lei Complementar nº 110/2001 para o FAT.
- Desconto do valor das desonerações tributárias sobre o total da Des-vinculação de Receitas da União (DRU), além de manter sob o controle do FAT uma parcela importante de suas receitas primárias.
- Estabelecer a necessidade de escolha por parte do trabalhador de-mitido imotivadamente entre duas opções: 1) sacar o saldo, em sua conta do Fundo de Garantia do Tempo de Serviço (FGTS), com a multa rescisória que lhe cabe, e abrir mão do seguro-desemprego naquele momento; 2) ou receber o seguro-desemprego, caso esteja

elegível para o benefício, abrindo mão do direito de sacar o valor em conta.

- Reformulação do abono salarial, alterando sua lógica atual. Em vez de ser calculado com base no período de trabalho, o cálculo dar-se-ia sobre o período de desemprego durante o ano de referência.

O País carece de políticas públicas que criem um ambiente propício à poupança doméstica de longo prazo. O governo deveria contribuir reduzindo a despoupança e a dívida pública. Enquanto não consegue, ao menos poderia adotar regras tributárias que estimulassem a previdência privada, inclusive voltada ao crescente trabalho independente – em linha com o que se discute na Europa. Este é o caminho mais eficiente para aumentar e alongar a poupança nacional, desenvolver mercados de capitais e financeiros e viabilizar uma taxa de investimento compatível com as necessidades de crescimento de uma economia emergente.

Uma concentração da poupança e da riqueza ainda mais acentuada do que a da renda pode ser a principal razão para essa surpreendente desproporção, distorção muito maior para a macroeconomia resulta da alocação dada à poupança doméstica – concentrada no curto prazo e no financiamento ao governo. Isso torna diminuta a poupança previdenciária, aquela voltada para o longo prazo e permitiria financiar e alavancar projetos de investimentos e, por conseguinte, a economia.

Se separarmos por faixa de renda aqueles que declararam o IR, é possível ver essa realidade. Daqueles que possuem rendimento de até 7 salários mínimos, representando 76% dos declarantes, possuem 22,5% do total de bens financeiros declarados, dado o rendimento médio mensal desse indivíduo, esse demoraria cerca de 14 meses para converter esses bens e manter seu padrão de vida.

Contudo, quando se olha para a população 1% mais rica, de acordo com os rendimentos declarados. Esses que possuem o controle de 46,1% de todos os bens financeiros declarados, demorariam cerca de 54 meses, para gastar todos os seus bens financeiros.

Tabela 1 – Bens e Direitos Financeiros Declarados IRPF
por Faixa de Renda (2018)

Faixa de Renda	Declarantes		Rendimentos Totais*			Bens Financeiros			Meses p/
	Total	Em % do Total	Per Capita	Em % do Total	Per Capita	Total R$ Milhões	Em % do Total	Converter Bens	
Até 7 SM	22.685.121	76%	38.174.31	34,0%	46.889,48	1.063.693,44	22,5%	14.74
7 - 10 SM	2.686.396	9%	100.735,09	10,6%	85.230,95	228.964,08	4,8%	10.15
10 - 20 SM	2.686.396	9%	160.127,43	16,9%	169.278,54	454.749,20	9,6%	12.69
Acima de 20 SM	1.492.442	5%	329.613,70	19,3%	533.000,49	795.472,32	16,8%	19.40
1% Mais Rico	298.488	1%	1.625.006,94	19,1%	7.297.075,58	2.178.089,50	46,1%	53.89
Total	29.848.843	100%	85.220,82	100,0%	85.220,82	2.543.742,95	100,0%	12,00

Fonte primária: RFB. Elaboração própria.

Nota: * Classificados pela RB2 (RB2 = Renda Tributável Bruta + Rend. Sócio/titular MPP
+ Lucros e Dividendos + Rend. Suj. Trib. Exclusiva).

O paradoxo da poupança no Brasil é enorme. Ainda que poucos poupem muito, a imensa maioria dos brasileiros nada ou nunca poupa para velhice. Quando se poupa, se faz de forma improdutiva, em prazos curtos e concentrado em financiar ao governo, o que não impulsiona o desenvolvimento (até porque o déficit público não decorre de investimentos públicos elevados, muito pelo contrário).

Conclusões

A partir dos tópicos apresentados anteriormente, é possível concluir que a perspectiva para emprego e para Previdência será ainda mais negativa com a radical mudança de paradigmas tecnológicos e de trabalho.

No âmbito do emprego, o objetivo maior deve ser entender o impacto da substituição do trabalho humano por agentes inteligentes nas relações de trabalho e sociais. Similar à revolução industrial, em que muitos empregos desapareceram, a nova revolução trouxe uma substituição da mão de obra pensante, de uma classe média atuante, por agentes inteligentes. É provável que novas modalidade de empregos surjam, mas, certamente, haverá uma fase de adaptação dos empregados, dos patrões e do governo.

Especula-se que os empregos que exijam grande capacidade analítica e técnica serão preservados, ao passo que as ocupações de baixíssimo grau de complexidade, mas com dificuldade de mecanização, serão mantidas.

O maior erro das autoridades governamentais será continuar a tratar como caso de polícia o que deve ser de política. Diante da nova revolução, não se pode reagir como os índios que atiraram flechas às locomotivas que passaram a rasgar suas terras no oeste americano. Diagnosticar e traçar um plano estratégico para lidar com a *gig economy* é uma premência. A começar pela própria Previdência e sua reforma que não deveria ignorar essa tendência, inclusive porque torna mais imperiosa essa mudança, mas exigirá diagnóstico e soluções mais inteligentes, complexas e trabalhosas. Será preciso repensar toda a tributação dos salários e, ao mesmo tempo, revisitar a forma como se taxa o lucro e os ganhos das empresas e dos indivíduos, e talvez até seu faturamento.

Não há como repensar a tributação dos salários sem rever, ao mesmo tempo e de forma equilibrada, a tributação doméstica sobre serviços e rendas, tanto individuais quanto empresariais. Não precisa só reformar a Previdência e a tributação, mas também será inevitável construir um novo pacto social.

No que se refere ao cenário da Previdência no Brasil, é unânime que ela precisa mudar, por razões que vão da demografia até a fiscalidade, mas também passa pelas mudanças de paradigma tecnológico.

Por mais que a Previdência tenha sido decisiva para deterioração fiscal no país, a sua reforma não deveria se limitar aos impactos nas contas públicas. Uma visão estratégica e mais abrangente pode contemplar o pacto de coesão social e a formação de poupança domiciliar, entre outros aspectos. Da montagem dos institutos de Previdência nos anos 50 até a concepção da Seguridade Social na Constituição de 1988, tudo já mudou na economia e na sociedade e se faz necessário rever os arranjos sociais com uma visão que irá muito além da concessão dos benefícios.

Mesmo com a tamanha relevância do tema, importa destacar a existência de uma enorme carência por dados. Primeiro, dados que demonstrem um diagnóstico mais atualizado e circunstanciado, que contemple também o que se passa na receita e não se limite apenas a tratar de benefícios previdenciários. Segundo, dados que devem constar nas simulações dos efeitos de cada mudança específica do projeto. Na era da informação e da transparência, os discursos não têm sido acompanhados da divulgação das citadas estatísticas, que precisam ser ainda mais pormenorizadas para debater uma reforma profunda do que para conhecer o dia do sistema.

Reformar a Previdência não deve ser visto como panaceia, muito menos para produzir efeito em prazo curto, como retomar crescimento – lição que já deveria ter sido aprendida com a medida de limite de gasto. Expectativas, sim, podem ser melhoradas se for mostrado que o país é capaz de enfrentar seus problemas, com medidas dolorosas e impopulares. Tal percepção seria mais positiva se fosse adotada uma visão mais abrangente e ambiciosa para reformar a Previdência como um todo, inclusive fortalecendo a privada (menos importa se fechada ou aberta) como duplo meio para proteção social e fomento à poupança.

Referências

ACEMOGLU. D.; RESTREPO, P. The race between machine and man: implications of technology for growth, factor shares and employment. NBER Working Paper Series, n. 22252, maio 2016. Disponível em: https://bit.ly/2GLAOLK. Acesso em: 6 abr. 2018.

ACHOR, S. *et al.* 9 out of 10 people are willing to earn less money to do more-meaningful work. 2018. Disponível em: https://bit.ly/2QagOqW. Acesso em: 5 dez. 2018.

AFONSO, J.; ABREU, T. Alguns poupam muito, mas mal, no Brasil. Conjuntura Econômica, Rio de Janeiro, v. 72, p. 24-27, 2018.

AFONSO, J. R.; PORTO, L. K. Tributos sem Futuro. Conjuntura Econômica, Rio de Janeiro, v. 72, p. 32-35, 2018.

AGUNE, R.; CARLOS, J. Governo eletrônico e novos processos de trabalho. *In*: LEVY, E.; DRAGO, P. (Org.). Gestão pública no Brasil contemporâneo. São Paulo: Fundap, 2005.

BANCO MUNDIAL. World development report 2016: digital dividends. World Development Report. 2016. Washington, 2016. Disponível em: https://www.worldbank.org/en/publication/wdr2016. Acesso em: 12 nov. 2018.

_____. World Development Report 2017: governance and the Law. Washington, 2017. Disponível em: https://bit.ly/2k157Pp. Acesso em: 12 nov. 2018.

_____. Saving for old age. Washington, 2016. Disponível em: https://bit.ly/2u0fUS6. Acesso em: 20 jun. 2019.

BARR, N. Shifting tides: dramatic social changes mean the welfare state is more necessary than ever. FMI – Finance & Development, v. 55, n. 4, p.10-13, out. 2018. Disponível em: https://bit.ly/2E6NU4L. Acesso em: 30 nov. 2018.

BID. El futuro del trabajo en América Latina y el Caribe. 2018. Disponível em: https://bit.ly/2APOP5h. Acesso em: 21 nov. 2018.

_____. Learning Better: Public Policy for Skills Development. 2017. Disponível em: https://bit.ly/2wkOqXJ. Acesso em: 29 nov. 2018.

_____. Presente y futuro de las pensiones en América Latina y el Caribe. 2018. Disponível em: https://publications.iadb.org/handle/11319/9171. Acesso em: 21 nov. 2018.

_____. Servicios sociales para ciudadanos digitales: oportunidades para América Latina y el Caribe. 2018. Disponível em: https://bit.ly/2Iy0xsd. Acesso em: 21 nov. 2018.

BLOCK, K. New technologies must create jobs, not destroy them. 2018. Disponível em: https://bit.ly/2D3v6lj. Acesso em: 03 dez. 2018.

BRESSER-PEREIRA, Luiz Carlos; OREIRO, José Luís. Keynesianismo vulgar e o novo--desenvolvimentismo. Valor Econômico, São Paulo, 5 fev. 2010. Disponível em: http://bit.ly/Tb9qV3. Acesso em: 30 set. 2010.

CANÔNICO, M. A. Conhecimento técnico não basta, é preciso ensinar empatia', diz especialista em robótica. O Globo, Rio de Janeiro, 18 nov. 2018. Disponível em: <https://glo.bo/2OSE1bF>. Acesso em: 19 nov. 2018.

CARVALHO, Fernando C. Keynes and the reform of the capitalist social order. Journal of Post Keynesian Economics, v. 31, n. 2, p. 191212, 2009. Disponível em: https://ideas.repec.org/s/mes/postke2.html. Acesso em: 30 set. 2010.

COADY, D. Creating Fiscal Space. FMI – Finance & Development, v. 55, n. 4, p.10-13, out. 2018. Disponível em: https://bit.ly/2E6NU4L. Acesso em: 30 nov. 2018.

COGNIZANT. 21 more jobs of the future: a guide to getting and staying employed through 2029. 2018. Disponível em: https://cogniz.at/2AqhFup. Acesso em: 30 nov. 2018.

CORSI, M.; D'IPPOLITI, M. C. The productivity of the public sector in OECD countries: eGovernment as driver of efficiency and efficacy. MPRA Paper, n. 21051, 2010. Disponível em: https://bit.ly/2KocyOp. Acesso em: 21 nov. 2018.

DINIZ, E. H. et al. O governo eletrônico no Brasil: perspectiva histórica a partir de um modelo estruturado de análise. Revista de Administração Pública, Rio de Janeiro, v. 43, n. 1, p. 23-48, jul. 2009.

EBBINGHAUS, B.; NAUMANN, E. The popularity of pension and unemployment policies revisited: the erosion of public support in Britain and Germany. In: EBBINGHAUS, B.; NAUMANN, E. (Eds.). Welfare state reforms seen from below. Basingstoke: Palgrave Macmillan, 2018. p. 155-186.

FARIAS, Pedro; MORENO, Ana Maria Zárate. Regulación inteligente: ¿Cómo construir las reglas del juego de la economía digital?. 2018. Disponível em: https://bit.ly/2AayLel. Acesso em: 21 nov. 2018.

FERNANDES, Anaïs. Metade dos eleitores prefere ser autônomo a ter emprego CLT, diz Datafolha. Folha de São Paulo, São Paulo, 2018. Disponível em: https://bit.ly/2P0gzOP. Acesso em: 29 out. 2018.

FÓRUM ECONÔMICO MUNDIAL. The future of Jobs: employment, skills and workforce strategy for the fourth industrial revolution. 2016. Disponível em: http://bit.ly/1nf6lYI. Acesso em: 19 nov. 2018.

FUCK, L. F.; AFONSO, J. R. A tributação do futuro e a rigidez constitucional. Disponível em: https://bit.ly/2gCnzRR. Acesso em: 19 nov. 2018.

GROVE, Jack. Social sciences and humanities faculties 'to close' in Japan after ministerial intervention. 2015. Disponível em: https://bit.ly/1gQObrW. Acesso em: 19 nov. 2018.

GUSTOVA, D. The impact of e-government strategy on economic growth and social development. 2017. 66 f. Dissertação (Mestrado em Economia) – Faculdade de Economia, Iscte Business School, Lisboa, 2017. Disponível em: https://bit.ly/2OVFC0h. Acesso em: 21 nov. 2018.

HE, David; GUO, Vanessa. 4 ways AI will impact the financial job market. 2018. Disponível em: https://bit.ly/2Ok2BCN. Acesso em: 24 nov. 2018.

INSTITUTO DE LONGEVIDADE MONGERAL AEGON. O Preparo para a Aposentadoria na Nova Era do Trabalho Autônomo. 2016, Disponível em: https://bit.ly/2TOLWhv. Acesso em 24 jul. 2019

INTUIT. Intuit 2020 report: twenty trends that will shape the next decade. 2010. Disponível em: http://intuit.me/2kMQtMd. Acesso em: 19 nov. 2018.

MCKINSEY GLOBAL INSTITUTE. Jobs lost, jobs gained: workforce transitions in a time of automation. 2017. Disponível em: https://goo.gl/JNqgJS. Acesso em: 27 jul. 2010.

MOGGRIDGE, Donald. As ideias de Keynes. São Paulo: Cultrix, 1976. (Mestres da Modernidade).

MOROZOV, Evgeny. Big Tech: A ascensão dos dados e a morte da política. São Paulo: Ubu, 2018.

NAVARRO, Juan Carlos. El imperativo de la transformación digital: una agenda del BID para la ciencia y la innovación empresarial en la nueva revolución industrial. BID, 2018. Disponível em: https://bit.ly/2DzMwqW. Acesso em: 12 nov. 2018.

NEW, J. Why the United States needs a national artificial intelligence strategy and what it should look like. 2018. Disponível em: https://bit.ly/2RzAjWI. Acesso em: 05 dez. 2018.

NEUFEIND, M.; O'REILLY, J.; RANFT, F. (Eds.). Work in the digital age: challenges of the fourth industrial revolution. 2018. Disponível em: https://bit.ly/2RlMndw. Acesso em: 05 dez. 2018.

ORGANIZAÇÃO DAS NAÇÕES UNIDAS. E-government survey: 2018. 2018. Disponível em: https://bit.ly/2O1xoEU. Acesso em: 19 nov. 2018.

OCDE. Going for growth 2018: An opportunity that governments should not miss. 2018. Disponível em: https://bit.ly/2DA1Fsb. Acesso em: 12 nov. 2018.

_____. Enabling the next production revolution: a summary of main messages and policy lessons. 2017. Disponível em: https://bit.ly/2T52Owx. Acesso em: 12 nov. 2018.

_____. The next production revolution: implications for governments and business. 2017. Disponível em: https://bit.ly/2QCbqJs. Acesso em: 12 nov. 2018.

_____. Digital government strategies for transforming public services in the welfare areas. 2017. Disponível em: https://bit.ly/2rCvi5h. Acesso em: 21 nov. 2018.

PERRIN, Fernanda. Automação vai mudar a carreira de 16 milhões de brasileiros até 2030. Folha de São Paulo, São Paulo, 2018. Disponível em: https://goo.gl/FuVczp. Acesso em: 19 nov. 2018.

PRING, R. The Skills revolution. Oxford Review of Education, v. 30, n. 1, p.105-116, mar. 2004.

RUTKOWSKI, M. Reimagining social protection. FMI – Finance & Development, v. 55, n. 4, p.10-13, out. 2018. Disponível em: https://bit.ly/2E6NU4L. Acesso em: 30 nov. 2018.

SHAFIK, N. A new social contract. FMI – Finance & Development, v. 55, n. 4, p.10-13, out. 2018. Disponível em: https://bit.ly/2E6NU4L. Acesso em: 30 nov. 2018.

SILVA, S. P. Propostas de reformulação no arranjo de financiamento e da agenda programática do sistema público de emprego, trabalho e renda no Brasil. Conjuntura e análise: boletim mercado de trabalho, n. 65, p.99-112, out. 2018. Disponível em: https://bit.ly/2QWZxy2. Acesso em: 19 nov. 2018.

SOARES, D. F. Interoperabilidade entre sistemas de informação na administração pública. 2009. 666 f. Tese (Doutorado) – Faculdade de Tecnologia e Sistemas de Informação, Universidade do Minho, Braga, 2009.

TROTTA, T. A inovação destrói empregos com mais rapidez do que a educação os salva. 2017. Disponível em: https://bit.ly/2oPe820. Acesso em: 07 set. 2018.

TROTTA, T. John Maynard Keynes: 1883-1946: economist, philosopher, Statesman. London: Penguin Books, 2003.

VESTBERG, Hans. Why we need both science and humanities for a fourth industrial revolution education. 2018. Disponível em: https://bit.ly/2xRIzc7. Acesso em: 19 nov. 2018.

WINTHROP, Rebecca; BARTON, Adam. Can education innovations help us leapfrog progress? 2017. Disponível em: https://brook.gs/2KlZvgF. Acesso em: 21 nov. 2018.

2. Mudanças na sociedade e no setor produtivo decorrentes da revolução digital

Fabio Silveira
Geraldo Biasoto Jr.
Adriana Nunes Ferreira
Daniela Gorayeb

Introdução[1]

O mundo vive uma Quarta Revolução Industrial e seus impactos ainda não são, nem de longe, compreendidos e antecipáveis. Ela é baseada na tecnologia da informação (TI), na robótica e na inteligência artificial (AI) e envolve grandes questões corporativas, reorganizações de cadeias produtivas, mercados e configurações regionais da produção e do comércio. Não é a primeira vez que isso ocorre, mas há que se atentar para uma singularidade: as inovações tecnológicas dessa revolução mudam, muito mais profundamente do que nas experiências anteriores, a fronteira entre o formato de trabalho realizado por seres humanos e a maneira pela qual as máquinas e os algoritmos os conduzem.

[1] Este capítulo compreende uma versão de estudo desenvolvido para UNESCO (Projeto 570BRZ1013), concluído em dezembro de 2018 (não foi possível atualizar os dados). As opiniões são de responsabilidade dos autores.

Não é segredo que os mercados de trabalho passarão por grandes transformações na esteira das mudanças tecnológicas e corporativas. A interrogação está em outra esfera, talvez mais parecida com o dilema "civilização ou barbárie". A nova revolução pode conduzir a uma nova era do trabalho, caracterizada por bons empregos, inserção mais eficiente do trabalhador na esfera da produção, melhora de métodos de gestão e elevação da qualidade de vida.

Entretanto a incapacidade de articular o trabalho ao novo mundo da produção pode elevar o risco de ampliar falhas na qualificação profissional, gerando um mercado de trabalho fragmentado e ainda mais desigual. As decisões de agora definirão as trajetórias possíveis do futuro do mercado de trabalho.

Neste primeiro relatório, serão abordadas as questões do impacto da Quarta Revolução Industrial e verificadas as tensões postas para o mercado de trabalho a partir do movimento recente da economia brasileira. A primeira seção indicará os principais elementos da Quarta Revolução Industrial e buscará compreender suas grandes vias de impacto sobre o mercado de trabalho. A segunda seção identificará os impactos sobre o mercado de trabalho em diferentes tipos de economia e os aspectos mais relevantes da informalidade do emprego, buscando uma visão global. Na terceira seção, os elementos principais da dinâmica da economia brasileira serão avaliados para identificação de seu relacionamento com a efetiva difusão das tecnologias disruptivas e de seu impacto sobre o mercado de trabalho. A quarta seção apresenta os dados do mercado de trabalho brasileiro para os últimos anos, que serão objeto de análise para o relatório final.

1. A quarta revolução: elementos constitutivos e impactos sobre a produção

Avaliar as principais vertentes da Quarta Revolução em seus impactos sobre a produção e o emprego é uma tarefa bem mais difícil do que a colocada para os outros grandes momentos da história do capitalismo, em que a mudança de paradigma tecnológico mereceu ser caracterizada como revolucionária. Em primeiro lugar, desde que a informática realizou grandes avanços na

Terceira Revolução, os mercados passaram a ser menos estanques, relativamente à Segunda Revolução Industrial. Ou seja, as barreiras à entrada ficaram muito mais tênues, já que a flexibilidade tecnológica foi drasticamente ampliada, desenvolvendo mercados muito menos delimitados que os tradicionalmente conhecidos.

Em segundo lugar, cada estrutura produtiva passou a inserir conteúdos tecnológicos provenientes de fontes distintas, o que colaborou enormemente, além da informática e da eletrônica, para a expansão das possibilidades do mundo das telecomunicações, seja na planta produtiva, seja nas atividades relacionadas a ela. A interpenetração de tecnologias passou a ser uma marca evidente e um diferencial na busca de produtividade frente à crescente competição nos mercados doméstico e exterior.

Em terceiro lugar, há que se considerar a íntima relação dos serviços com a produção industrial que marca os últimos anos. Os produtos industriais são cada vez mais dependentes de serviços a eles correlatos, que passaram a ser fatores decisivos nas condições competitivas. Ou seja, de nada vale um ótimo *hardware* sem uma estrutura de oferta e suporte de *software,* para aplicar o conceito ao mundo corporativo. No entanto, ainda mais importante é que os serviços desembarcaram no mundo da produção física por duas vias que ganham cada vez mais expressão:

a) O gerenciamento da planta industrial é cada vez mais dependente de serviços, seja pela manutenção preventiva contínua, seja pela inserção de empresas que são diretamente responsáveis por fases do processo produtivo; ou ainda pela agilidade na gestão de mudanças de linhas de produto, com crescente importância da customização.

b) Diversos segmentos da indústria passaram a centralizar suas operações na forma de venda de serviços para diversas atividades, em todos os setores, muitas vezes com a transferência de equipamento físico, para a planta do cliente, como parte do serviço a prestar.

É crucial entender o potencial que a revolução digital tem a entregar ao desenvolvimento da chamada Indústria 4.0. As principais inovações tecnológicas que deverão afetar a forma de funcionamento do setor produtivo podem ser especificadas da maneira que segue:

a) Internet das Coisas: consiste na conexão em rede de objetos físicos, ambientes, veículos e máquinas, com o uso de sensores e outros dispositivos embarcados, com objetivo de coleta e remessa de dados para indicar tarefas a serem realizadas automaticamente.

b) Viabilização de operações dotadas de diagnóstico e mudanças rápidas, possibilitando o tratamento de dados de forma instantânea e a tomada de decisões em tempo real.

c) Capacidade de teste com modelos virtuais, que consiste em simular as condições de operação da planta por meio de monitoramento, via sensores, de modo a possibilitar a gestão de testar alternativas frente às demandas colocadas para a produção, dando-lhe maior flexibilidade.

d) Modularização descentralizada, apoiada nos sistemas de informação em cada módulo e máquina da planta, permitindo elevar a produtividade de cada elo da estrutura produtiva.

e) Flexibilidade da produção, possibilitando que parcelas da planta alterem sua forma de operação, o que dá lugar a capacidade de definir o ritmo de produção e viabilizar a customização dos produtos (SILVEIRA, 2018.).

Compreender as vertentes do processo de mudança produtiva e suas trajetórias é essencial para avaliar a profundidade de seu impacto sobre os traços gerais do mercado de trabalho, as condições de empregabilidade e as relações entre a organização produtiva e os trabalhadores de um ponto de vista microeconômico.

Ao tomar o aspecto microeconômico, em primeiro lugar, há que se avaliar as formas pelas quais as novas tecnologias são incorporadas à organização produtiva e gerencial. Na indústria, as unidades produtivas administram a decisão da incorporação de novas tecnologias, *grosso modo*, segundo suas culturas organizacionais, suas diretivas de amortização do capital investido, os ganhos de produtividade prospectivos e as condições de mercado com as quais se defrontam.

Na Quarta Revolução Industrial, as condições de mercado merecem destaque dentre os motores do processo de incorporação de inovações. Num ambiente de comércio muito mais aberto e com tecnologias muito mais flexíveis, as barreiras à entrada nos mercados experimentam os níveis mais baixos da história do capitalismo, favorecendo uma propensão à rápida incorporação das novas tecnologias (SOETE, 2018, p.75-88).

Vale frisar que esse processo ocorre em etapas, quando olhado de uma ótica microeconômica. É natural que o decurso de introdução da primeira "onda" da mudança seja caracterizado pela dinamização tecnológica dos elos de um modo de produção existente, ou seja, o ganho de produtividade em cada elo de um regime de produção já existente e organizado. Num segundo momento, as mudanças ultrapassam as fronteiras da unidade produtiva e ganham o patamar setorial. Nesse ponto, o potencial disruptivo é muito mais violento, sendo que a própria configuração do processo produtivo é totalmente alterada, em sintonia com as possibilidades postas pelas novas tecnologias. Simultaneamente, aumentam ganhos em produtividade e controle de qualidade. A flexibilidade da produção é outro ponto importante, embora os avanços ainda sejam menos claros nesse caso.

O momento atual e os próximos quatro anos deverão ser dominados por avanços tecnológicos específicos, marcadamente influenciados pela comunicação em internet móvel de alta velocidade (abrangendo novas aplicações), pela inteligência artificial, pela generalização dos grandes sistemas de acesso, gestão e análise de dados e pela tecnologia de armazenamento e gestão de sistemas em nuvem (WEF, 2018, p. vi). Na medida em que abrem novas frentes de investimento em produtos e processos, reforçam tendências socioeconômicas que impulsionam a disseminação de novas tecnologias, traçando trajetórias nacionais de crescimento matizadas pelas condições de distribuição de renda e acesso a políticas de educação e saúde particulares a cada realidade nacional.

No movimento de difusão das novas tecnologias, o que poderíamos chamar de segunda onda de inovações guarda potencial de mudança muito superior ao registrado em seus primeiros passos, referida acima como primeira onda. Do ponto de vista da decisão sobre o formato dos investimentos, as inovações de segunda onda já não representam adequação de tecnologias mais eficientes ao processo produtivo existente. Ao contrário, é o processo produtivo que é revolucionado pelas novas condições de organização propiciadas pelas novas tecnologias. A percepção de maturidade das inovações[2], do ponto de vista

---

[2] O termo maturidade é aqui utilizado no sentido da percepção da empresa de decidir investir a partir do momento em que entenda que aquela inovação já tem grau de confiabilidade

dos empresários investidores, vai consolidando-se pela sua difusão e ganha condição de necessidade corporativa, frente às condições de mercado, pela realidade competitiva que se insere no conjunto do setor econômico.

Ao mesmo tempo em que o risco da mudança mais radical e os ganhos de produtividade ficam mais solidamente quantificáveis, outro fator, relativo à gestão do capital, entra em pauta. Os prazos de amortização dos investimentos anteriores vão cumprindo seus períodos mínimos, "abrindo caminho" para inversões mais massivas de recursos na planta produtiva, agora caracterizada pela efetiva mudança de produtos e processos.

De fato, os dados comprovam que o crivo da percepção de solidez das novas tecnologias e a administração temporal de sua incorporação, diante da substituição do existente, jogam papel essencial no cronograma de implantação das inovações. Em pesquisa recente do *World Economic Forum* (WEF), há indicação de que 85% das intenções de investimento, declaradas pelas empresas pesquisadas, entre 2018 e 2022, tenham possibilidade ou probabilidade de expandir sua adoção de análise de *big data*. O incremento também deverá ocorrer em grande magnitude para a Internet das Coisas (IoT), aplicativos especializados via *web* e computação em nuvem. Ou seja, a mudança na periferia do núcleo produtivo microeconômico é de incorporação mais rápida do que as mudanças mais profundas na estrutura produtiva.

A tese acima é reafirmada na análise da robotização, em que as tecnologias mais maduras, especialmente o robô estacionário, têm ampla vantagem, do ponto de vista da rapidez na difusão, frente a outras tecnologias de robotização e inteligência artificial.

A robotização é outra tendência bastante firme na enquete realizada pela WEF. Tem sido muito forte o avanço das pesquisas e a viabilização técnica de robôs estacionários, robôs terrestres, *drones* totalmente automatizados e até robôs com características de humanoides, além de algoritmos de aprendizado de máquina e inteligência artificial. Mas essa gama de inovações apresenta imensa disparidade setorial, sendo que apenas os robôs estacionários já parecem desfrutar de uma presença expressiva nas plantas industriais[3].

suficiente para ser utilizada. Para análise mais aprofundada do assunto ver: DOSI; NELSONR (2009); PEREZ (2010, p. 185-202).

[3] As taxas de adoção de robôs divergem significativamente entre os setores, com 37% a 23% das empresas planejando esse investimento, dependendo do setor (WEF).

Ao que parece, a difusão mais forte e abrangente virá a partir de 2022, conforme os dados declarados a WEF.

Isto pode ser verificado na figura 1, que apresenta as diversas tecnologias que compõem a Quarta Revolução Industrial e indica as respostas das empresas pesquisadas em relação à expectativa de introdução delas até 2022. Fica evidente que as tecnologias que complementam as estruturas produtivas existentes são as mais destacadas pelas empresas, configurando esta primeira "onda" de inovações. Na parte inferior do gráfico, constam as tecnologias mais disruptivas, que deverão efetivamente revolucionar o setor produtivo, indicando que elas irão se transformar em realidade a partir de seu amadurecimento e da sua viabilização enquanto estratégia empresarial.

Figura 1 – Tecnologias com maior chance de adoção pelas empresas até 2022

Tecnologia	%
Análises 'big data' de usuários e entidades	85%
Mercados adaptados a aplicativos e internet	75%
Internet das coisas	75%
Aprendizado de máquina	73%
Computação em nuvem	72%
Comércio digital	59%
Realidade virtual e aumentada	58%
Criptografia	54%
Novos materiais	52%
Eletrônicos vestíveis	46%
Blockchain	45%
Impressão 3D	41%
Transporte autônomo	40%
Robôs estacionários	37%
Computação quântica	36%
Robôs terrestres não humanoides	33%
Biotecnologia	28%
Robôs humanoides	23%
Robôs submarinos e aéreos	19%

Fonte: *World Economic Forum. Future of Jobs Survey* (2018).

Vale notar que, ao colocar uma perspectiva um pouco mais longa, algumas das inovações ganham maior realce. A *Global Shapers Community*, num ensaio prospectivo sobre o comércio mundial em 2030, à luz dos impactos da

Quarta Revolução Industrial, coloca em destaque cinco blocos de inovações: a) a inteligência artificial, que deverá ser o grande diferencial para que as estruturas produtivas e de serviços ganhem agilidade e flexibilidade impensáveis nos marcos atuais; b) *blockchain*, uma nova forma de organizar as operações financeiras, dotando os sistemas de transações de enorme flexibilidade; c) o avanço da Internet das Coisas para novos campos, com imensos ganhos em eficiência; d) a impressão em 3D, conferindo enorme flexibilidade à forma de produzir; e e) as plataformas digitais e de *e-commerce*, com amplo impacto sobre a concorrência em escala global (GLOBAL SHAPERS COMMUNITY, 2018, p. 4-10).

Há outra questão que merece atenção na Quarta Revolução Industrial: as condições locacionais. É verdade que as tecnologias das telecomunicações tornaram muito mais flexível a realização do trabalho fora da planta e o crescimento dos serviços descolou-se das condições locacionais para ser realizado até fora do país onde o consumidor está. Embora isto beneficie os países que não estão entre os considerados desenvolvidos, a fábrica digitalizada pode significar um retorno da produção aos países centrais. Nos quadros da automação, os baixos custos da mão de obra deixam de ser critério importante para a definição da localização de plantas produtivas. Vale lembrar que a estabilidade de regras econômicas, a solidez das instituições políticas e a segurança em relação ao câmbio ganharão importância na decisão sobre o local do investimento (ZYLBERSTAJN, 2018, p. 38-40).

Em todos os casos, trata-se de muito mais do que transformar uma tarefa realizada pelo trabalho humano atualmente em um processo automatizado. As mudanças que ocorrerão ao longo da próxima década colocarão alterações muito mais profundas para o mundo da produção e dos serviços do que os próximos quatro a cinco anos. Por isso, a divisão dos impactos em duas ondas é conceitualmente importante, dado que visa apreender a natureza e a profundidade da difusão de inovações. Vale frisar que a onda inicial é a automação da atual estrutura produtiva, mas a segunda onda é a construção efetiva de uma nova estrutura. No entanto essa nova estrutura pode ser muito mais que uma nova estrutura produtiva, dado que a violência das mudanças pode ser disruptiva em diversos campos das relações econômicas e sociais.

2. Impactos sobre o mercado de trabalho

2.1. Tecnologias disruptivas e o mercado de trabalho

O estudo do impacto das novas tecnologias sobre as condições e a evolução do mercado de trabalho é um dos temas de maior presença na história da bibliografia econômica. O paradigma tecnológico, vigente a partir de 1980, caracterizado pela expansão da microeletrônica, da informática e das telecomunicações, produziu importantes mudanças no mercado de trabalho. Autor e Dorn (2013) mostraram que a introdução da computação e o seu impacto sobre os postos de trabalho promoveram redução substantiva nos salários relativos à execução de tarefas de características rotineiras, embora qualificadas. Esses trabalhadores foram levados a alterar a busca por emprego, sendo obrigados a optar por ocupações de menor nível de qualificação.

As mudanças do mercado de trabalho, no entanto, não devem ser olhadas apenas pela ocupação existente, mas também devem ser analisadas no conjunto do mercado de trabalho. Tomado o período de 1980 e 2005, a participação das horas de trabalho em ocupações no setor serviços na economia americana experimentou expansão de 30%, fato que representou uma mudança de tendência, dado que, nas três décadas anteriores, a participação foi estável ou declinante (FREY; OSBORNE, 2017, p. 254-280).

O mercado de trabalho americano alterou seu formato na correlação entre rendimentos e qualificação técnica. A curva de nível de habilidades e de qualificações, diante das rendas dos trabalhadores dotados das mesmas, passou a ter um formato de U (AUTOR; DORN, 2013; GOOS, 2007, p.118-133). Esse novo formato deriva do descompasso entre a evolução dos quartis inferior e superior frente aos médios. Estes últimos tiveram expansão significativamente inferior que à dos quartis laterais. Isso espelha a realidade de que os trabalhos de complexidade mediana foram fortemente afetados pelo processo de generalização do uso da informática (FREY; OSBORNE, 2017).

Em pesquisa realizada por Frey e Osborne (2017), buscou-se identificar os impactos das inovações da Quarta Revolução Industrial sobre as ocupações da economia americana. Estimou-se que sobre 47% do total de empregos nos EUA incide alto risco de automatização nos próximos anos. A figura 2, segundo os autores, deve ser lida como um eixo de probabilidade, uma espécie de linha de tempo que, à medida que se distancia da abscissa, indica maior probabilidade de substituição das ocupações humanas por capital, na forma de equipamentos com alto conteúdo tecnológico[4].

Na avaliação da dupla de autores, haverá duas ondas de eliminação de postos de trabalho. Ambas serão determinadas pela velocidade no rompimento de gargalos e limites tecnológicos. A primeira onda tende a atingir especialmente três setores do mercado de trabalho: ocupações vinculadas diretamente à produção, aos postos de trabalho relativos a transportes e logística e, por fim, aos serviços de apoio administrativo.

No caso da produção, trata-se da continuidade de um processo em curso, com a expansão da robotização. No que diz respeito a transportes e logística, a rápida queda de preços e o aumento de eficiência dos sensores (isolados ou em rede) têm facilitado a automatização das grandes gestoras de logística e das entregas, da qual a forma mais visível é a introdução dos *drones*. Já no caso das atividades de suporte administrativo, os algoritmos e a gestão de *big data* deverão viabilizar a substituição de mão de obra humana por ações informatizadas.

[4] Há posições que identificam uma superavaliação do risco de perda de ocupações por Frey e Osborne. Um conjunto de autores utilizou uma abordagem focalizando a condição de automação do trabalho tomado individualmente e chegou a números bem inferiores. Ver: ARNOLD; ARNTZ; GREGORY; STEFFES; ZIERAHN (2018, p. 75-88).

Figura 2 – Distribuição de empregos segundo a probabilidade de computadorização junto às categorias de baixa, média e alta probabilidade

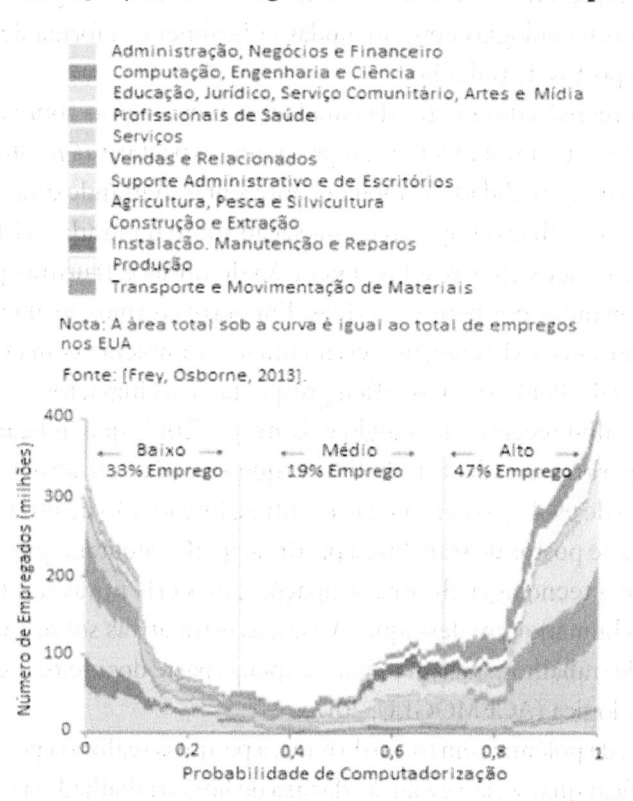

Nota: Ocupações definidas segundo a Basic Life Suport (BLS) dos EUA (2010).

Fonte: Frey e Osbourne (2013).

É importante apontar que diversos segmentos produtivos que, tradicionalmente, absorveram mão de obra eliminada do setor industrial também apresentam grande possibilidade de substituição por equipamentos ou processos computadorizados. Os serviços domésticos estão sendo atingidos por diversas inovações, especialmente da robótica e das utilidades domésticas com informática embarcada[5]. Os empregos na construção civil são crescentemente ameaçados por alterações no formato das obras, com maior intensidade de utilização de partes pré-fabricadas, em que a inserção de novas tecnologias

---

[5] Os robôs de uso doméstico estão crescendo cerca de 20% ao ano (MGI, 2013).

dá grandes contribuições. Além disso, vale notar que, mesmo no caso de atividades em que a interação social é importante, como no segmento de vendas, as novas tecnologias deverão mudar radicalmente a forma de operação, reduzindo postos de trabalho.

A compreensão dos efeitos das mudanças tecnológicas sobre a oferta de emprego nunca é tarefa fácil e sempre gerou expectativas muito mais disruptivas do que a realidade acabou por apresentar. A grande dificuldade, em verdade, não é olhar o impacto da inovação sobre o mundo existente, mas prospectar os seus efeitos sobre a geração de novas estruturas produtivas e novas demandas por bens e serviços. Em outros termos, as inovações não apenas renovam o existente, mas criam um novo ambiente com novas necessidades sociais. Por isso, é tão difícil prospectar seus impactos.

Em trabalho recente, Acemoglu e Restrepo (2017) que indicam imensos prejuízos para o mercado de trabalho são questionadas. Os autores formulam um modelo de evolução para a relação entre a introdução de nova tecnologia e a geração de postos de trabalho, a partir do qual sustentam que o mais provável é que a tecnologia elimine ocupações, mas crie novas tarefas em que o trabalho humano tem destaque. Assim, as estimativas sobre a redução do mercado de trabalho estariam tomando apenas parte dos efeitos gerados pela onda tecnológica (ACEMOGLU, 2017).

Em face da polêmica em torno do tema, a pesquisa realizada pelo WEF tentou identificar qual seria a evolução da taxa de horas trabalhadas por humanos *vis-à-vis* máquinas. Não há dúvida de que, para todas as tarefas, o crescimento da participação da automatização é muito expressivo entre o padrão atual e o que as empresas esperam que venha a ser verificado em 2022. A figura 3 mostra a evolução prospectiva para diferentes tipos de trabalho.

Figura 3 – Relação de horas trabalhadas humano-máquina, 2018 *versus* 2022 (projeção)

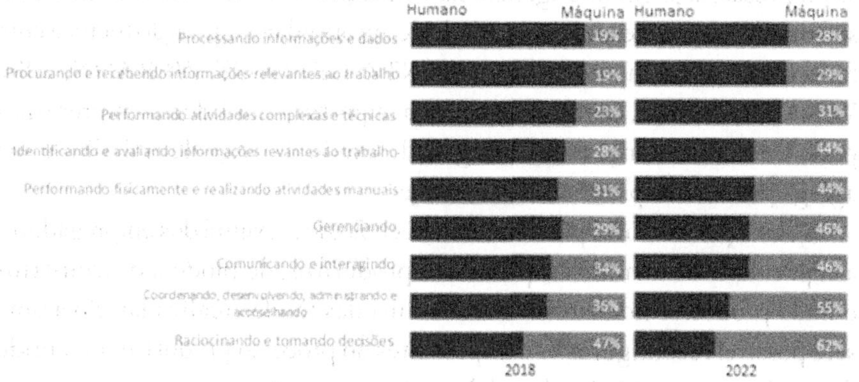

Fonte: *World Economic Forum. Future of Jobs Survey* (2018).

Duas questões deverão ser decisivas para o mercado de trabalho. A primeira é relacionada à forma como as empresas realizarão a incorporação de novas tecnologias em suas estruturas de produção. A automação pode ser incorporada como mera substituição de horas trabalhadas por novo equipamento. Evidentemente, a queima de postos de trabalho será o efeito mais sensível, em paralelo a uma mudança na estrutura patrimonial que passa a mobilizar muito mais capital, com encargos muito menores no campo da mão de obra. Muda a proporção entre capital fixo e variável, com expansão do primeiro.

Entretanto há outra postura possível. A automação raramente substitui todas as tarefas que um trabalhador executa[6]. Análise recente constatou que a automação da força de trabalho provavelmente se desenvolverá em três etapas até a década de 2030, aumentando a participação de tarefas manuais totalmente automatizáveis, nas funções atuais mais afetadas, de menos de 5%, hoje, para quase 40% em meados da década de 2030[7]. Logicamente, o avanço das tecnologias ampliará os impactos possíveis de substituição do trabalho, mas este é um processo a se desenrolar.

---

[6] Apenas para 1/4 das ocupações atuais, pode-se dizer que mais de 70% das tarefas realizadas são passíveis de automação (MCKINSEY, 2017).

[7] Para uma análise mais aprofundada ver: PwC, *Will robots really steal our jobs? An international analysis of the potential long term impact of automation* (2018) e MGI (2013).

Realizar a recepção das novas tecnologias com uma diretiva de composição com a força de trabalho existente pode envolver grandes vantagens para as empresas, seja em inteligência na condução do processo produtivo e de suas modificações, seja em capacidade de aprofundar a interação técnica com fornecedores e compradores (ver ARNTZ; GREGORY; ZIERAHN, 2016; VAN DER ZANDE, 2018). Dessa forma, a postura dos líderes empresariais pode fazer a diferença entre um grande êxodo da força de trabalho e sua agregação ativa ao processo de mudança.

A absorção das novas possibilidades tecnológicas exigirá dos empregadores a capacidade de analisar os processos produtivos, de modo a desconstruir o fluxo produtivo no detalhe de cada uma das tarefas realizadas. Só assim, será possível reconfigurar os componentes do processo produtivo no sentido de revelar oportunidades de colaboração homem-máquina que sejam mais eficientes (BAIN; COMPANY, 2017).

Uma segunda questão impactará decisivamente o mercado de trabalho nos próximos anos: a qualificação dos trabalhadores. A primeira fase da Quarta Revolução, na medida em que envolve forte conteúdo de automação das trajetórias produtivas já existentes, oferece maiores condições para que os trabalhadores possam ser capazes de permanecer na mesma linha de produção, executando tarefas similares às anteriores, mas de forma automatizada. A segunda fase deverá inserir componentes de mudança mais profundos. Nessa fase, o conteúdo da qualificação profissional será diverso e, necessariamente, muito mais aderente às novas ocupações que vierem à luz com as inovações.

Um *survey* realizado globalmente pela WEF, junto a grandes empresas, diagnosticou as principais tendências na gestão de pessoal, diante das inovações, até 2022. A pesquisa aponta que:

– 59% dos entrevistados esperam modificações substantivas na composição de suas cadeias de valor;
– 50% esperam reduzir sua força de trabalho em tempo integral, em função da automação; e
– 48% preveem que sua base geográfica de operações se modifique.

O mesmo *survey* dá pistas sobre ações que empresas deverão tomar no sentido oposto ao da redução da força de trabalho utilizada. Muitas empresas (38%) indicam esperar transferir trabalhadores para novas funções, focadas na melhoria de produtividade. Para 26% das empresas, a automação trabalhará no sentido de gerar mais postos de trabalho nas mesmas.

De especial importância é a intensidade das empresas no posicionamento sobre a flexibilização das relações de trabalho e de seu formato. A pesquisa aponta a intensificação de trajetórias que já estão presentes nas relações de trabalho atuais. Há uma forte tendência de que a gestão seja ainda mais caracterizada por projetos internos bem definidos e que isto envolva a contratação de trabalhadores em regime temporário, focados em tarefas específicas. No mesmo sentido, a localização física do trabalhador deve merecer ainda mais flexibilidade, com recurso a sistemas de trabalho fora do sítio empresarial. Segundo o WEF, haverá uma mudança significativa na qualidade, na localização e no formato das ocupações que vierem a ser criadas na esteira do processo de mudança.

A flexibilização do trabalho não estará, no entanto, limitada ao relacionamento entre a empresa e o seu trabalhador. A gestão da difusão de novas tecnologias – em especial, a empreendida por projetos – envolverá uma forte expansão da contratação de empresas para realização de parcelas do trabalho. Algo que hoje já é bastante comum em muitas atividades da planta industrial, especialmente na forma de serviços, deverá ganhar escala ainda maior na Quarta Revolução Industrial. Cabe lembrar que níveis maiores de especialização e complexidade sempre demandam ações mais qualificadas e grande *expertise*.

Para dar mais concretude ao diagnóstico, a WEF buscou identificar as diversas ocupações segundo suas condições diante da Quarta Revolução. Assim, com o horizonte atual prospectando 2022, definiram-se ocupações estáveis, novas ocupações e ocupações redundantes. Estas últimas seriam aquelas em trajetória de extinção na próxima década.

As "ocupações estáveis" seriam (WEF, 2018):

- Diretores-gerentes e executivos-chefes.
- Gerentes-gerais e de operações.
- Desenvolvedores e analistas de *software* e aplicativos.

- Analistas de dados e cientistas.
- Profissionais de vendas e *marketing*.
- Representantes de vendas, atacado e fabricação, produtos técnicos e científicos.
- Especialistas em recursos humanos.
- Consultores financeiros e de investimento.
- Profissionais de banco de dados e rede.
- Especialistas em *supply chain* e logística.
- Especialistas em gerenciamento de risco.
- Analistas de segurança da informação.
- Analistas de gestão e organização.
- Engenheiros de eletrotecnologia.
- Especialistas em desenvolvimento organizacional.
- Operadores de fábricas de processamento químico.
- Professores universitários e de ensino superior.
- Responsáveis pela conformidade.
- Engenheiros de energia e petróleo.
- Especialistas em robótica e engenheiros.
- Operadores de planta de refino de petróleo e gás natural.

A classificação de "novas ocupações" conteria:

- Analistas de dados e cientistas.
- Especialistas em IA e aprendizagem automática.
- Gerentes-gerais e de operações
- Especialistas em *big data*.
- Especialistas em transformação digital.
- Profissionais de vendas e *marketing*.
- Especialistas em novas tecnologias
- Especialistas em desenvolvimento organizacional
- Desenvolvedores e analistas de *software* e aplicativos
- Serviços de tecnologia da informação.
- Especialistas em automação de processos.
- Profissionais de inovação.
- Analistas de segurança da informação.

- Especialistas em comércio eletrônico e mídias sociais.
- Especialistas em experiência do usuário e humano-máquina.
- *Designers* de interação.
- Especialistas em treinamento e desenvolvimento.
- Engenheiros e especialistas em robótica.
- Especialistas em relações sociais e cultura.
- Especialistas em informações do cliente e serviço ao cliente.
- *Designers* de serviço e soluções.
- Especialistas em *marketing* e estratégia digital.

As "ocupações redundantes", com tendência à extinção, foram listadas pelo WEF na forma a seguir:

- Assistente para entrada de dados.
- Assistente para contabilidade, escrituração contábil e folha de pagamento.
- Secretários administrativos e executivos.
- Trabalhadores em montagem na fabricação.
- Trabalhadores em informações do cliente e do serviço ao cliente.
- Gerentes de serviços e administração de negócios.
- Contadores e auditores.
- Gestores de registro de material e manutenção de estoque.
- Gerentes-gerais e de operações.
- Agentes de serviço postal.
- Analistas financeiros.
- Caixas e bilheteiros.
- Mecânicos e reparadores de máquinas.
- Operadores de telemarketing.
- Instaladores e reparadores de eletrônica e telecomunicações.
- Contadores de banco e funcionários relacionados.
- Condutores de carros, furgões e motocicletas.
- Agentes de vendas e compras e corretores
- Trabalhadores de vendas a domicílio, fornecedores de notícias e ambulantes e trabalhadores relacionados.
- Empregados de estatística, finanças e seguros.
- Advogados.

Em pesquisa junto às empresas, a percepção é de que as ocupações redundantes tenham sua participação reduzida em 10 pontos percentuais (p.p.) entre 2018 e 2022. Em troca, as novas ocupações passariam de 16% para 27% do total de ocupações. A figura 4 mostra essa alteração sendo esperada pelas empresas.

Figura 4 – Parcela de funções estáveis, novas e redundantes, 2018 *versus* 2022 (projeção)

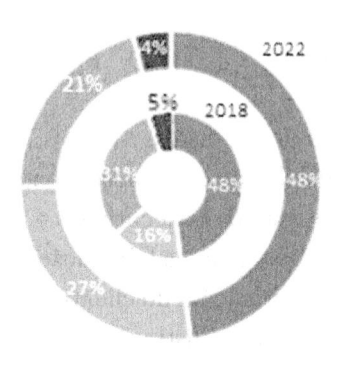

Fonte: *Future of Jobs Survey* (2018)/*World Economic Forum*.

O posicionamento do WEF em relação aos impactos da Quarta Revolução sobre o emprego identifica a necessidade de avaliar os mecanismos disponíveis para preparar o mercado de trabalho com o intuito de assimilar e interagir com a difusão das inovações. Segundo a WEF, a capacidade de inserção dos trabalhadores no processo de reorganização da estrutura produtiva em cada unidade depende de suas condições de aprendizado e interação com as novas tecnologias da Quarta Revolução Industrial (WEF, 2018, p. 6 e 7).

Os empregadores pesquisados para este relatório estimam que, em 2022, nada menos que 54% de todos os funcionários precisarão de uma requalificação e melhoria de qualificações significativas. Destes, cerca de 35% são esperados para requerer formação adicional de até seis meses, 9% necessitarão de requalificação com duração de 6 a 12 meses, enquanto 10% necessitarão de formação adicional de competências de mais de um ano.

Em verdade, a qualificação dos trabalhadores é a grande via para que a Quarta Revolução Industrial tenha os efeitos sociais que se espera do avanço tecnológico. No entanto, é importante notar que mesmo a ideia de "qualificação" tem que se adequar aos novos tempos. Não são apenas as ocupações que mudam, mas é a relação entre o trabalhador e o processo produtivo como um todo que ganha uma nova forma. Habilidades específicas já não serão mais tão valiosas, mas as condições de compreensão abrangente do processo produtivo serão cruciais para a inserção do trabalhador no mundo da automação (SCHWAB, 2016).

2.2. Os desafios da economia informal

O aumento generalizado do emprego informal implica supressão da aplicação de leis, condições de trabalho precárias e falta de proteção social. Há consenso entre especialistas de que a alta incidência de informalidade na economia representa um dos principais desafios ao desenvolvimento global sustentável e, tendo isso em vista, muitos agentes, como formadores de políticas, líderes de empresas e acadêmicos, estão tomando medidas na busca de promover a transição de empregos informais para empregos formais (*WOMEN AND MEN IN THE INFORMAL ECONOMY*, 2018).

Uma dessas iniciativas é a publicação *Women and Men in the Informal Economy: a Statistical Picture*, da Organização Internacional do Trabalho (OIT), cujo objetivo é oferecer um panorama estatístico da economia informal. Antes de iniciar a apresentação dos principais dados obtidos com o estudo, é preciso esclarecer alguns conceitos.

Em primeiro lugar, a definição de setor informal do trabalho utilizada no estudo considera que o setor em questão consiste em unidades engajadas na produção de bens ou serviços caracterizados por não serem legalmente separadas de seus donos, não estarem registradas no território nacional como unidades econômicas e não manterem os registros exigidos pela lei.

Em segundo lugar, os trabalhadores informais são aqueles que não estão sujeitos a legislação trabalhista nacional e aos impostos sobre remuneração e não são alcançados pela proteção social e por alguns benefícios trabalhistas – eles representam dois bilhões das pessoas empregadas no mundo.

A fim de apresentar o panorama da economia informal, o ensaio utiliza-se de cinco recortes: Global; África; Américas; Ásia e Pacífico; e Europa e Ásia Central. Globalmente, o trabalho informal representa 61,2% dos empregos, sendo que, do total de trabalhadores informais, os trabalhadores autônomos e os funcionários são maioria, representando 45% e 36,2%, respectivamente (figura 5). Essa proporção é diferente quando comparamos países emergentes e em desenvolvimento com países desenvolvidos.

No primeiro caso, trabalhadores autônomos representam a maior parcela dos empregos informais, enquanto, no segundo caso, são os funcionários que ocupam essa posição. Há, ainda, outra diferença significativa entre esses dois grupos de países: *nos emergentes*, o emprego informal é mais provável entre jovens de 15 a 24 anos de idade; *em países desenvolvidos*, o grande número de idosos acima de 65 anos de idade com empregos informais é o que "salta aos olhos". Em escala global, essas são as duas faixas etárias que apresentam mais pessoas em empregos informais, sendo que três em quatro jovens e idosos estão nessa categoria de trabalho.

Figura 5 – Composição do trabalho informal, por categoria de emprego: no mundo, em países em desenvolvimento e emergentes e em países desenvolvidos

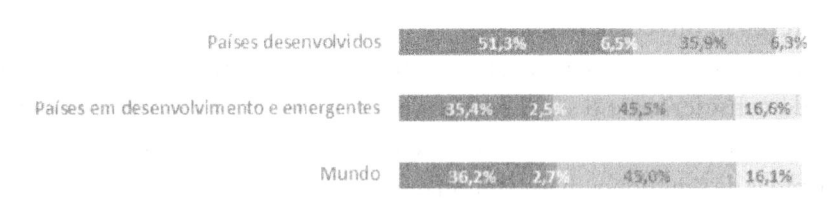

Fonte: *Women and men in the informal economy: a statistical picture (third edition)* (2018). Elaboração própria.

Além do tipo de emprego e da idade do trabalhador, há outros fatores que estão relacionados à informalidade. São eles: a) a educação – em países onde a educação aumenta, a parcela de empregos informais diminui; b) a localização – pessoas vivendo em áreas rurais têm duas vezes mais chances de serem empregadas informalmente do que pessoas vivendo em áreas urbanas; c) o setor – agricultura é o setor com maior nível de emprego informal quando comparado com indústria e serviços; e d) o gênero – no mundo, há mais homens com empregos informais do que mulheres.

Vale ressaltar que, mesmo que dos dois bilhões de trabalhadores em empregos informais, apenas cerca de 740 milhões sejam mulheres, a situação destas merece atenção especial. Em geral, as mulheres empregadas informalmente têm rendas menores, estão mais expostas a riscos e encontram-se em posições de maior vulnerabilidade, como sendo trabalhadoras domésticas ou contribuintes familiares.

Partindo da análise global para a análise de macrorregiões, a primeira a ser abordada é a África. O trabalho informal é a principal fonte de emprego do continente, representando 85,8% do total de empregos, ou 71,9% se desconsiderarmos a agricultura, sendo a maior parte dos casos composta por empreendedores (trabalhadores autônomos e empregadores). O destaque da região vai para as altas taxas de trabalho informal entre jovens de 15 a 24 anos e idosos com mais de 65 anos: 94,9% e 96%, respectivamente.

Na região da Ásia e Pacífico, a informalidade é menos presente do que na África, mas também é expressiva: mais da metade da população está engajada em empregos informais (sem considerar a agricultura). Esse índice sofre pressão altista dos subconjuntos sul asiático e sudeste asiático e Pacífico.

O desenvolvimento econômico de países da Ásia e do Pacífico varia consideravelmente, e isso é refletido nas proporções dos informalmente empregados. Para ilustrar, temos que a participação do trabalho informal varia de níveis acima de 90% em países como Nepal e Camboja para níveis abaixo de 20%, como ocorre no Japão. Variações da magnitude de emprego informal também são notadas em subdivisões da Europa e da Ásia Central, mas, no todo dessa região, 1/4 da população empregada está em empregos informais.

Seguindo para análise das Américas, nota-se que, do total de empregos, 40% são informais, o que se traduz em 183 milhões de pessoas. Todas as sub-regiões (América do Norte, Caribe, América Central e América do Sul) seguem algumas tendências semelhantes, como ter a maior parte dos empregos informais no setor informal, proporções parecidas de homens e mulheres com empregos informais, maior incidência de trabalho informal em zonas rurais do que em zonas urbanas e agricultura como o setor que mais oferece trabalhos informais. Ainda assim, cada região apresenta suas peculiaridades.

Na América Latina e Caribe (ALC), 54,3% das mulheres e 52,3% dos homens empregados trabalham informalmente. Esses valores são puxados para cima pelas estatísticas da América Central (61,8% e 55,6%, respectivamente) e sofrem pressões baixistas pelas estatísticas da América do Sul (51,3% e 50,5%, respectivamente).

A América Central e a América do Sul também apresentam outras divergências: enquanto a maior parte dos empregos informais da América Central está concentrada em funcionários (55,1%), na América do Sul essa posição fica com os trabalhadores autônomos (47,6%); a porcentagem de jovens de 15 a 24 anos de idade trabalhando informalmente é significativamente maior na América Central (70,5%) do que na América do Sul (58,4%), apesar de as outras faixas etárias apresentarem proporções parecidas de participação no trabalho informal; e, na América Central, o trabalho informal representa maiores porcentagem na Indústria (53,7) e em Serviços (56,2%) do que na América do Sul, enquanto nesta o trabalho informal representa a maior porcentagem na Agricultura (82,3%).

Também é interessante fazer uma comparação entre a ALC e a América do Norte. Enquanto na ALC uma parcela significativa dos trabalhadores autônomos (84,1%) trabalha informalmente, na América do Norte, esse dado cai para 68,8%. As proporções de empregadores e de empregados informais no total de trabalhadores também apresentam uma diferença significativa entre essas regiões: na América do Norte, são 5,5% e 12,7%, respectivamente; e na ALC, são 43,4% e 37,2%, respectivamente. A porcentagem de unidades econômicas de trabalhadores autônomos no setor informal também é bem maior na América Latina (70,3%) do que na América do Norte (41,2%), apesar da proporção dessas unidades no setor formal não serem tão diferentes (13,5% e 19,9%, respectivamente).

A publicação da OIT direciona seu olhar, também, para o estudo da relação factual entre trabalho informal e indicadores de desenvolvimento social e econômico. A primeira conclusão é que o emprego informal está relacionado ao nível de desenvolvimento econômico. A taxa de informalidade entre países desenvolvidos é, geralmente, abaixo dos 40% com uma média de 18,3%, enquanto, nos países em desenvolvimento e emergentes, a média sobe para 69,6% e apresenta grande variância.

Ainda sobre a ligação da informalidade com nível de desenvolvimento econômico, foi identificada uma relação negativa entre o produto interno bruto (PIB) *per capita* e a parcela de empregos informais no total de empregos. Dessa forma, tanto o PIB *per capita* quanto sua taxa de crescimento são elementos importantes para reduzir a informalidade, via estímulo a geração de empregos e aumento da capacidade produtiva, mas, mesmo assim, não são suficientes, em função dos níveis significativos de dispersão de porcentagens de emprego informal para cada nível de PIB *per capita*.

No que diz respeito aos setores da economia, foi encontrada uma relação positiva entre a parcela do trabalho informal como proporção do total de empregos e a contribuição da agricultura para o PIB; e, também, uma relação negativa entre a parcela do trabalho informal como proporção do total de empregos e a contribuição do setor de Serviços para o PIB.

Há uma evidente relação positiva entre pobreza e informalidade – com os pobres enfrentando maiores taxas de emprego informal – mas, ao mesmo tempo, são observadas diferenças significativas entre as regiões. O estudo ressalta que nem todos os trabalhadores informais são pobres e, mais ainda, as razões de entrada para a economia informal são diversas.

Associação muito expressiva diz respeito à relação entre emprego informal e educação. As estimativas globais e regionais confirmam estudos teóricos e apresentam forte ligação entre o aumento do nível de educação dos trabalhadores e a diminuição da parcela de empregos informais. Em escala global, taxas de emprego informal entre funcionários diminuem de forma aguda, de 85,2% dos que não tiveram educação para 15,7% dos que tiveram acesso ao nível mais alto de educação (educação de terceiro grau).

Por último, é interessante notar que, apesar de os dados levantados terem apontado para uma relação limitada entre regime de trabalho e informalidade do emprego, trabalhadores em empregos informais estão mais vulneráveis a trabalhar pouquíssimas horas e também a terem excessivas horas de trabalho.

As relações enunciadas acima justificam, em parte, a preocupação de especialistas com altos índices de empregos informais. Mas isso não é tudo.

Para funcionários, a natureza do trabalho informal significa principalmente a ausência de segurança social e de cobertura adquirida com as contribuições pagas pelo seu empregador em seu nome.

Também pode significar a ausência de benefícios, como férias remuneradas e licença médica remunerada. Além disso, a ausência da implementação eficaz de leis e regulação é refletida em diversas circunstâncias, que incluem a inexistência de contratos de emprego para trabalhadores temporários e restrições financeiras do lado do funcionário.

Por fim, não se pode deixar de lado questões de gênero quando se almeja realizar um levantamento completo da relação entre informalidade e desenvolvimento econômico e social. Assim, o ensaio traz, em várias de suas passagens, dados sobre disparidade de gênero que, para fins de estudo, deve ser interpretado como a diferença entre a parcela de mulheres em empregos informais como proporção do total de mulheres empregadas e a parcela de homens em empregos informais como proporção do total de homens empregados.

As principais conclusões acerca do tema são desfavoráveis às mulheres. É provável que a disparidade de gênero seja positiva em países com menores níveis de PIB *per capita*, ou seja, mulheres têm mais chance de estarem empregadas informalmente nesses locais, dado que a diferença de gênero é positiva em dois a cada três países de renda baixa e médio-baixa. Quanto a análise da dimensão de gênero na pobreza entre mulheres e homens no mercado de trabalho, as conclusões não são muito claras.

Ainda assim, é importante ressaltar que, nos países com maiores índices de pobreza, as mulheres que possuem empregos informais são mais pobres do que os homens, enquanto, na análise do cenário dos empregos formais, a situação inverte-se.

Outro quadro alarmante é o da educação: entre os trabalhadores com menos educação, mulheres são as mais expostas à informalidade – cerca de 91% das mulheres que não receberam educação ou só chegaram até a educação primária estão em empregos informais. Nesse contexto, o impacto dramático do nível de educação entre mulheres empregadas fica evidente (gráfico 3), o que ressalta, mais uma vez, a necessidade de acesso universal igualitário à educação de qualidade.

Figura 6 – Parcela do emprego informal (como porcentagem do total de empregos), por nível de educação e sexo: no mundo; em países emergentes e em desenvolvimento e em países desenvolvidos

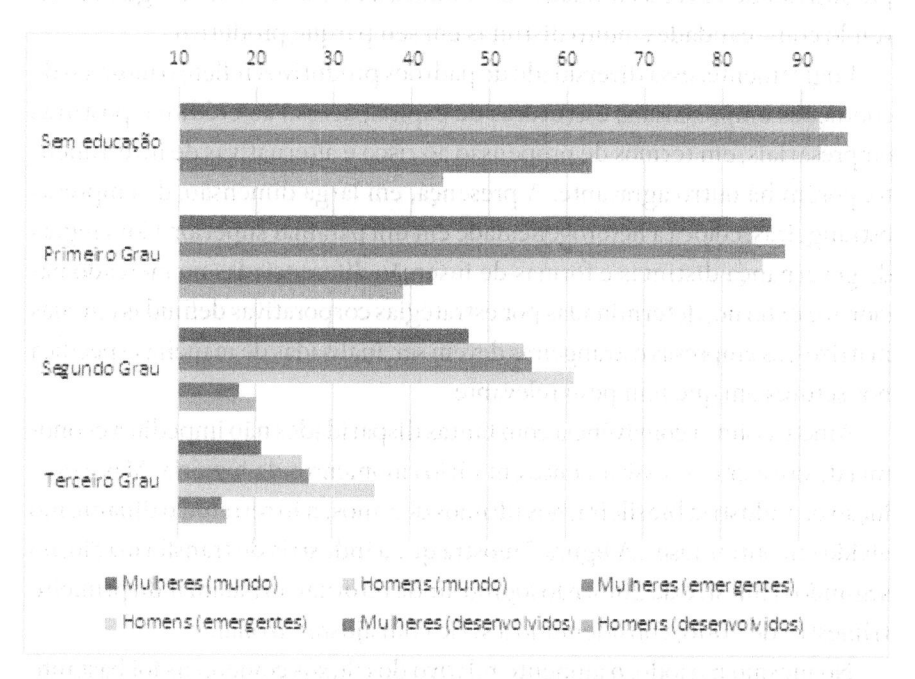

Fonte: *Women and men in the informal economy: a statistical picture (third edition)* (2018). Elaboração própria.

Para fim de conclusão, pode-se dizer, com base nos dados acima, que a economia informal no mundo ancora-se nas relações com o baixo nível de desenvolvimento social e econômico, estando intimamente ligada à pobreza, à educação e às questões de gênero.

3. Impacto da quarta revolução industrial sobre o Brasil

A economia brasileira sempre foi marcada pela heterogeneidade de sua estrutura produtiva. Desde os anos 30, quando a crise cafeeira provocou o deslocamento do centro dinâmico do setor externo para o mercado doméstico, o país convive com unidades produtivas de tecnologias distintas e níveis de produtividade bem diferentes. A abertura comercial na década de 90 e a crônica valorização do real nos últimos 25 anos reduziram os diferenciais de produtividade entre as unidades econômicas, mas a economia segue convivendo com realidades muito distintas em seu parque produtivo.

Logicamente, essa diversidade de padrões produtivos reflete o mosaico de condições empresariais, estruturas de capital, acesso ao crédito e posturas empresariais, em termos de propensão ao risco e alternativas de investimento, porém há outro agravante. A presença, em larga dimensão, de empresas estrangeiras, coloca a heterogeneidade em um patamar superior. Com regras de governança distintas e formas de inserção diferenciadas no mercado nacional e externo, determinadas por estratégias corporativas definidas em suas matrizes, as empresas estrangeiras devem ser analisadas de maneira específica nos setores em que têm peso relevante.

Ainda assim, a convivência com tantas disparidades não impediu a economia de crescer expressivamente em vários momentos da história. Mas a evolução da indústria brasileira, nos últimos dez anos, não retratou o dinamismo vivido em outras fases. A figura 7 mostra que a indústria de transformação, no segundo trimestre de 2018, não logrou ainda retornar ao patamar do primeiro trimestre de 2006, considerando a série com ajuste sazonal.

No mesmo período, o aumento relativo dos fluxos comerciais foi bastante relevante. No entanto, as razões disso não podem ser encontradas no dinamismo da economia brasileira ou na elevação da competitividade dos produtos manufaturados, mas, na verdade, derivam da melhora dos preços relativos e do incremento das exportações de *commodities*.

No caso das importações, a questão é ainda mais complexa, pois relaciona--se com o centro das condições produtivas da economia brasileira. A formação bruta de capital fixo (FBKF) e o consumo das famílias cresceram substancialmente até meados de 2014, mas a evolução do produto industrial foi decepcionante, ou seja, o desempenho ruim da indústria não se deveu a ausência de demanda, mas ao "vazamento" dela para o mercado internacional.

Figura 7 – Evolução da indústria de transformação, exportações e importações

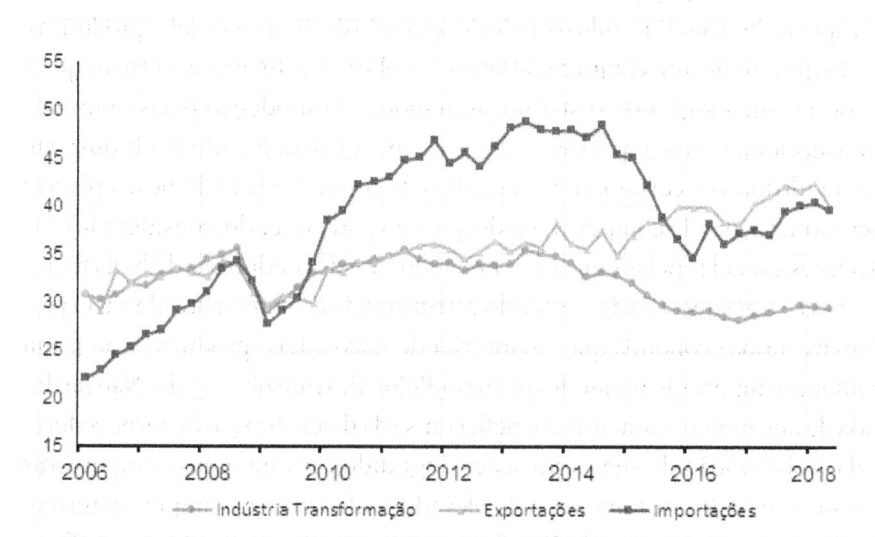

Valores encadeados a preços de 1995, com ajuste sazonal (em R$ bilhão) 1tri/2006 a 2tri/2018
Fonte: IBGE.

Tal "vazamento" pode ocorrer por duas vias. A primeira, pela importação de produtos de consumo final; e a segunda, pela aquisição de bens intermediários, que incluem matérias-primas, equipamentos, partes e peças utilizadas na produção local. Houve maior relevância da segunda via: empresas instaladas no Brasil passaram a contar, em suas linhas de produção, com quantidade crescente de insumos, partes e peças originados de importações.

O "vazamento" de demanda, portanto, não se fez mediante importação de produtos finais, mas pelo aumento do conteúdo importado pelas empresas instaladas no país, de capital tanto nacional, quanto estrangeiro. O setor de bens intermediários foi extremamente prejudicado, não apenas pela dinâmica de uma economia doméstica marcada pela excessiva e contínua valorização do real, mas também por um mercado internacional pautado por acirrada concorrência de preços, em função do menor fôlego das economias centrais.[8]

---

[8] Na análise de Sarti e Hiratuka (2017): "Depois do início da crise internacional, como visto, as importações se aceleraram, enquanto o produto industrial se estagnou (2011-2013) e depois declinou (2014-2016). O impacto do aumento das importações e da redução das demandas

A penetração das importações de bens intermediários foi muito expressiva, em virtude da conjugação de um real forte com uma economia mundial em letargia, que acabou modificando o modo de operação de diversas cadeias produtivas.

Logicamente, um conjunto de fatores explica essa dinâmica, entre os quais se destacam a lógica de distribuição regional da produção pelas empresas transnacionais e os impactos iniciais de uma Quarta Revolução Industrial. Nesta última via, certamente, os ganhos de produtividade de novas plantas geram elevações de competitividade que não podem ser desconsiderados nas decisões tomadas pelas empresas, notadamente de produtoras de bens finais.

Essa é uma questão de conteúdo estrutural da economia brasileira. O país convive numa economia que, no interior de suas cadeias produtivas, aloja um conteúdo importado maior do que o tradicionalmente observado. Não há dúvida de que muitas economias beneficiam-se da diversificação de fornecedores e da globalização de suas aquisições, logrando ter vantagens competitivas em sua produção, justamente pelo elevado coeficiente de compras externas. Porém, este não é o caso do Brasil, exceto em segmentos muito específicos. Produção e emprego locais sofrem perdas derivadas da introdução de maior conteúdo importado, sem lograrem obter maiores ganhos decorrentes da elevação de competitividade e do maior potencial ingresso em novos mercados.

Vale notar um elemento importante para nosso objetivo de monitoramento dos efeitos da Quarta Revolução Industrial sobre o mercado de trabalho. A produção de bens intermediários é caracterizada por demanda de mão de obra, em média, inferior aos outros segmentos da indústria de transformação. Ou seja, o encolhimento do segmento de insumos industriais gera mais perdas, proporcionalmente, para o valor agregado na indústria do que para seu emprego total[9]. Assim, os impactos acabam sendo mitigados, o que é compatível com a sustentação do mercado de trabalho e da massa salarial até o início de 2015 (GANS; DUCA, 2016, p. 1-16).

Houve também mudanças locacionais relevantes nos últimos anos, afetando elementos estruturais da economia brasileira. A questão regional sempre

inter e intrassetoriais levaram a uma contração expressiva de 13,5% da produção de bens intermediários no período 2013-2016.

[9] Isso ajuda a explicar porque os indicadores do VAM sobre o PIB indicam um processo de desindustrialização mais intenso que os indicadores de participação do emprego industrial no emprego total (SARTI; HIRATUKA, 2017, p. 16 e 17).

foi muito presente no debate sobre a indústria. A imensa concentração da capacidade produtiva em São Paulo sempre gerou demandas por políticas públicas que promovessem a desconcentração do desenvolvimento industrial. Em trabalho recente, Monteiro-Neto e Silva (2018) mostram que os últimos anos têm sido palco de uma descontração da produção. No entanto os autores apontam que a mesma vem acompanhada de uma reestruturação regressiva da indústria brasileira. Ou seja, ao contrário do sonho de décadas dos estados menos desenvolvidos – aproximação da estrutura produtiva de São Paulo –, a desconcentração se dá juntamente com forte conteúdo de perdas da indústria paulista e um modesto avanço das demais regiões.

Tabela 1 – Composição regional do valor da transformação industrial (1996 e 2015)

UF/REG	Indústria Total			Indústria de Transformação		
	1996	2015	Ganho / Perda	1996	2015	Ganho / Perda
Norte	4,0	4,3	0,3	3,4	4,6	1,2
Rondônia	0,1	0,3	0,2	0,1	0,3	0,2
Acre	0,0	0,0	0,0	0,0	0,0	0,0
Amazonas	2,4	2,9	0,5	2,5	3,2	0,7
Roraima	0,0	0,0	0,0	0,0	0,0	0,0
Pará	1,3	0,9	-0,4	0,8	1,0	0,2
Amapá	0,1	0,0	-0,1	0,0	0,0	0,0
Tocantins	0,0	0,1	0,1	0,0	0,1	0,1
Nordeste	8,6	10,8	2,2	8,2	10,9	2,7
Maranhão	0,4	0,7	0,3	0,4	0,7	0,3
Piauí	0,1	0,2	0,1	0,1	0,2	0,1
Ceará	1,0	1,5	0,5	1,1	1,6	0,5
Rio Gr. Do Norte	0,5	0,7	0,2	0,3	0,5	0,2
Paraíba	0,4	0,4	0,1	0,4	0,5	0,1
Pernambuco	1,7	1,9	0,2	1,8	2,0	0,3
Alagoas	0,9	0,4	-0,5	0,9	0,5	-0,5
Sergipe	0,2	0,4	0,2	0,2	0,3	0,1
Bahia	3,3	4,5	1,2	3,2	4,6	1,4
Sudeste	69,2	58,5	-10,7	69,6	55,9	-13,7
Minas Gerais	9,9	10,6	0,7	8,7	9,5	0,7
Espírito Santo	1,6	3,0	1,4	1,2	1,6	0,4
Rio de Janeiro	7,4	10,0	2,6	7,7	6,9	-0,7
São Paulo	50,2	34,9	-15,3	52,0	37,9	-14,1
Sul	15,7	20,7	5,0	16,2	22,4	6,2
Paraná	5,3	7,3	2,0	5,5	7,9	2,4
Santa Catarina	3,9	5,7	1,8	4,0	6,1	2,1
Rio Gr. Do Sul	6,5	7,7	1,2	6,7	8,4	1,7
Centro-Oeste	2,6	5,8	3,2	2,6	6,1	3,5
Mato Gr. Do Sul	0,5	1,0	0,6	0,4	1,1	0,7
Mato Grosso	0,6	1,5	0,9	0,6	1,6	1,0
Goiás	1,3	2,9	1,6	1,2	3,0	1,8
Distrito Federal	0,2	0,3	0,1	0,2	0,3	0,1

Fonte: Monteiro-Neto e Silva (2018, p. 44-45).

A perda de participação de São Paulo no valor de transformação da indústria de transformação nacional foi de 14,1 p.p., variação superior à observada para o conjunto da região Sudeste (13,7 p.p.). Como mostra a tabela 1, a região Sul, com crescimento de 6,2 p.p., e a região Centro-Oeste, com 3,5 p.p., foram as mais beneficiadas. Tal comportamento deveu-se às: a) fortes políticas de incentivo, no que ficou conhecido como guerra fiscal; e b) conexões do agronegócio com as estruturas produtivas da indústria, que buscaram realocação a fim de adquirirem maiores vantagens logísticas.

Quaisquer que sejam os motivos da desconcentração, é importante indicar que ela produz efeitos importantes para o mercado de trabalho. A escassez de postos de trabalho em locais de baixa dinâmica ou mesmo abandonados pelas indústrias gera, além do desemprego de pessoal qualificado, graves problemas sociais. As novas oportunidades abertas nem sempre têm acesso a oferta de trabalhadores com as características devidas e na quantidade necessária. Logicamente, políticas de capacitação e educação profissional são demandas para cobrir as questões colocadas.

A análise da composição do produto também é crucial para a avaliação da evolução do mercado de trabalho na dimensão dos investimentos. Há décadas, o investimento da economia brasileira passa muito longe do desempenho virtuoso dos tempos do "Milagre Econômico". Em 2013, o pico da Formação Bruta de Capital Fixo (FBKF) foi atingido, sendo que, no segundo e no terceiro trimestres, alcançou 22,9% do PIB, no cálculo a preços constantes do ano de 1995, com ajuste sazonal. A queda posterior fez a FBKF despencar para 18,2% do PIB, na média do primeiro trimestre de 2015 ao segundo trimestre de 2018. O que, no entanto, não é muito melhor que a média trimestral de 2006 e 2007 (18,5% do PIB), momento em que a crise ainda não havia sido refletida na economia.

Figura 8 – Evolução trimestral do PIB e da Formação Bruta de Capital Fixo (FBCF)

1º tri/2006 ao 2º tri/2018 a preços de 1995 com ajuste sazonal em R$ mil e % da FBKF sobre PIB

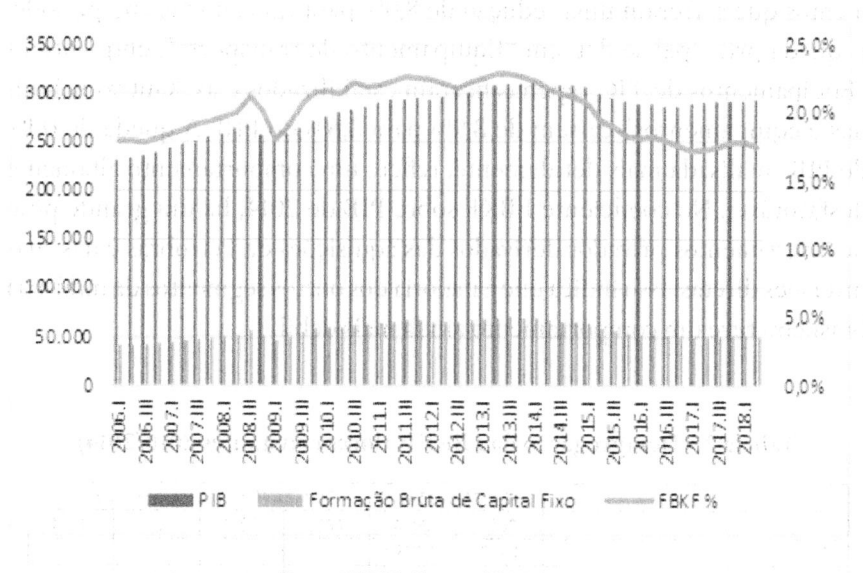

Fonte: IBGE, Contas Nacionais.

O comportamento do investimento tem sido medíocre há vários anos. O pico alcançado em 2013 deve ser relativizado, quando avaliado pela ótica da capacidade produtiva industrial. Para constituí-lo, operaram, pesadamente, os investimentos de Petróleo Brasileiro S.A. (Petrobras) e a construção civil derivada do Programa Minha Casa Minha Vida. Em verdade, os investimentos nas plantas produtivas seguiram a trajetória pouco dinâmica dos anos anteriores. Ou seja, a FBKF só logrou essa moderada evolução por conta dos investimentos de decisão do Estado. O fato de existirem programas expressivos, como o Programa de Sustentação do Investimento (PSI), com crédito farto e juros subsidiados, só torna a percepção da fragilidade do investimento privado ainda mais contundente.

A desagregação dos dados da FBKF pode ser visualizada por meio da tabela 2, que foca nos dois anos mais relevantes: o início da recuperação da economia (2010) e o último ano de desempenho favorável (2014), dado que, a partir de 2015, como analisado, o investimento cai de maneira drástica.

A preços correntes, a FBKF caiu de 20,5% para 19,9% do PIB entre 2010 e 2014, apesar do avanço de 0,4% do PIB no investimento residencial.

Mas o que importa destacar é o comportamento de máquinas e equipamentos que sofreram uma redução de 8,0% para 7,3%, no mesmo período. A queda principal se deu em "Equipamento de transporte", enquanto os "Equipamentos de TIC" apenas ficaram estabilizados e as "Outras máquinas e equipamentos" caíram de 3,9% para 3,8% do PIB. A queda de 0,1% do PIB, analisada mais detidamente, reflete um comportamento altamente desfavorável. No coeficiente FBKF sobre PIB de 2014, há um grande peso de investimentos privados derivados das aquisições da Petrobras e das suas inversões diretas. Isso indica que a maioria dos outros segmentos da indústria brasileira teve um comportamento ainda mais débil.

Tabela 2 – Desagregação da FBKF (valores constantes 2010/2014)

	Em R$ bilhões		Part. na FBKF		em % do PIB	
	2010	2014	2010	2014	2010	2014
PIB	3.885,8	5.779,0				
Formação bruta de capital fixo	797,9	1148,5	100,0%	100,0%	20,5%	19,9%
Construção	397,3	597,4	49,8%	52,0%	10,2%	10,3%
Residencial	159,2	262,7	19,9%	22,9%	4,1%	4,5%
Outros edifícios e estruturas	238,1	334,7	29,8%	29,1%	6,1%	5,8%
Máquinas e equipamentos	310,7	420,2	38,9%	36,6%	8,0%	7,3%
Equipamentos de transporte	117,2	134	14,7%	11,7%	3,0%	2,3%
Equipamentos de TIC	41,8	66,4	5,2%	5,8%	1,1%	1,1%
Outras máquinas e equipamentos	151,6	219,8	19,0%	19,1%	3,9%	3,8%
Produtos de propriedade intelectual	74,9	114,3	9,4%	10,0%	1,9%	2,0%
Pesquisa e desenvolvimento	33,1	45,8	4,1%	4,0%	0,9%	0,8%
Software, exploração e aval. Miner.	41,8	68,5	5,2%	6,0%	1,1%	1,2%
Outros ativos fixos	15,1	16,5	1,9%	1,4%	4,0%	0,3%
Nota: * a partir de 2001, a estimava inclui banco de dados						

Fonte: IBGE/Dir. de Pesquisa/ Coordenação de Contas Nacionais.

A partir desse conjunto de dados, impõe-se a percepção de que a indústria brasileira, no que concerne à sua estrutura produtiva, ainda está distante da Quarta Revolução Industrial. A difusão de inovações só ocorre, de modo efetivo, com a realização de investimento em capital fixo, o que não ocorreu, de forma expressiva, nos últimos anos. Isso não significa dizer que o processo produtivo não tenha sofrido grande impacto das novas tecnologias. Elas vêm sendo introduzidas, de maneira acelerada, em pontos em que a resistência é menor, como na gestão de estoques, no controle de logística e nas situações em que a necessidade de recursos financeiros não é alta. Mas vale dizer que a mudança não chegou ao coração da indústria: a planta produtiva.

Algumas pesquisas junto às empresas têm revelado um padrão de lenta introdução de novas tecnologias, corroborando a afirmação do parágrafo anterior. A sondagem da Confederação Nacional da Indústria (CNI), realizada em 2016, aponta que as empresas industriais brasileiras ainda estão distantes de linhas mais flexíveis e dinâmicas. Apenas 27% delas adotam automação digital com sensores para controle de processos – a tecnologia digital mais utilizada pela indústria –, mas, quando analisamos apenas as grandes empresas, o percentual sobe para 40%. Isso insinua que a heterogeneidade da indústria brasileira pode voltar a crescer com a difusão das novas tecnologias.

Outro indicador dessa lenta disseminação é dado pela automação digital com sensores para identificação de produtos e condições operacionais, que permite linhas flexíveis e autônomas. Apenas 8% das empresas industriais as utiliza, sendo que o percentual se eleva modestamente nas grandes empresas (13%).

4. Levantamento de informações para compreensão da crise do mercado de trabalho brasileiro

Nesta seção, três conjuntos de dados foram utilizados: a Pnad-Contínua Geral[10] (IBGE[11]), micro dados da Pnad-Contínua e a Rais[12]/Caged[13] (MTE).

A Pnad-Contínua traz dados desde 2012, quando a Pnad foi reformulada e passou a incorporar novas perguntas, novas categorias de análise e uma periodicidade trimestral. Os dados gerais dessa pesquisa nos trazem informações sobre a ocupação total por faixa etária, setor e posição na ocupação; taxa de desocupação, expandida para incorporação de novas categorias e rendimento médio.

[10] Pesquisa Nacional por Amostra de Domicílio Contínua.
[11] Instituto Brasileiro de Geografia e Estatística.
[12] Relação Anual de Informações Sociais.
[13] Cadastro Geral de Empregados e Desempregados.

De modo geral, destacam-se dois períodos de 2012 a 2014, um movimento de aumento da ocupação, queda das taxas de desocupação e melhora da qualidade dos vínculos; 2015 a 2018 (o último dado disponível refere-se ao segundo trimestre), uma piora de todos os indicadores de mercado de trabalho.

Os micro dados da Pnad-Contínua foram utilizados para fazer o cruzamento entre duas variáveis: a ocupação setorial e a posição na ocupação. Em primeiro lugar, na seção intitulada "População ocupada por setor de atividade e posição na ocupação", investiga-se como são distribuídos os vínculos ocupacionais para cada setor.

Como ilustração, pode-se citar que o setor de serviços, cuja participação cresce na ocupação total, observou um crescimento importante dos vínculos caracterizados como "conta própria" e "empregador". Em segundo lugar, na seção intitulada "População ocupada por posição na ocupação e setor de atividade", procura-se saber como são distribuídas, setorialmente, cada uma das categorias de vínculo ocupacional. Por exemplo, em que setores se encontram os "empregadores", categoria que mais cresceu entre 2012 e 2018 (+ 27,2%)? Ou Conta Própria (+11,5%)?

Finalmente, os dados da RAIS (dados de estoque de empregados formais em 31/12) e o CAGED (dados de fluxo de emprego formal; admitidos menos demitidos por período), ambos do extinto Ministério do Trabalho e Emprego (MTE), nos possibilitam acompanhar o mercado de trabalho formal em um período mais longo (desde 2008), por grandes setores do IBGE e, em particular, o setor industrial pela abertura da Classificação Nacional de Atividades Econômicas (CNAE) 2.0.

Se, no primeiro período (2008-2014), a indústria observou crescimento dos empregos formais de 12,5%, no segundo período (2014-2017), ela sofreu uma queda do número de empregados da ordem de 13%. A redução mais acentuada ocorreu em 2016, quando cerca de 401 mil empregos formais da indústria foram eliminados. No ano seguinte, a queda se desacelera, mas persiste (destruição de 31 mil vagas).

Em 2018, os dados do CAGED mostram que o setor apresenta recuperação modesta, contabilizando um saldo líquido de admissões (admissões – demissões) discretamente positivo, mas ainda insuficiente para sinalizar uma recuperação consistente do mercado de trabalho industrial.

APÊNDICE A – DADOS GERAIS – PNAD CONTÍNUA

Pessoas Ocupadas – em mil pessoas

Fonte: Pnad Contínua/IBGE.

Composição da população ocupada por faixa etária – 2º. Trim. de 2018

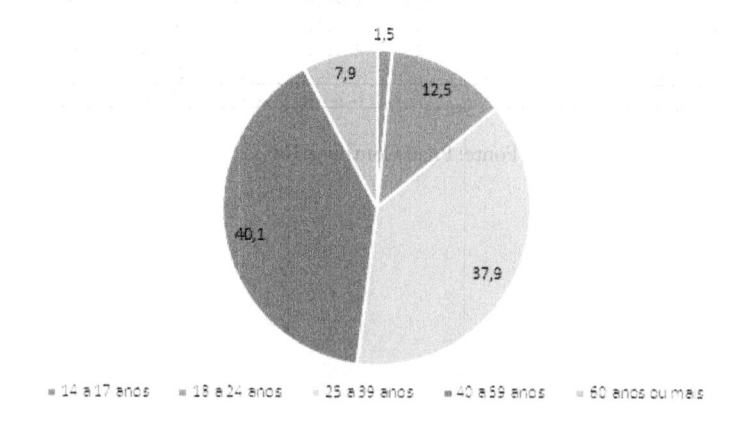

Fonte: Pnad Contínua/IBGE.

População ocupada por posição na ocupação
– 2012 a 2018 – n. de pessoas e part. (%)

	2012	Part (%)	2015	Part (%)	2018	Part (%)	Var 2012-2018 (%)
Empregado com Carteira Assinada	36.948.740	42,0	39.348.498	42,8	35.948.193	39,7	2,7
Empregado sem Carteira Assinada	17.216.991	19,6	16.252.177	17,7	17.239.447	19,0	0,1
Militar e servidor estatutário	7.445.290	8,5	7.877.859	8,6	7.858.228	8,7	5,5
Empregador	3.430.437	3,9	4.076.289	4,4	4.362.531	4,8	27,2
Conta própria	20.592.784	23,4	21.773.341	23,7	22.950.809	25,3	11,5
Trabalhador familiar auxiliar	2.407.077	2,7	2.694.991	2,9	2.221.473	2,5	7,7
TOTAL	88.041.318	100,0	92.023.104	100,0	90.580.681	100,0	2,9

Fonte: Pnad Contínua/IBGE.

Total de Ocupados por setor – 2012 a 2018 – n. de pessoas e part. (%)

	2012	Part (%)	2015	Part (%)	2018	Part (%)	Var (%) 2012-2018
Agricultura, pecuária, produção florestal, pesca e aquicultura	10.307.244	11,7	9.547.751	10,4	8.485.613	9,4	-17,7
Indústria geral	12.900.405	14,7	13.241.720	14,4	11.611.944	12,8	-10,0
Construção	7.077.037	8,0	7.645.331	8,3	6.555.989	7,2	-7,4
Comércio, reparação de veículos automotores e motocicletas	16.436.602	18,7	17.438.540	19,0	17.474.199	19,3	6,3
Transporte, armazenagem e correio	4.026.617	4,6	4.294.611	4,7	4.597.965	5,1	14,2
Alojamento e alimentação	3.836.235	4,4	4.328.015	4,7	5.277.441	5,8	37,6
Informação, comunicação e atividades financeiras, imobiliárias, profissionais e administrativas	9.448.379	10,7	10.361.090	11,2	10.068.835	11,1	6,6
Administração pública, defesa e seguridade social	5.676.217	6,4	5.305.515	5,8	5.018.986	5,5	-11,6
Educação, saúde humana e serviços sociais	8.434.447	9,6	9.698.084	10,5	10.515.147	11,6	24,7
Outros Serviços	3.769.372	4,3	4.141.729	4,5	4.672.111	5,2	23,9
Serviços domésticos	6.090.708	6,9	6.023.801	6,5	6.248.363	6,9	2,6
Atividades mal definidas	38.055	0,0	6.817	0,0	54.090	0,1	42,1
TOTAL	88.041.318	100,0	92.023.104	100,0	90.580.681	100,0	2,9

Fonte: Pnad Contínua/IBGE.

I. Desocupação
Força de Trabalho – 1o Trimestre de 2018

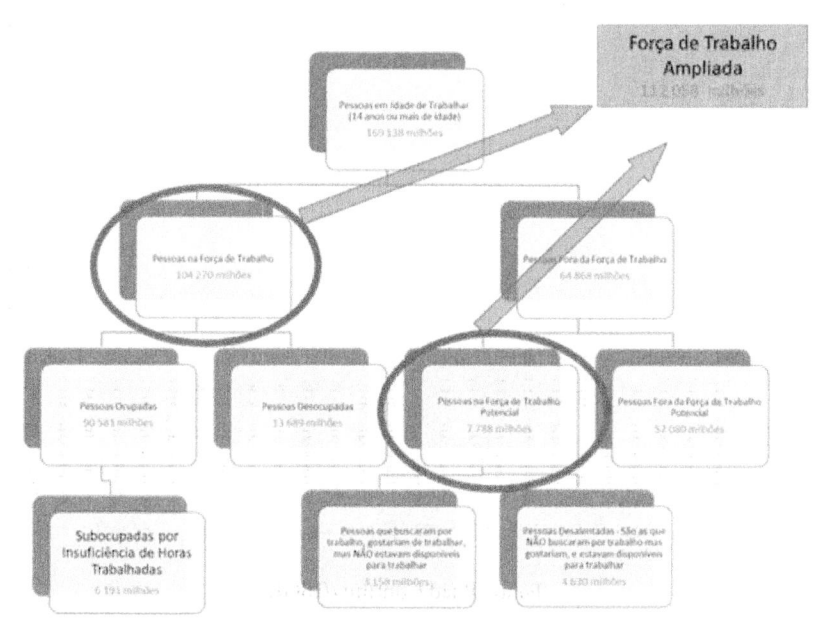

Fonte: Pnad Contínua/IBGE.

Taxa de desocupação (%)

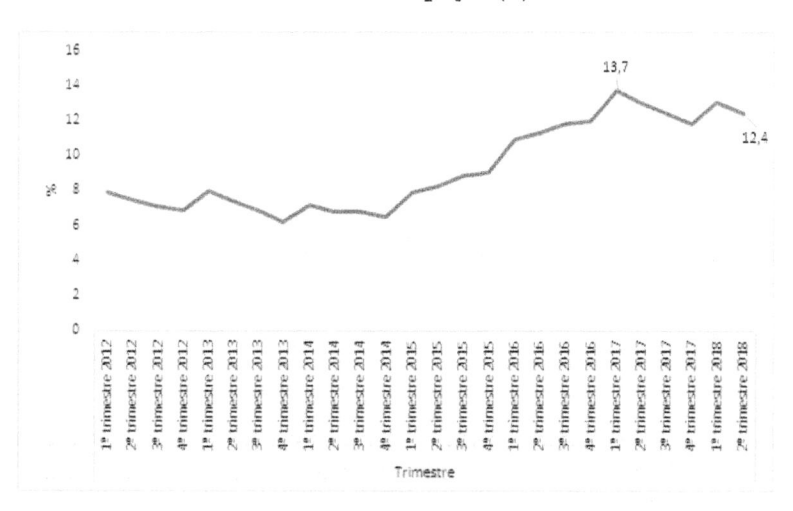

Fonte: Pnad Contínua/IBGE.

Taxa de desocupação (%)

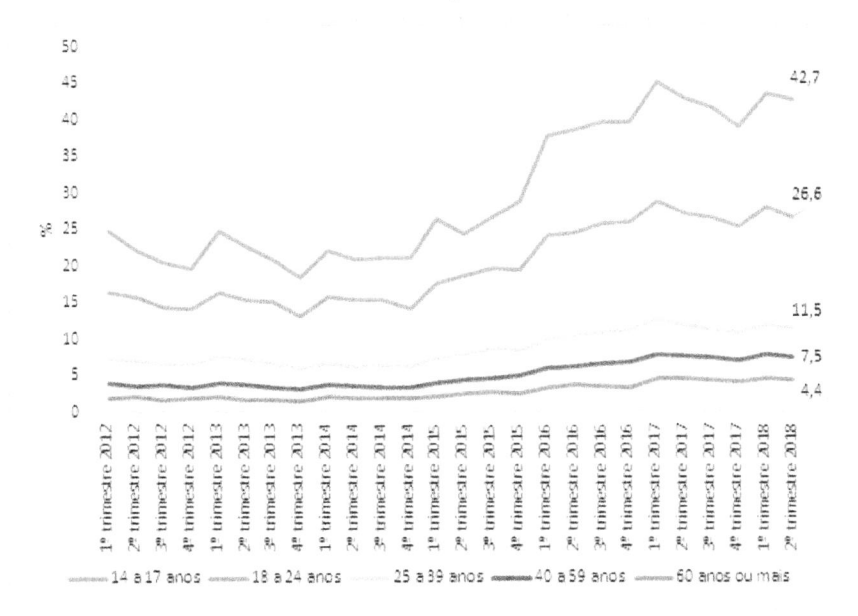

Fonte: Pnad Contínua/IBGE.

Taxa de desocupação e de subocupação por insuficiência de horas trabalhadas das pessoas de 14 anos ou mais de idade (%)

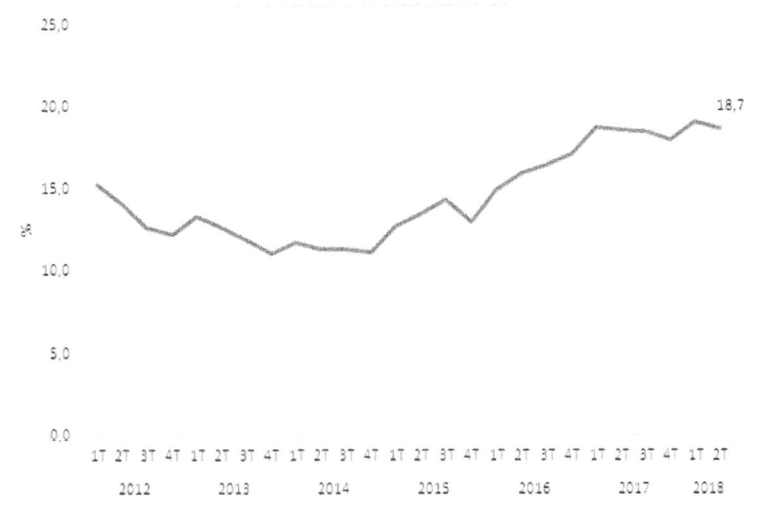

Fonte: Pnad Contínua/IBGE.

Taxa de desocupação e força de trabalho potencial das pessoas de 14 anos ou mais de idade (%)

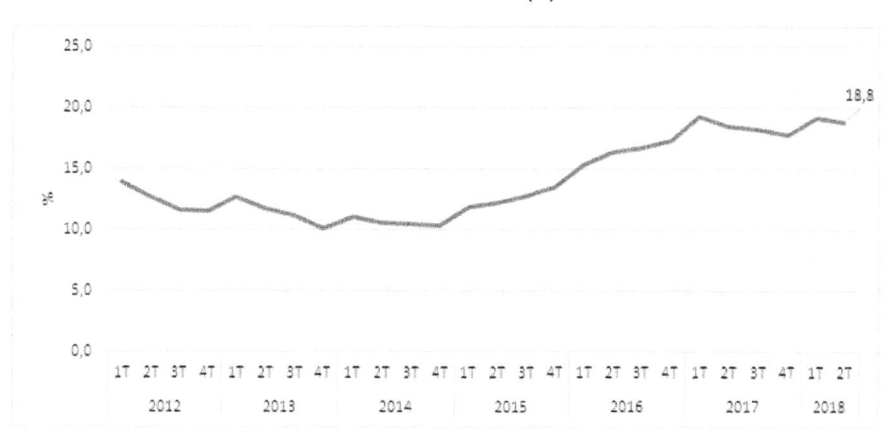

Fonte: Pnad Contínua/IBGE.

Taxa de subutilização da força de trabalho (tdeso+subo+ftp) das pessoas de 14 anos ou mais de idade (%)

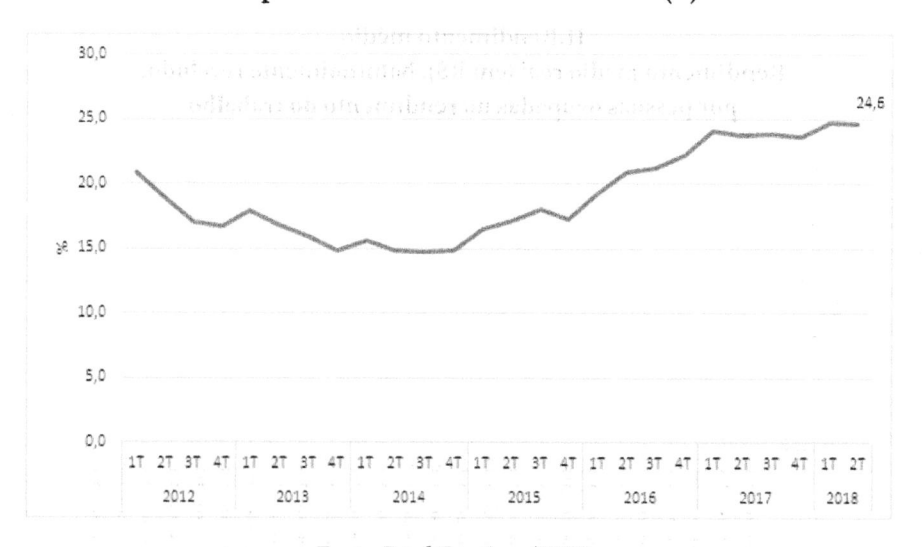

Fonte: Pnad Contínua/IBGE.

Pessoas de 14 anos ou mais de idade desalentadas – em mil pessoas

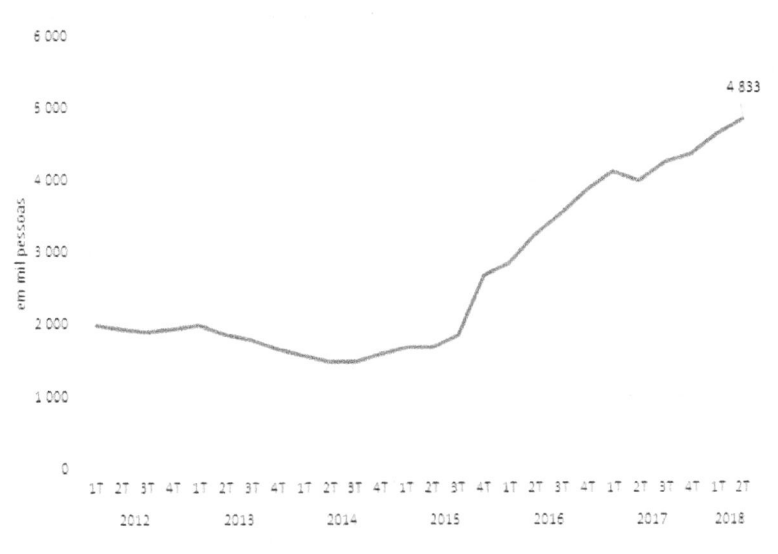

Fonte: Pnad Contínua/IBGE.

II.Rendimento médio
Rendimento médio real (em R$), habitualmente recebido, por pessoas ocupadas no rendimento do trabalho

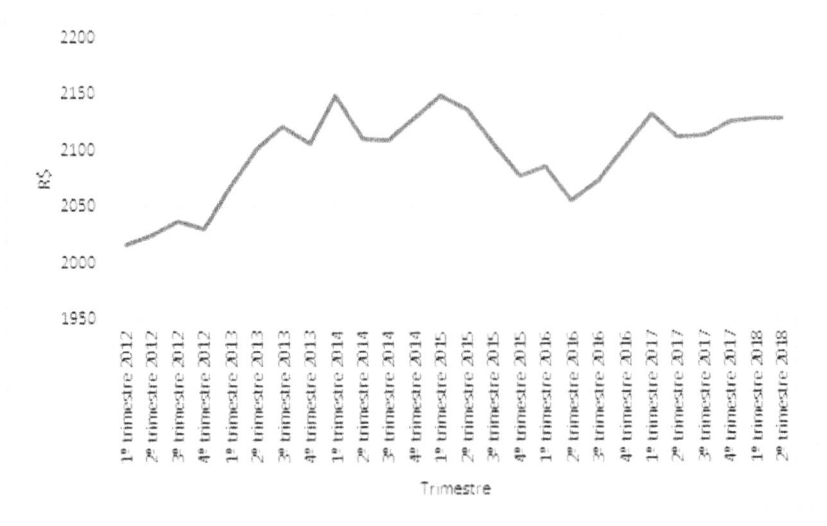

Fonte: Pnad Contínua/IBGE.

Rendimento médio real (R$), hab. recebido, por posição na ocupação – em R$

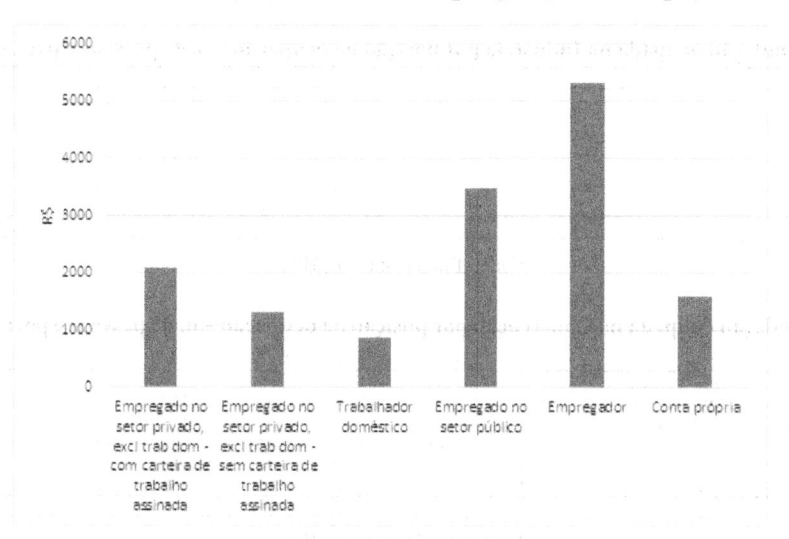

Fonte: Pnad Contínua/IBGE.

Rendimento médio real (R$), hab. recebido, por posição na ocupação (exceto empregado no setor público e trabalhadores domésticos) – número-índice 1o trim. de 2012 = 100

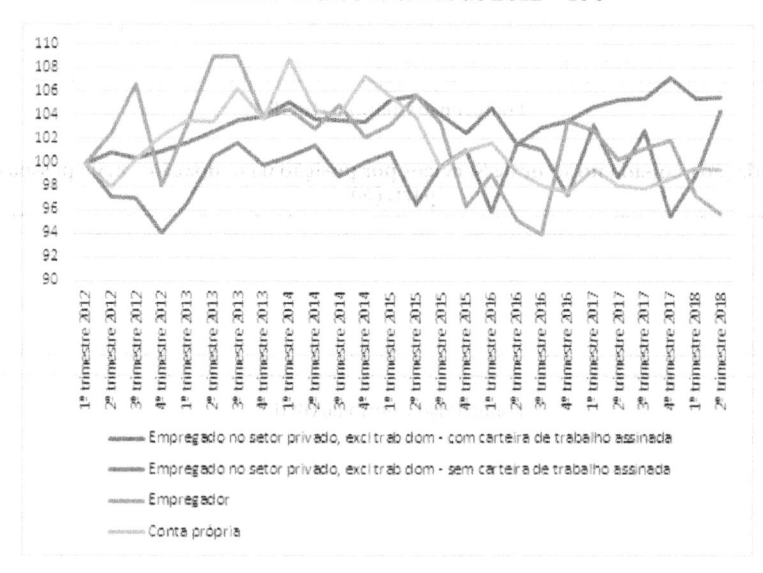

Fonte: Pnad Contínua/IBGE.

APÊNDICE B – MICRODADOS PNAD CONTÍNUA

População ocupada na Indústria por posição na ocupação – n. de pessoas e part. (%)

	2012	Part (%)	2015	Part (%)	2018	Part (%)	Var 2012-2018 (%)
Empregado com Carteira Assinada	8.556.352	66.3	8.980.378	67.8	7.357.791	63.4	-14.0
Empregado sem Carteira Assinada	1.498.586	11.6	1.295.831	9.8	1.224.230	10.6	-18.2
Militar e servidor estatutário	157.540	1.3	185.757	1.4	169.786	1.5	1.3
Empregador	407.701	3.2	482.342	3.6	446.480	3.8	9.5
Conta-própria	2.123.192	16.5	2.103.921	15.9	2.238.610	19.3	5.4
Trabalhador familiar auxiliar	147.035	1.1	193.490	1.5	173.048	1.5	17.7
TOTAL	12.900.405	100.0	13.241.720	100.0	11.611.944	100.0	-10.0

Fonte: Pnad Contínua/IBGE.

População ocupada na Construção por posição na ocupação – n. de pessoas e part. (%)

	2012	Part (%)	2015	Part (%)	2018	Part (%)	Var 2012-2018 (%)
Empregado com Carteira Assinada	2.217.611	31.3	2.221.148	29.1	1.525.382	23.3	-31.2
Empregado sem Carteira Assinada	1.252.303	17.8	1.290.639	16.9	1.268.507	19.3	0.3
Militar e servidor estatutário	0	0.0	0	0.0	0	0.0	nd
Empregador	318.060	4.5	350.112	4.6	349.938	5.3	11.1
Conta-própria	3.250.235	45.9	3.743.025	49.0	3.379.368	51.5	4.0
Trabalhador familiar auxiliar	31.827	0.4	40.408	0.5	35.794	0.5	12.5
TOTAL	7.077.037	100.0	7.645.331	100.0	6.559.989	100.0	-7.4

Fonte: Pnad Contínua/IBGE.

População ocupada no comércio, reparação de veículos automotores e motocicletas por posição na ocupação – n. de pessoas e part. (%)

	2012	Part (%)	2015	Part (%)	2018	Part (%)	Var 2012-2018 (%)
Empregado com Carteira Assinada	8.008.872	48.7	8.605.084	49.3	8.134.467	46.6	1.6
Empregado sem Carteira Assinada	2.598.260	15.8	2.267.307	13.0	2.479.344	14.2	-4.6
Militar e servidor estatutário	0	0.0	0	0.0	0	0.0	nd
Empregador	1.234.399	7.5	1.445.815	8.3	1.579.977	9.0	28.0
Conta-própria	4.202.565	25.6	4.625.709	26.5	4.810.199	27.5	14.5
Trabalhador familiar auxiliar	391.506	2.4	494.626	2.8	470.212	2.7	20.1
TOTAL	16.436.602	100.0	17.438.540	100.0	17.474.199	100.0	6.3

Fonte: Pnad Contínua/IBGE.

População ocupada no setor de Serviços por posição na ocupação – n. de pessoas e part. (%)

	2012	Part (%)	2015	Part (%)	2018	Part (%)	Var 2012-2018 (%)
Empregado com Carteira Assinada	15.947.585	44.7	17.540.367	45.2	17.068.834	41.2	7.0
Empregado sem Carteira Assinada	8.766.670	24.6	8.681.751	22.4	9.442.317	22.8	7.7
Militar e servidor estatutário	3.375.830	9.5	3.934.408	10.1	4.072.907	9.8	20.6
Empregador	1.169.707	3.3	1.503.683	3.9	1.672.675	4.0	43.0
Conta-própria	6.105.403	17.1	6.823.737	17.6	8.774.658	21.2	43.7
Trabalhador familiar auxiliar	278.618	0.8	360.301	0.9	402.559	1.0	44.5
TOTAL	35.643.813	100.0	38.844.247	100.0	41.433.951	100.0	16.2

Fonte: Pnad Contínua/IBGE.

População ocupada no setor de Serviços por posição na ocupação – n. de pessoas e part. (%)

	2012	Part (%)	2015	Part (%)	2018	Part (%)	Var 2012-2018 (%)
Empregado com Carteira Assinada	15.947.585	44,7	17.540.367	45,2	17.068.834	41,2	7,0
Empregado sem Carteira Assinada	8.760.670	24,6	8.681.751	22,4	9.442.317	22,8	7,7
Militar e servidor estatutário	3.375.830	9,5	3.934.408	10,1	4.072.907	9,8	20,6
Empregador	1.169.707	3,3	1.503.683	3,9	1.672.075	4,0	43,0
Conta-própria	6.105.403	17,1	6.823.737	17,6	8.774.658	21,2	43,7
Trabalhador familiar auxiliar	278.618	0,8	360.301	0,9	402.559	1,0	44,5
TOTAL	35.643.813	100,0	38.844.247	100,0	41.433.951	100,0	16,2

Fonte: Pnad Contínua/IBGE.

População ocupada no setor de administração pública, defesa e seguridade social por posição na ocupação – n. de pessoas e part. (%)

	2012	Part (%)	2015	Part (%)	2018	Part (%)	Var 2012-2018 (%)
Empregado com Carteira Assinada	641.031	11,3	522.544	9,8	403.926	8,0	-37,0
Empregado sem Carteira Assinada	1.125.875	19,8	1.020.995	19,2	999.754	19,9	-11,2
Militar e servidor estatutário	3.900.315	68,7	3.756.467	70,8	3.615.306	72,0	-7,3
Empregador	682	0,0	0	0,0	0	0,0	nd
Conta-própria	5.631	0,1	4.191	0,1	0	0,0	nd
Trabalhador familiar auxiliar	2.684	0,0	1.318	0,0	0	0,0	nd
TOTAL	5.676.217	100,0	5.305.515	100,0	5.018.986	100,0	-11,6

Fonte: Pnad Contínua/IBGE.

II. População ocupada por posição na ocupação e setor de atividade – 2012 a 2018
Empregados com carteira, por setor de atividade – n. de pessoas e part. (%)

	2012	Part (%)	2015	Part (%)	2018	Part (%)	Var (%) 2012 2018
Agricultura, pecuária, produção florestal, pesca e aquicultura	1.577.290	4,3	1.478.974	3,8	1.457.792	4,1	-7,6
Indústria geral	8.556.352	23,2	8.980.378	22,8	7.357.791	20,5	-14,0
Construção	2.217.611	6,0	2.221.148	5,6	1.525.382	4,2	-31,2
Comércio, reparação de veículos automotores e motocicletas	8.008.872	21,7	8.605.084	21,9	8.134.467	22,6	1,6
Transporte, armazenagem e correio	1.968.917	5,3	2.199.863	5,6	2.112.670	5,9	7,3
Alojamento e alimentação	1.559.366	4,2	1.804.873	4,6	1.735.317	4,8	11,3
Informação, comunicação e atividades financeiras, imobiliárias, profissionais e administrativas	6.296.481	17,0	6.804.430	17,3	6.401.813	17,8	1,7
Administração pública, defesa e seguridade social	641.031	1,7	522.544	1,3	403.926	1,1	-37,0
Educação, saúde humana e serviços sociais	3.302.062	8,9	3.747.655	9,5	3.948.543	11,0	19,6
Outros Serviços	860.487	2,3	1.037.906	2,6	988.726	2,8	14,9
Serviços domésticos	1.944.735	5,3	1.942.985	4,9	1.859.937	5,2	-4,4
Atividades mal definidas	15.536	0,0	2.654	0,0	21.829	0,1	40,5
TOTAL	36.948.740	100,0	39.348.494	100,0	35.948.193	100,0	-2,7

Fonte: Pnad Contínua/IBGE

Empregados sem carteira, por setor de atividade – n. de pessoas e part. (%)

	2012	Part (%)	2015	Part (%)	2018	Part (%)	Var (%) 2012 2018
Agricultura, pecuária, produção florestal, pesca e aquicultura	1.964.297	11,4	1.695.655	10,4	1.826.296	10,6	-7,0
Indústria geral	1.498.585	8,7	1.295.831	8,0	1.226.230	7,1	-18,2
Construção	1.262.303	7,3	1.290.639	7,9	1.265.507	7,3	0,3
Comércio, reparação de veículos automotores e motocicletas	2.599.260	15,1	2.267.307	14,0	2.479.344	14,4	-4,6
Transporte, armazenagem e correio	464.670	2,7	448.575	2,8	488.734	2,8	5,2
Alojamento e alimentação	784.961	4,6	783.520	4,8	985.639	5,7	25,6
Informação, comunicação e atividades financeiras, imobiliárias, profissionais e administrativas	1.184.828	6,9	1.033.851	6,4	1.049.476	6,1	-11,4
Administração pública, defesa e seguridade social	1.125.875	6,5	1.020.985	6,3	999.754	5,8	-11,2
Educação, saúde humana e serviços sociais	1.434.960	8,3	1.602.399	9,9	1.781.233	10,3	24,1
Outros Serviços	747.482	4,3	737.275	4,5	786.693	4,6	5,2
Serviços domésticos	4.145.973	24,1	4.075.833	25,1	4.342.982	25,2	4,7
Atividades mal definidas	3.797	0,0	297	0,0	7.660	0,0	101,7
TOTAL	17.216.991	100,0	16.252.177	100,0	17.239.447	100,0	0,1

Fonte: Pnad Contínua/IBGE

Empregador, por setor de atividade – n. de pessoas e part. (%)

	2012	Part (%)	2015	Part (%)	2018	Part (%)	Var (%) 2012 2018
Agricultura, pecuária, produção florestal, pesca e aquicultura	302.888	8,8	294.287	7,2	313.461	7,2	3,5
Indústria geral	407.701	11,9	482.342	11,8	446.480	10,2	9,5
Construção	315.060	9,2	350.112	8,6	349.938	8,0	11,1
Comércio, reparação de veículos automotores e motocicletas	1.234.399	36,0	1.445.815	35,5	1.579.977	36,2	28,0
Transporte, armazenagem e correio	110.536	3,2	109.948	2,7	129.198	3,0	16,9
Alojamento e alimentação	291.971	8,9	358.281	8,8	470.878	10,8	61,3
Informação, comunicação e atividades financeiras, imobiliárias, profissionais e administrativas	395.289	11,5	581.369	14,3	572.397	13,1	44,8
Administração pública, defesa e seguridade social	682	0,0	0	0,0	0	0,0	nd
Educação, saúde humana e serviços sociais	183.008	5,3	230.828	5,7	269.401	6,2	47,2
Outros Serviços	186.289	5,4	223.858	5,5	230.512	5,3	23,7
Serviços domésticos	0	0,0	0	0,0	0	0,0	nd
Atividades mal definidas	2.615	0,1	0	0,0	289	0,0	nd
TOTAL	3.430.437	100,0	4.076.239	100,0	4.362.531	100,0	27,2

Fonte: Pnad Contínua/IBGE

Ocupados por conta-própria, por setor de atividade – n. de pessoas e part. (%)

	2012	Part (%)	2015	Part (%)	2018	Part (%)	Var (%) 2012-2018
Agricultura, pecuária, produção florestal, pesca e aquicultura	4.905.758	23,8	4.472.758	20,5	3.747.973	16,3	-23,6
Indústria geral	2.123.192	10,3	2.103.921	9,7	2.238.610	9,8	5,4
Construção	3.250.235	15,8	3.743.025	17,2	3.379.368	14,7	4,0
Comércio, reparação de veículos automotores e motocicletas	4.202.565	20,4	4.625.709	21,2	4.810.199	21,0	14,5
Transporte, armazenagem e correio	1.326.587	6,5	1.390.919	6,4	1.749.246	7,6	31,7
Alojamento e alimentação	1.048.364	5,1	1.170.128	5,4	1.856.433	8,1	77,1
Informação, comunicação e atividades financeiras, imobiliárias, profissionais e administrativas	1.310.733	6,4	1.652.353	7,6	1.863.931	8,1	42,2
Administração pública, defesa e seguridade social	5.631	0,0	4.191	0,0	0	0,0	nd
Educação, saúde humana e serviços sociais	502.887	2,4	548.135	2,5	696.990	3,0	38,6
Outros Serviços	1.898.904	9,2	2.058.336	9,5	2.583.955	11,3	36,1
Serviços domésticos	0	0,0	0	0,0	0	0,0	nd
Atividades mal definidas	15.929	0,1	3.865	0,0	24.103	0,1	51,3
TOTAL	20.592.784	100,0	21.773.341	100,0	22.950.809	100,0	11,5

Fonte: Pnad Contínua/IBGE

Empregadores com CNPJ e sem CNPJ – Part (%)

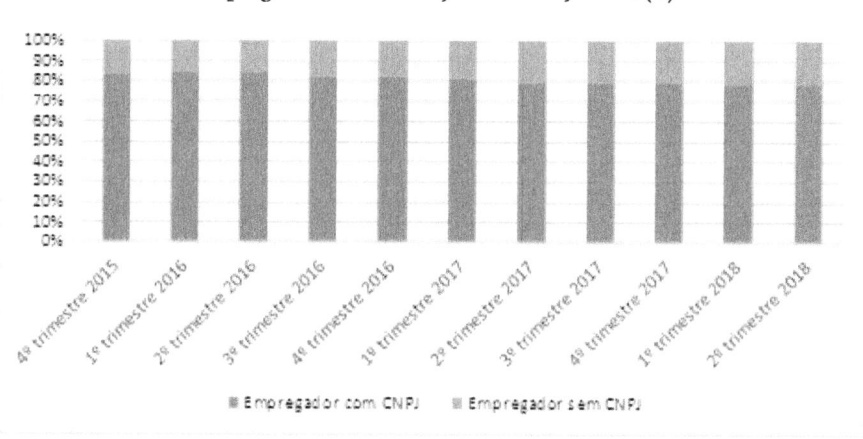

Fonte: Pnad Contínua/IBGE.

Conta-Própria com CNPJ e sem CNPJ – Part (%)

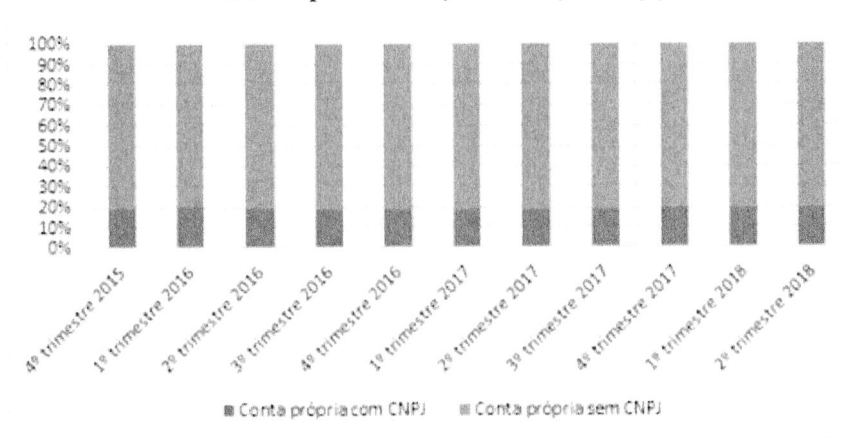

Fonte: Pnad Contínua/IBGE.

APÊNDICE C – EMPREGO FORMAL: RAIS E CAGED

Empregos formais – 2008, 2014, 2015, 2016, 2017

IBGE Setor	2008	2014	Var (%) 2008-2014	2015	2016	2017	Var (%) 2014-2017
Extrativa mineral	204.936	257.606	25,7	240.488	221.331	212.337	-17,6
Indústria de transformação	7.310.840	8.171.022	11,8	7.566.900	7.148.013	7.105.206	-13,0
Serviços industriais de utilidade pública	375.370	450.098	19,9	447.385	429.435	425.427	-5,5
Construção Civil	1.914.596	2.815.686	47,1	2.422.664	1.985.404	1.838.958	-34,7
Comércio	7.324.108	9.728.107	32,8	9.532.622	9.264.904	9.230.750	-5,1
Serviços	12.581.417	17.313.495	37,6	17.151.312	16.708.852	16.772.645	-3,1
Administração Pública	8.310.136	9.355.833	12,6	9.198.875	8.826.040	9.195.215	-1,7
Agropecuária, extração vegetal, caça e pesca	1.420.100	1.479.663	4,2	1.500.561	1.476.219	1.501.052	1,4
Total	39.441.566	49.571.510	25,7	48.060.807	46.060.198	46.281.590	-6,6

Fonte: RAIS – MTE

Empregos formais, CNAE 2.0 Div – 2008, 2014, 2015, 2016, 2017

CNAE 2.0 Div	2008	2014	Var (%) 2008-2014	2015	2016	2017	Var (%) 2014-2017
Agricultura, pecuária e serviços relacionados	1.320.606	1.365.113	3,4	1.385.502	1.363.249	1.388.934	1,7
Produção florestal	124.273	109.344	-12,0	103.775	101.847	98.234	-10,2
Pesca e aquicultura	18.347	20.448	11,5	19.773	18.115	19.077	-6,7
Total	1.463.226	1.494.905	2,2	1.509.050	1.483.211	1.506.245	0,8

Fonte: RAIS – TEM

Empregos formais, CNAE 2.0 Div – 2008, 2014, 2015, 2016, 2017

CNAE 2.0 Div	2008	2014	Var (%) 2008-2014	2015	2016	2017	Var (%) 2014-2017
Extração de carvão mineral	5.744	5.360	-6,7	4.309	3.958	3.825	-28,6
Extração de petróleo e gás natural	26.796	31.810	18,7	30.941	28.047	24.830	-21,9
Extração de minerais metálicos	55.115	87.874	59,4	80.748	78.783	80.732	-8,1
Extração de minerais não-metálicos	77.747	97.816	25,8	94.748	87.160	80.393	-17,8
Atividades de apoio à extração de minerais	39.534	34.746	-12,1	29.742	23.383	22.557	-35,1
Total	204.936	257.606	25,7	240.488	221.331	212.337	-17,8

Fonte: RAIS – MTE

Empregos formais, CNAE 2.0 Div – Subsetores Indústria de Transformação – 2008, 2014, 2015, 2016, 2017

CNAE 2.0 Div	2008	2014	Var (%) 2008-2014	2015	2016	2017	Var (%) 2014-2017
FABRICAÇÃO DE PRODUTOS ALIMENTÍCIOS	1.297.632	1.531.732	18,0	1.529.478	1.479.226	1.526.746	-0,3
FABRICAÇÃO DE BEBIDAS	111.683	138.260	23,8	129.833	123.524	118.971	-13,9
FABRICAÇÃO DE PRODUTOS DO FUMO	16.034	13.688	-14,6	13.863	13.919	9.451	-31,0
FABRICAÇÃO DE PRODUTOS TÊXTEIS	303.481	296.028	-2,5	280.478	251.826	257.186	-13,1
CONFECÇÃO DE ARTIGOS DO VESTUARIO E ACESSÓRIOS	637.152	683.752	7,3	614.614	579.321	568.852	-16,8
PREPARAÇÃO DE COUROS E FABRICAÇÃO DE ARTEFATOS DE COURO, ARTIGOS PARA VIAGEM E CALCADOS	376.004	372.499	-0,5	341.489	341.326	330.657	-11,2
FABRICAÇÃO DE PRODUTOS DE MADEIRA	206.316	189.196	-8,3	176.219	165.289	161.144	-14,8
FABRICAÇÃO DE CELULOSE, PAPEL E PRODUTOS DE PAPEL	161.354	184.767	14,5	177.323	171.526	170.083	-7,9
IMPRESSÃO E REPRODUÇÃO DE GRAVAÇÕES	112.774	121.979	8,2	113.243	105.882	101.256	-17,0
FABRICAÇÃO DE COQUE, DE PRODUTOS DERIVADOS DO PETROLEO E DE BIOCOMBUSTIVEIS	128.190	158.758	23,8	151.262	143.158	135.947	-14,4
FABRICAÇÃO DE PRODUTOS QUIMICOS	247.786	282.389	14,0	269.618	268.542	269.937	-4,4
FABRICAÇÃO DE PRODUTOS FARMOQUIMICOS E FARMACÊUTICOS	90.855	103.101	13,5	103.187	102.342	102.188	-0,9
FABRICAÇÃO DE PRODUTOS DE BORRACHA E DE MATERIAL PLASTICO	412.973	455.677	10,3	412.431	395.245	404.668	-11,2
FABRICAÇÃO DE PRODUTOS DE MINERAIS NÃO-METALICOS	362.293	457.034	26,2	427.447	385.928	365.606	-20,0
METALURGIA	254.095	236.904	-6,8	213.790	199.063	198.844	-16,1
FABRICAÇÃO DE PRODUTOS DE METAL, EXCETO MAQUINAS E EQUIPAMENTOS	484.123	509.829	5,3	450.799	409.017	400.057	-21,5
FABRICAÇÃO DE EQUIPAMENTOS DE INFORMATICA, PRODUTOS ELETRÔNICOS E OPTICOS	155.225	167.344	7,8	136.234	124.703	121.018	-27,7
FABRICAÇÃO DE MAQUINAS, APARELHOS E MATERIAIS ELETRICOS	194.758	224.188	15,1	199.288	184.217	175.778	-21,6
FABRICAÇÃO DE MAQUINAS E EQUIPAMENTOS	357.425	408.118	14,2	361.415	326.342	319.374	-21,7
FABRICAÇÃO DE VEICULOS AUTOMOTORES, REBOQUES E CARROCERIAS	455.402	489.279	7,2	426.107	386.595	400.137	-18,2
FABRICAÇÃO DE OUTROS EQUIPAMENTOS DE TRANSPORTE, EXCETO VEICULOS AUTOMOTORES	85.405	111.719	30,8	98.289	81.330	70.948	-36,5
FABRICAÇÃO DE MÓVEIS	228.942	283.001	23,6	256.067	234.843	231.934	-18,0
FABRICAÇÃO DE PRODUTOS DIVERSOS	118.823	157.834	32,8	147.592	143.847	141.290	-10,5
MANUTENÇÃO, REPARAÇÃO E INSTALAÇÃO DE MAQUINAS E EQUIPAMENTOS	105.349	188.781	79,2	176.466	165.966	170.820	-9,5
Total	6.905.074	7.765.848	12,5	7.195.512	6.783.987	6.755.882	-13,0

Fonte: RAIS – MTE

Empregos formais, CNAE 2.0 Div – Subsetores Serviços – 2008, 2014, 2015, 2016, 2017

CNAE 2.0 Div	2008	2014	Var (%) 2008-2014	2015	2016	2017	Var (%) 2014-2016
TRANSPORTE TERRESTRE	1.293.110	1.776.584	37,4	1.740.127	1.656.983	1.632.306	-8,1
TRANSPORTE AQUAVIÁRIO	28.533	45.636	59,9	43.492	42.604	43.046	-5,7
TRANSPORTE AÉREO	56.312	71.731	27,4	68.562	63.871	63.017	-12,1
ARMAZENAMENTO E ATIVIDADES AUXILIARES DOS TRANSPORTES	294.421	443.057	50,5	421.386	404.645	408.377	-7,8
CORREIO E OUTRAS ATIVIDADES DE ENTREGA	164.783	187.199	13,6	182.827	175.781	166.699	-11,0
ALOJAMENTO	267.789	352.044	31,5	352.643	341.212	334.481	-5,0
ALIMENTAÇÃO	1.062.710	1.565.110	48,2	1.579.164	1.548.393	1.556.302	-1,8
EDIÇÃO E EDIÇÃO INTEGRADA À IMPRESSÃO	116.079	102.121	-12,0	90.215	79.096	73.832	-27,7
ATIVIDADES CINEMATOGRÁFICAS, PRODUÇÃO DE VÍDEOS E DE PROGRAMAS DE TELEVISÃO	20.397	29.947	46,8	29.437	29.391	28.433	-5,1
ATIVIDADES DE RÁDIO E DE TELEVISÃO	80.205	96.261	20,0	94.164	90.268	87.991	-8,6
TELECOMUNICAÇÕES	128.087	191.466	49,5	191.772	186.510	194.355	-1,5
ATIVIDADES DOS SERVIÇOS DE TECNOLOGIA DA INFORMAÇÃO	195.973	341.173	74,1	346.633	337.795	337.999	0,9
ATIVIDADES DE PRESTAÇÃO DE SERVIÇOS DE INFORMAÇÃO	120.111	114.560	-4,6	116.353	107.259	93.190	-18,7
ATIVIDADES DE SERVIÇOS FINANCEIROS	562.195	649.445	15,5	644.384	626.274	614.691	-5,4
SEGUROS, RESSEGUROS, PREVIDÊNCIA COMPLEMENTAR E PLANOS DE SAÚDE	118.740	150.307	26,6	152.564	154.126	151.509	0,8
ATIVIDADES AUXILIARES DOS SERVIÇOS FINANCEIROS, SEGUROS, PREVIDÊNCIA COMPLEMENTAR E PLANOS DE SAÚDE	76.475	94.620	23,7	99.269	98.600	103.538	9,4
ATIVIDADES IMOBILIÁRIAS	77.832	143.375	84,2	146.122	141.864	142.827	-0,4
ATIVIDADES JURÍDICAS, DE CONTABILIDADE E DE AUDITORIA	212.732	430.796	100,9	448.103	448.647	448.801	3,6
ATIVIDADES DE SEDES DE EMPRESAS E DE CONSULTORIA EM GESTÃO EMPRESARIAL	95.081	105.054	10,5	108.160	98.818	103.562	1,4
SERVIÇOS DE ARQUITETURA E ENGENHARIA	210.807	295.858	40,5	256.575	224.510	226.887	-22,6
PESQUISA E DESENVOLVIMENTO CIENTÍFICO	48.964	49.350	0,8	46.204	43.001	41.405	-16,1
PUBLICIDADE E PESQUISA DE MERCADO	66.401	92.295	39,0	93.131	93.773	97.717	5,9
OUTRAS ATIVIDADES PROFISSIONAIS, CIENTÍFICAS E TÉCNICAS	57.580	96.922	68,3	90.501	83.180	88.279	-8,9
ATIVIDADES VETERINÁRIAS	4.384	7.324	67,8	9.233	10.822	12.459	70,1
ALUGUÉIS NÃO-IMOBILIÁRIOS E GESTÃO DE ATIVOS INTANGÍVEIS NÃO-FINANCEIROS	134.357	225.069	67,5	219.644	208.042	208.744	-7,3
SELEÇÃO, AGENCIAMENTO E LOCAÇÃO DE MÃO DE OBRA	506.934	552.193	8,3	480.743	456.172	490.834	-11,1
AGÊNCIAS DE VIAGENS, OPERADORES TURÍSTICOS E SERVIÇOS DE RESERVAS	56.128	75.389	34,3	70.970	66.740	67.328	-10,7
ATIVIDADES DE VIGILÂNCIA, SEGURANÇA E INVESTIGAÇÃO	492.850	711.781	44,4	670.107	627.408	586.840	-17,8
SERVIÇOS PARA EDIFÍCIOS E ATIVIDADES PAISAGÍSTICAS	1.117.583	1.539.551	37,8	1.544.189	1.539.229	1.527.491	-0,8
SERVIÇOS DE ESCRITÓRIO, DE APOIO ADMINISTRATIVO E OUTROS SERVIÇOS PRESTADOS ÀS EMPRESAS	981.401	1.366.299	39,2	1.343.369	1.266.436	1.340.385	-1,9
ADMINISTRAÇÃO PÚBLICA, DEFESA E SEGURIDADE SOCIAL	8.342.538	9.409.661	12,8	9.249.508	8.674.302	9.246.628	-1,7
EDUCAÇÃO	1.371.410	1.959.373	42,9	2.003.819	2.000.726	2.037.555	4,0
ATIVIDADES DE ATENÇÃO À SAÚDE HUMANA	1.278.162	1.887.639	47,7	1.952.290	1.982.135	2.028.802	7,5
ATIVIDADES DE ATENÇÃO À SAÚDE HUMANA INTEGRADAS COM ASSISTÊNCIA SOCIAL, PRESTADAS EM RESIDÊNCIAS COLETIVAS E PARTICULARES	88.682	105.180	18,6	109.172	117.841	123.431	17,4
SERVIÇOS DE ASSISTÊNCIA SOCIAL SEM ALOJAMENTO	93.037	138.324	48,7	139.599	140.246	141.953	2,6
ATIVIDADES ARTÍSTICAS, CRIATIVAS E DE ESPETÁCULOS	13.361	18.967	42,0	18.540	17.143	15.718	-17,1
ATIVIDADES LIGADAS AO PATRIMÔNIO CULTURAL E AMBIENTAL	7.394	6.485	-12,6	5.924	6.290	6.016	-6,9
ATIVIDADES DE EXPLORAÇÃO DE JOGOS DE AZAR E APOSTAS	2.748	1.205	-56,1	1.201	1.109	1.076	-10,7
ATIVIDADES ESPORTIVAS E DE RECREAÇÃO E LAZER	156.017	223.289	43,1	232.594	226.591	231.207	3,5
ATIVIDADES DE ORGANIZAÇÕES ASSOCIATIVAS	853.078	867.442	1,7	863.137	822.971	805.962	-7,1
REPARAÇÃO E MANUTENÇÃO DE EQUIPAMENTOS DE INFORMÁTICA E COMUNICAÇÃO E DE OBJETOS PESSOAIS E DOMÉSTICOS	90.554	118.951	29,2	114.358	106.493	102.943	-12,0
OUTRAS ATIVIDADES DE SERVIÇOS PESSOAIS	173.180	231.501	33,7	227.184	218.726	208.750	-9,8
SERVIÇOS DOMÉSTICOS	11.988	5.139	-57,1	4.384	3.670	3.318	-35,4
ORGANISMOS INTERNACIONAIS E OUTRAS INSTITUIÇÕES EXTRATERRITORIAIS	5.377	4.891	-9,0	5.672	5.650	3.829	-25,8
Total	21.138.223	49.571.510	134,5	46.060.607	46.060.198	46.281.590	-6,6

Fonte: RAIS – MTE

Referências

ACEMOGLU, D.; AUTOR, D. Skills, tasks and technologies: Implications for employment and earnings. Handbook of labor economics, v. 4, 2011, p. 1043-1171.

ACEMOGLU, D.; RESTREPO P. The race between machine and man: implications of technology for growth, factor shares and employment. NBER Working Paper, n. 22252, maio 2016.

ARNOLD, D.; ARNTZ, M.; GREGORY T.; STEFFES, S.; ZIERAHN U. No need for automation angst, but automation policies. In: NEUFEIND, M.; O'REILLY J.; RANFT, F. (Eds.). Work in the digital age: challenges of the forth industrial revolution. London: Rowman and Littlefield, 2018, p.75-88.

ARNTZ, M.; GREGORY, T.; ZIERAHN, U. The risk of automation for jobs in OECD countries: a comparative analysis. OECD Social, Employment and Migration Working Papers, n. 189, 2016.

AUTOR, D.; DORN D. The Growth of Low-Skill Service Jobs and the Polarization of the US Labor Market. American Economic Review, v. 103, n. 5, p. 1553-97, 2013.

AUTOR, D. Why are there still so many jobs? the history and future of workplace automation. Journal of Economic Perspectives, v. 29, n. 3, p. 3-30, 2015.

JESUTHASAN, Ravin; BOUDREAU, John. Thinking through how automation will affect your workforce. Harvard Business Review, abr. 2017.

BRYNJOLFSSON, E.; MCAFEE, A. Race against the machine: how the digital revolution is accelerating innovation, driving productivity, and irreversibly, transforming employment and the economy. [S.l.]: Digital Frontier Press Lexington, 2011.

DOSI, G.; NELSON, R. Technical change and industrial dynamics as evolutionary processes. Handbook of the economics of innovation, v. 1, p. 51-127, 2010.

FISHLOW, A.; VIEIRA-FILHO, J. E. R. Agricultura e indústria no Brasil: inovação e competitividade. Brasília: IPEA, 2017

FREY, C. B.; OSBORNE, M. A. The future of employment: how susceptible are jobs computerization? Technological Forecasting and Social Change, v. 114(C), p. 254-280, 2017.

GANS, C.; DUCA, L. M. F. Crise econômica e mercado de trabalho no Brasil, Carta Social e do Trabalho, Campinas, v. 33, p. 1-16, jun. 2016.

GLOBAL SHAPERS COMMUNITY. Trade 2030 & the fourth industrial revolution, bringing the vision and thoughts of the youth to the world. out. 2018.

GOOS M.; MANNING, A. Lousy and lovely jobs: the rising polarization of work in Britain. Review of Economics and Statistics, v. 89, n. 1, p. 118-133, fev. 2007.

CNI. Sondagem Especial Indústria 4.0, Brasília, v. 17, n. 2, abr. 2016.

KATZ, L. F.; MARGO, R. A. Technical change and the relative demand for skilled labor: the United States in historical perspective. NBER Working Paper, n. 18752, 2013.

MCKINSEY GLOBAL INSTITUTE. A future that works: automation, employment, and productivity. [S.l]: Mckinsey Global Institute, 2017.

MCKINSEY GLOBAL INSTITUTE. Disruptive technologies: advances that will transform life, business and the global economy. [S.l.]: McKinsey Global Institute, 2013

MEI; IEL; CNI. Projeto Indústria 2027: riscos e oportunidades para o Brasil diante das inovações disruptivas. Brasília: CNI, 2018.

MONTEIRO-NETO, A.; SILVA, R. O. Desconcentração territorial e reestruturação regressiva da indústria brasileira. Texto para Discussão, Brasilia, n. 2402, p. 44-45, 2018.

PEREZ, C. Technological revolutions and techno-economic paradigms. Cambridge Journal of Economics, v. 34, p. 185-202, 2010.

PWC. Will robots really steal our jobs? an international analysis of the potential long term impact of automation. [S.l.]: PwC, 2018.

SARTI, F.; HIRATUKA, C. Desempenho recente da indústria brasileira no contexto de mudanças estruturais domésticas e globais. Texto para Discussão, n. 290, p. 16, 2017.

SCHWAB, K. A quarta revolução industrial. São Paulo: EDIPRO, 2016.

SILVEIRA, C. B., O Que é Indústria 4.0 e como ela vai impactar o mundo. Disponível em: https://www.citisystems.com.br/industria-4-0/. Acesso em: 01 out. 2018.

SOETE, L. Destructive creation: explaining the productivity paradox in the digital age. In: Neufeind, M.; O'Reilly, J.; Ranft, F. (Eds.). Work in the digital age: challenges of the fourthindustrial revolution. London: Rowman and Littlefield, 2018. p. 75-88.

VAN DER ZANDE, J. et al. The substitution of labor: from technological feasibility to other factors influencing job automation. Innovative Internet: Report 5. Stockholm: Stockholm School of Economics, 2018.

WEF. Future of Jobs Survey. [S.l.]: World Economic Forum, 2018

ILO. Women and men in the informal economy: a statistical picture. 3. ed. Geneva: International Labour Office, 2018.

ZYLBERSTAJN, H. Novas tecnologias, globalização e relações de trabalho. In: OIT. O futuro do trabalho no Brasil: perspectivas e diálogo tripartite. 2018. p. 38-40. Disponível em: https://www.ilo.org/brasilia/publicacoes/WCMS_626908/lang--pt/index. htm. Acesso em: 01 out. 2018.

3. Trabalho independente: uma análise para ocupações industriais

Anaely Machado
Paulo Henrique da Silva

Introdução

O presente estudo analisa as tendências no modo de organização das empresas, com o intuito de identificar as transformações que vêm ocorrendo nas relações de trabalho.

A partir das tendências identificadas, o estudo discute os conceitos que estão sendo utilizados para descrever as diversas modalidades de trabalho, adequando-os ao caso brasileiro. Nesse âmbito, discutem-se as diferenças entre o trabalho-padrão e o não padrão. O primeiro termo é utilizado para descrever as relações empregatícias tradicionais (com carteira assinada) em que o trabalhador atua presencialmente, dedicado a uma única empresa e com carga horária integral. Já o segundo termo descreve as relações de trabalho que fogem do padrão, seja pela flexibilização do contrato de emprego (com carga horária reduzida, possibilidade de atuação a distância etc.), seja pela expansão do trabalho independente, em que o trabalhador atua de forma autônoma e sem vínculo empregatício.

Nesse sentido, tem-se uma situação em que a oferta e a demanda de trabalho estão cada vez mais dissociadas do número de contratos de emprego com carteira assinada. Para enfatizar essa dicotomia e facilitar o entendimento das nomenclaturas abordadas no documento, o termo "emprego" será utilizado apenas para o tipo de trabalho em que existe um vínculo empregatício formal entre o trabalhador e uma empresa, enquanto o termo "trabalho" será reservado para descrever qualquer outra forma de trabalho que não possui vínculo empregatício.

A seção 2 elenca as tendências para o mercado de trabalho, destacando a flexibilização das relações trabalhistas e o papel da tecnologia nesse contexto. Ainda nessa seção, são abordados os principais conceitos relacionados ao trabalho e emprego, adequando-os à realidade brasileira. A seção 3 apresenta as estatísticas para o mercado de trabalho no Brasil, à luz dos conceitos abordados, quantificando o número de trabalhadores que atualmente se enquadram no trabalho independente em ocupações industriais que são alvo da atuação do Serviço Nacional de Aprendizagem Industrial (SENAI). Por fim, são apresentadas as conclusões do estudo.

1. Definição das nomenclaturas relacionadas ao mercado de trabalho moderno

1.1. Principais tendências para o futuro do trabalho

As mudanças disruptivas trazidas pela Indústria 4.0 têm sido apontadas como os principais catalizadores das transformações no modo de organização das empresas e na mão de obra demandada pelos empregadores (WEF, 2016; 2017). As novas tecnologias – entre as quais se destacam a robótica, o aprendizado de máquina, entre outras – contribuem para a automação dos processos produtivos e, consequentemente, resultam tanto na substituição de trabalhadores em atividades rotineiras/repetitivas quanto na necessidade de desenvolvimento de habilidades específicas para que os empregados possam manusear com sucesso as novas ferramentas (WEF, 2016). Como resultado, as ocupações estão se transformando constantemente, elevando a necessidade de adaptação dos trabalhadores a um cenário de aprendizado contínuo para desenvolvimento de novas habilidades.

Em paralelo, a evolução de tecnologias de comunicação possibilita a reorganização do ambiente de trabalho, facilitando a atuação a distância e a subcontratação de serviços antes desempenhados exclusivamente por empregados (McKINSEY, 2016; ILO, 2018a). Do ponto de vista da firma, a flexibilização do trabalho pode trazer redução de custos (redução da infraestrutura física, menor gasto com pessoal etc.), ao mesmo tempo que possibilita a contratação de serviços apenas quando necessário, de diferentes fornecedores e com a qualidade e as especificações adequadas a cada situação.

Já do ponto de vista do indivíduo, passa a ser factível atuar em mais de uma empresa ou projeto simultaneamente. Além disso, um estudo do Linkedin (2019) mostra que os trabalhadores estão priorizando, cada vez mais, a flexibilidade ao aceitarem uma proposta de trabalho (31% dos respondentes da pesquisa em 2017), principalmente por acreditarem que a flexibilização traz maior equilíbrio entre a vida pessoal e a profissional (72% dos respondentes).

Nesse contexto, a mudança na natureza do trabalho, que se torna mais flexível, é apontada como uma das principais tendências do futuro do emprego (McKINSEY, 2016; WEF, 2016; LINKEDIN, 2019). Isto é, estão em ascensão modalidades de contratação em que o trabalhador não precisa mais manter um vínculo fixo e exclusivo com uma empresa, assim como não é necessário que atue presencialmente seguindo horários fixos de entrada e saída da empresa.

O crescimento das formas alternativas de trabalho que podem ser contratadas temporariamente pelo empresário diretamente no mercado, sem a necessidade de contratação de um empregado fixo, deu origem ao termo *gig economy*. A expressão pode ser usada para descrever tanto a possibilidade de contratação que envolve contato presencial (por exemplo, recorrendo diretamente a uma empresa de serviços ou agência de trabalho) quanto por meio de plataformas *on-line*, sendo que essa segunda modalidade ganhou destaque com o desenvolvimento das tecnologias digitais (HEECKS, 2017; ILO, 2018a).

Um dos principais fatores propulsores da flexibilização do trabalho diz respeito à possibilidade de contratação de profissionais por meio de plataformas *on-line* (*freelance marketplace*). Essas plataformas podem funcionar por meio da oferta de serviços desde nível local até mundial. No primeiro caso, embora a solicitação do serviço ocorra por meio da plataforma, a entrega do produto ou a realização do serviço é presencial, como ocorre com aplicativos como Uber, Airbnb e iFood. Já o segundo caso trata de plataformas de alcance geograficamente disperso e com alcance global, o que se chama de *crowdwork*. Na prática, uma pessoa pode trabalhar para clientes em qualquer outro país, de forma completamente virtual. Por exemplo, nesse conjunto, podem ser incluídas plataformas para oferta de trabalhos do tipo *freelancer*, como o Upwork (https://www.upwork.com/), em que uma pessoa cadastra suas experiências e habilidades e outras pessoas ou empresas podem contratar por meio da plataforma os serviços desejados, sendo que toda a interação pode ocorrer *on-line*, desde a contratação até a entrega do serviço.

Esse movimento é identificado pela Organização Internacional do Trabalho (OIT) como a expansão de *non-standard forms of employment* (formas não padronizadas de trabalho, em português). Segundo a OIT, *standard employment* – trabalho-padrão, em português – refere-se às tradicionais formas de trabalho em que o funcionário atua em tempo integral, por tempo indeterminado e com relação clara de subordinação entre o empregado e o empregador. Qualquer outro tipo de emprego que não contenha essas características pode ser chamado de *non-standard employment* – trabalho não padrão, em português (ILO, 2016). Vale destacar que o trabalho não padrão abrange tanto os casos sem vínculo empregatício quanto os empregos com vínculo em que há flexibilização do contrato de trabalho.

2. Principais modalidades de trabalho padrão e não padrão

A partir dessa explicação geral, cada tipo de trabalho pode receber denominações distintas que, em geral, possuem similaridades ou funcionam como sinônimos. Para facilitar a compreensão, a figura 1 ilustra o enquadramento dos diferentes termos quanto à separação proposta pela OIT, identificando as terminologias mais adequadas ao mercado de trabalho brasileiro.

Dentro do trabalho-padrão, tem-se o grupo de empregos com vínculo empregatício e que seguem as características tradicionais elencadas. Na prática, o trabalho-padrão no Brasil abrange basicamente todo tipo de emprego com carteira de trabalho assinada tradicional, sob o regime de trabalho em tempo integral (com carga horária de aproximadamente 40 horas semanais[1]), em que o empregado se dedica exclusivamente a uma empresa e atua presencialmente.

O conjunto do trabalho não padrão se subdivide em dois grandes grupos: emprego com carteira assinada não tradicional e trabalho independente.

O emprego com carteira assinada não tradicional abrange todos os casos em que o empregado possui um vínculo empregatício, porém seu contrato de trabalho é mais flexível. No Brasil, a Consolidação das Leis Trabalhista (CLT) reconhece a possibilidade de empregados flexíveis sob contrato temporário (quando a empresa contrata empregado temporário de empresa terceirizada), por prazo determinado (similar ao temporário, porém contratado diretamente pela empresa), intermitente (empregado não atua de forma contínua, apenas quando o empregador solicita) e teletrabalho (possibilidade de o empregado atuar a distância).

Já o trabalho independente inclui todos os tipos de trabalho em que não há vínculo empregatício (portanto, sem carteira de trabalho assinada). Segundo a Mckinsey (2016), essa modalidade de trabalho envolve três características centrais: elevado grau de autonomia, pagamento por atividade desenvolvida e relação de curto prazo entre o trabalhador e o cliente. Esse grupo abrange trabalhadores autônomos, microempreendedores individuais (MEIs) e trabalhadores informais.

Os trabalhadores autônomos (ou por conta própria ou *freelancer*) são pessoas físicas que prestam serviços para outras pessoas ou empresas, de forma independente. No Brasil, esses trabalhadores devem registrar seu Cadastro de Pessoa Física (CPF) e recolher impostos e contribuições para a previdência oficial, conforme a atividade que exercem e a renda que recebem.

Já o MEI é o pequeno empresário individual que tem faturamento de até R$ 81 mil por ano e que contrate até um empregado. Na prática, essa modalidade é uma alternativa de formalização dos trabalhadores autônomos.

Por fim, tem-se o trabalhador informal, que são pessoas físicas que exercem atividade remunerada, porém não estão registradas como contribuintes e, portanto, não recolhem impostos e contribuições previdenciárias. Esse conceito segue a terminologia da OIT, que define o trabalho informal como aquele

---

[1] Carga horária não superior a 44 horas, conforme a Constituição Federal do Brasil, art. 7º, inciso XIII.

que não está sujeito a nenhuma legislação trabalhista, sistema de tributação da renda, proteção social nem direitos trabalhistas (ILO, 2018b). Isso ocorre, em geral, porque esses trabalhadores não são oficialmente declarados por se tratar de atividade casual ou de curta duração, com renda baixa, ausência de regulação comumente associada a situações precárias de trabalho.

Figura 1: Identificação dos tipos de trabalho

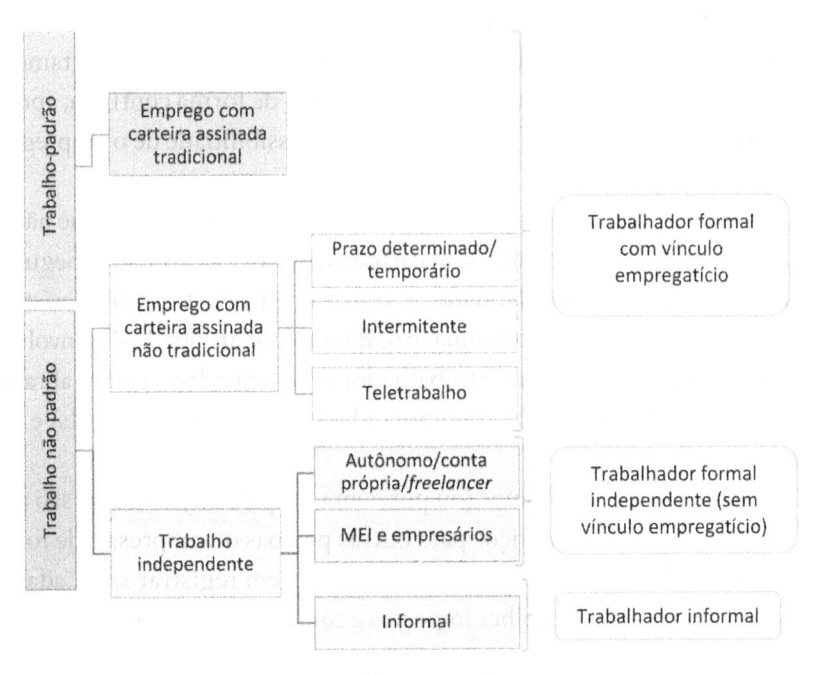

Fonte: elaboração própria.

3. Avaliação quantitativa do mercado de trabalho brasileiro

Considerando a classificação apresentada para os diversos modos de inserção no mercado de trabalho, esta seção adapta as categorias descritas às estatísticas disponíveis para o Brasil. Para essa análise, foram utilizadas as estatísticas da Pesquisa Nacional por Amostra de Domicílios (Pnad), preparada pelo Instituto Brasileiro de Geografia e Estatística (IBGE).

Com base nas informações disponíveis na Pnad e nos conceitos abordados na seção anterior, consideraram-se quatro categorias de relações para o mercado de trabalho[2]:

1. Trabalhador informal: trabalhador sem qualquer tipo de contrato formal, incluindo vendedores ambulantes, assalariados sem carteira assinada etc.
2. Trabalhador formal com vínculo empregatício: é o trabalhador típico com carteira assinada, considerado o padrão de relações de trabalho ao longo do século XX e início deste. Na Pnad, não é possível distinguir os contratos formais padrão das formas mais flexíveis de emprego (como o trabalho intermitente e o teletrabalho).
3. Trabalhador formal independente: é o trabalhador não assalariado que recolhe para a previdência ou possui uma pequena empresa formalizada com até cinco empregados e Cadastro Nacional da Pessoa Jurídica (CNPJ). Engloba autônomos e pequenos empresários.
4. Dirigentes/empregadores: têm as mesmas características do autônomo, mas sua empresa tem mais de cinco empregados. Essa categoria é analisada separadamente do trabalhador independente, uma vez que as pessoas nesse grupo, em geral, possuem um vínculo com a própria empresa, embora não seja empregatício. Elas são responsáveis pela gestão da empresa que conduzem.

Considerando tais categorias de trabalho que podem ser identificadas nos microdados da Pnad, o presente estudo mapeia o perfil da população ocupada, conforme mostrado na tabela 1. Os dados mostram que, dos 93 milhões de pessoas ocupadas no 4º trimestre de 2018, o grupo de trabalhadores formais independentes representa 10,3% desse total.

---

[2] A Pnad não possui dados sobre tributação da atividade das pessoas pesquisadas. Nesse sentido, como escolha para identificar a formalização da atividade, utilizou-se como critério apenas se o indivíduo contribui para a previdência e a existência do Cadastro Nacional da Pessoa Jurídica (CNPJ).

Tabela 1: Número de pessoas, por tipo de relação de trabalho

		Frequência	% da população total	% validada da população ocupada
População ocupada	Trabalhador informal	35.984.532	17,2	38,7
	Trabalhador formal	46.412.440	22,2	49,9
	Trabalhador formal independente	9.606.369	4,6	10,3
	Dirigentes/empregadores	998.985	0,5	1,1
	População ocupada total	93.002.326	**44,5**	100,0
População desocupada ou fora da força de trabalho	Não ocupado/inativos	116.149.525	**55,5**	–
	Total	**209.151.851**	**100,0**	–

Fonte: IBGE/Pnad-Contínua, 4º trimestre (2018). Elaboração própria.

O trabalho assalariado com carteira assinada (trabalhador formal) continua sendo a forma majoritária de inserção no mercado de trabalho (representando 49,9% dos vínculos de trabalho). O trabalhador informal, que está à margem do mundo dos direitos e não contribui diretamente para a manutenção do Estado, é a segunda forma mais comum de relação de trabalho (representando 38,7% da força de trabalho).

A tabela 2 mostra a distribuição das diferentes formas de trabalho em cada setor econômico. A maior parte dos autônomos está no setor de serviços e comércio. Na indústria geral, apenas 7% dos trabalhadores são autônomos, mas há um contingente alto de trabalhadores informais (28,5). Na construção, a maior parte dos trabalhadores é informal (63,3).

Tabela 2: Participação (em %) de cada tipo de relação de trabalho no emprego total de cada setor

Setor econômico	Trabalhador informal	Trabalhador formal	Trabalhador formal independente	Dirigentes/empregadores	Total
Agricultura, pecuária, produção florestal, pesca e aquicultura	66,9	17,4	15,2	0,5	100
Indústria geral	28,5	63,4	6,8	1,3	100
Construção	63,3	23,1	12,7	1,0	100
Comércio, reparação de veículos automotores e motocicletas	38,2	46,2	13,7	1,8	100
Transporte, armazenagem e correio	39,2	46,3	13,9	0,6	100
Alojamento e alimentação	53,6	32,0	12,3	2,2	100
Informação, comunicação e atividades financeiras	23,0	63,0	12,3	1,6	100
Administração pública, defesa e seguridade social	0,6	99,4	0,0	0,0	100
Educação, saúde humana e serviços sociais	11,2	83,1	5,1	0,6	100
Outros serviços	58,6	20,1	20,5	0,8	100
Serviços domésticos	71,6	28,4	0,0	0,0	100
Atividades mal definidas	59,6	21,0	19,4	0,0	100
Total	38,7	49,9	10,3	1,1	100

Fonte: IBGE/Pnad-Contínua, 4º trimestre (2018). Elaboração própria.

A seguir, analisam-se, com mais atenção, as ocupações industriais, independente do setor de atuação.[3] A tabela 3 mostra a distribuição das ocupações industriais e não industriais por tipo de relação de trabalho, e a tabela 4 mostra a distribuição do trabalho formal independente por grupo ocupacional e setores. Como esperado, a maioria dos trabalhadores formais independentes em ocupações industriais exercem suas atividades nos setores de indústria e construção civil, mas há uma parcela importante atuando no comércio.

Tabela 3: Tipo de relação de trabalho, por grupo ocupacional

Tipo de relação de trabalho	Grupo Família					
	Ocupações industriais		Ocupações não industriais		Total	
	Número de pessoas	%	Número de pessoas	%	Número de pessoas	%
Trabalhador informal	9.366.164	43,8	26.606.955	37,2	35.973.119	38,7
Empregado formal	9.539.065	44,7	36.861.983	51,5	46.401.049	49,9
Trabalhador formal independente	2.304.002	10,8	7.295.980	10,2	9.599.983	10,3
Dirigentes/empregadores	153.691	0,7	845.294	1,2	998.985	1,1
Total	21.362.922	100,0	71.610.213	100,0	92.973.135	100,0

Fonte: IBGE/Pnad-Contínua, 4º trimestre (2018). Elaboração própria.

[3] Neste estudo, o termo ocupações industriais é usado para as ocupações que demandam conhecimentos de base industrial e que são alvo de atuação do SENAI. Cabe destacar que essas ocupações estão espalhadas nos diversos setores econômicos, e não apenas na indústria.

Tabela 4: Grupo ocupacional por setor de atividade
(somente trabalhador formal independente)

Setor econômico	Grupo Família					
	Ocupações industriais		Ocupações não industriais		Total	
	Número de pessoas	%	Número de pessoas	%	Número de pessoas	%
Agricultura, pecuária, produção florestal, pesca e aquicultura	578	0,0	1.287.598	17,6	1.288.175	13,4
Indústria geral	673.846	29,3	132.107	1,8	805.953	8,4
Construção	843.465	36,7	23.200	0,3	866.665	9,0
Comércio, reparação de veículos automotores e motocicletas	346.978	15,1	2.095.239	28,7	2.442.216	25,4
Transporte, armazenagem e correio	25.731	1,1	633.369	8,7	659.100	6,9
Alojamento e alimentação	70.626	3,1	593.624	8,1	664.250	6,9
Informação, comunicação e atividades financeiras, imobiliárias, profissionais e administrativas	190.061	8,3	1.088.506	14,9	1.278.567	13,3
Educação, saúde humana e serviços sociais	3.714	0,2	577.047	7,9	580.761	6,0
Outros serviços	143.980	6,3	867.636	11,9	1.011.616	10,5
Atividades mal definidas	0	0,0	2.680	0,0	2.680	0,0
Total	2.298.978	100,0	7.301.005	100,0	9.599.983	100,0

Fonte: IBGE/Pnad-Contínua, 4º trimestre (2018). Elaboração Uniepro.

No período de 2012 a 2018 (ver gráfico 1), o emprego formal em ocupações industriais diminuiu cerca de 15%, principalmente em função da crise econômica. O trabalho informal ficou praticamente estagnado, com queda de apenas 0,1%. Essa diferença é resultado da relação entre essas formas de trabalho e os ciclos econômicos. Enquanto o emprego com carteira assinada segue as oscilações do produto interno bruto (PIB), o trabalho informal tem um comportamento anticíclico, em parte porque essa forma de trabalho é mais flexível em termos de rendimento e duração de jornada e, de outro lado, em tempo de crise, muitas pessoas procuram formas alternativas de renda.

Gráfico 1: Número de pessoas em cada categoria 2012 a 2018 (somente ocupações industriais)

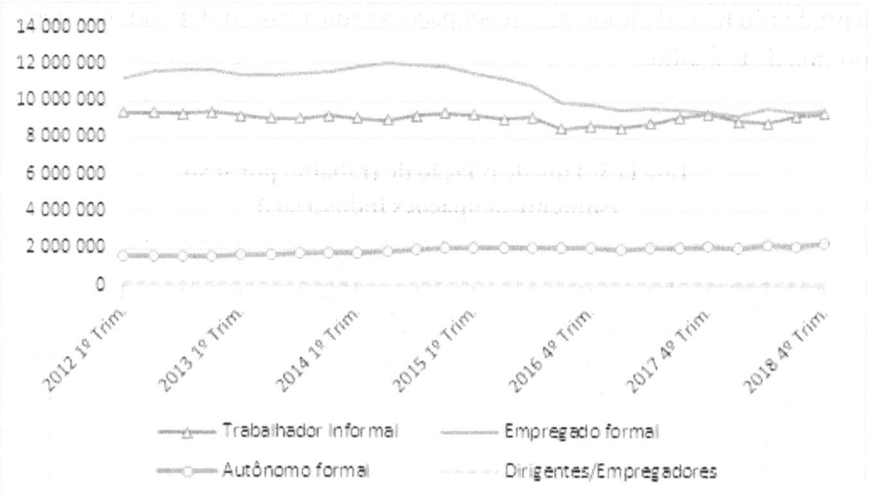

Fonte: IBGE/Pnad-Contínua vários trimestres. Elaboração Uniepro.

O caso dos trabalhadores independentes é bem diverso, mostrando um comportamento de crescimento contínuo tanto no período de crescimento quanto durante a crise, ainda que, nesse caso, se registre uma expansão em um ritmo menor. Como resultado, o trabalho independente cresceu 47% no período, passando de 1,6 milhão no início de 2012 para 2,3 milhões no final de 2018.

Para explicar esse fenômeno, seria necessário um estudo mais aprofundado, porém é possível que esse movimento tenha múltiplas causas, como, por exemplo, desejo por um trabalho mais independente, busca por rendimento melhor ou alternativa de renda caso o trabalhador tenha sido expulso do circuito dos empregos assalariados formais.

Mas quem são esses trabalhadores?

A tabela 5 mostra a distribuição dos trabalhadores em ocupações industriais por sexo e tipo de relação de trabalho. Entre os trabalhadores formais independentes, encontra-se a maior proporção de mulheres entre todos os tipos de trabalho em ocupações industriais. A presença feminina pode estar associada às barreiras de inserção que as mulheres, ainda, enfrentam no mercado de trabalho tradicional, principalmente em ocupações industriais, à busca de melhores rendimentos e a uma melhor relação entre o tempo de trabalho e o tempo do cuidado de si e seus familiares. Por outro lado, destaca-se a predominância de homens em ocupações industriais, independentemente do tipo de trabalho.

Tabela 5: Tipo de relação de trabalho por sexo
(somente ocupações industriais)

Tipo de relação de trabalho	Sexo					
	Homem		Mulher		Total	
	Número de pessoas	%	Número de pessoas	%	Número de pessoas	%
Trabalhador Informal	7.424.625	79,3	1.941.538	20,7	9.366.164	100,0
Empregado formal	7.847.978	82,3	1.691.087	17,7	9.539.065	100,0
Independente formal	1.778.715	77,2	525.287	22,8	2.304.002	100,0
Dirigentes/ empregadores	131.580	85,6	22.110	14,4	153.691	100,0
Total	17.182.900	80,4	4.180.023	19,6	21.362.922	100,0

Fonte: IBGE/Pnad-Contínua, 4º trimestre 2018. Elaboração própria.

O gráfico 2 mostra a distribuição dos trabalhadores por faixa etária para cada tipo de relação de trabalho. O grupo dos trabalhadores formais independentes é consideravelmente mais velho do que aqueles em emprego formal. Isso pode refletir possíveis barreiras no acesso ao emprego com carteira assinada para os mais velhos, em que os jovens (com experiência) têm preferência. Por outro lado, para administrar o próprio trabalho, é preciso alguns conhecimentos de gestão e muita disciplina, habilidades que tendem a ser adquiridas com uma longa experiência no mercado de trabalho, o que justifica a maior presença de pessoas com 30 anos ou mais de idade entre os trabalhadores formais independentes.

Gráfico 2: Tipo de relação de trabalho por faixa etária (somente ocupações industriais)

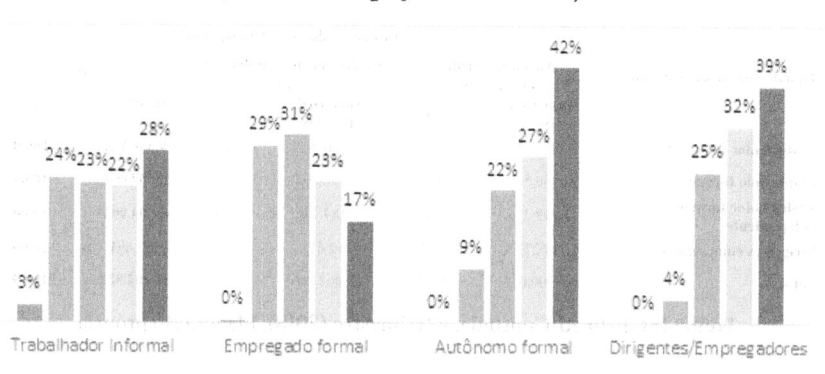

Fonte: IBGE/Pnad-Contínua, 4º trimestre 2018. Elaboração própria.

Os trabalhadores formais independentes são ligeiramente menos escolarizados do que os empregados com carteira, mas bem mais escolarizados do que os trabalhadores informais o que deixa claro que não se pode confundir o trabalhador formal independente com as formas típicas de inserção precária da informalidade.

A maioria dos trabalhadores formais independentes estão em ocupações industriais que exigem capacitação de menos de 200 horas, mas a proporção é bem menor do que a observada no emprego formal e muito menor do que na informalidade.

A maior parte dos trabalhadores formais independentes trabalha entre 40 e 44 horas, que é a carga horária padrão, contudo também se observa uma proporção grande trabalhando menos de 40 horas (23%), o que sugere uma opção por um trabalho com maior controle do tempo, mas uma proporção maior ainda daqueles que trabalham mais de 44 horas (36%), apontando para um regime de trabalho que inclui tanto a gestão do negócio quanto a atuação direta na produção ou na prestação do serviço. Isso mostra o quão heterogêneo é esse grupo, com pessoas buscando uma carga horária mais flexível e outros dispostos a trabalhar mais.

Tabela 6: Tipo de relação de trabalho por escolaridade (ensino médio) – somente ocupações industriais

Tipo de relação de trabalho	Até ensino médio incompleto		Ensino médio completo ou mais		Total	
	Número de pessoas	%	Número de pessoas	%	Número de pessoas	%
Trabalhador informal	6.295.951	67,2	3.070.213	32,8	9.366.164	100,0
Empregado formal	3.850.556	40,4	5.688.509	59,6	9.539.065	100,0
Trabalhador formal independente	1.119.256	48,6	1.184.746	51,4	2.304.002	100,0
Dirigentes/empregadores	34.273	22,3	119.418	77,7	153.691	100,0
Total	11.300.036	52,9	10.062.886	47,1	21.362.922	100,0

Fonte: IBGE/Pnad-Contínua, 4º trimestre (2018). Elaboração própria.

Em geral, o trabalhador autônomo tem renda média superior às outras formas de relação de trabalho em ocupações que demandam até 200 horas de qualificação, com exceção de dirigente e empregadores. No caso dos trabalhadores com curso superior, a renda dos empregados formais é superior.

Para uma avaliação mais robusta, seria necessário controlar as diferenças entre os grupos por outras variáveis, como, sexo, idade, experiência. Nesse sentido, em um exercício simples, a seguir apresenta-se os resultados de um modelo de regressão logística, com o intuito de identificar fatores correlacionados com a probabilidade de o indivíduo exercer um trabalho formal independente. Os resultados são apresentados na tabela 7.

Tabela 7: Regressão logística, probabilidade de trabalhar como formal independente (somente ocupações industriais)

	B	S.E.	Wald	df	Sig.	Exp(B)
Região Nordeste	0,303	0,004	4783,896	1	0,000	1,354
Região Sudeste	0,882	0,004	47994,966	1	0,000	2,415
Região Sul	1,155	0,004	76575,170	1	0,000	3,173
Região Centro-Oeste	0,970	0,005	44344,990	1	0,000	2,637
Região metropolitana	-0,108	0,002	5168,746	1	0,000	0,898
Sexo, masculino	-0,078	0,002	1978,417	1	0,000	0,925
Idade ao quadrado	-0,002	0,000	175416,420	1	0,000	0,998
Idade do morador na data de referência	0,210	0,000	274291,050	1	0,000	1,233
Fundamental incompleto ou equivalente	0,741	0,006	17102,959	1	0,000	2,098
Fundamental completo ou equivalente	0,955	0,006	25883,108	1	0,000	2,598
Médio incompleto ou equivalente	1,063	0,006	29015,105	1	0,000	2,895
Médio completo ou equivalente	1,073	0,006	35330,177	1	0,000	2,923
Superior incompleto ou equivalente	1,394	0,007	44523,045	1	0,000	4,030
Superior completo	1,483	0,006	62840,292	1	0,000	4,408
Constante	-9,190	0,011	662066,839	1	0,000	0,000

Fonte: IBGE/Pnad-Contínua, 4º trimestre (2018). Elaboração própria.

Observa-se que, na região Sul, a probabilidade de um indivíduo exercer sua ocupação como trabalhador formal independente é bem maior do que nas demais regiões; viver em uma região metropolitana diminui ligeiramente a probabilidade de atuar como independente; as mulheres têm uma probabilidade ligeiramente superior. Quando maior a idade, maior a tendência ao trabalho independente, sendo que, nas faixas mais elevadas, a importância da idade vai diminuindo, também, pela diminuição de pessoas na força de trabalho. Essa forma de inserção no mercado de trabalho também está correlacionada positivamente com a escolaridade do indivíduo.

Essa análise preliminar permite dizer que pessoas mais experientes, bem escolarizadas e do interior da região Sul, têm forte tendência a adotar essa forma de relação de trabalho. Contudo esse é um exercício inicial e será preciso desenvolver análises mais profundas para entender os condicionantes dessa escolha.

Conclusões

A discussão conceitual e a análise de estatísticas para o trabalho padrão e não--padrão apontam para a ampliação do trabalho independente formal no Brasil, em especial com a recuperação econômica. Ainda é cedo para avaliar o quanto desse crescimento se deve às novas tecnologias e às novas formas de gestão do trabalho, porém não há dúvidas de que a modernização do modelo produtivo tende a reforçar a tendência apontada no estudo, com implicações para a produtividade e as políticas públicas voltadas para a proteção do trabalhador.

Referências

BRASIL. Decreto-lei no 5.452, de 1 de maio de 1943. Aprova a consolidação das leis do trabalho. Disponível em: < http://www.planalto.gov.br/ccivil_03/decreto-lei/Del-5452compilado.htm >.

_____. Lei nº 13.429, de 31 de março de 2017. Altera dispositivos da Lei no 6.019, de 3 de janeiro de 1974, que dispõe sobre o trabalho temporário nas empresas urbanas e dá outras providências; e dispõe sobre as relações de trabalho na empresa de prestação de serviços a terceiros. Disponível em: <http://www.planalto.gov.br/ccivil_03/_Ato2015-2018/2017/Lei/L13429.htm#art1>.

IBGE – Instituto Brasileiro de Geografia e Estatística. Pesquisa Nacional por Amostra de Domicílios Contínua. Notas técnicas Versão 1.5. 3ª edição. Rio de Janeiro: 2018. Disponível em: < https://biblioteca.ibge.gov.br/visualizacao/livros/liv101621_notas_tecnicas. pdf>.

ILO – International Labor Organization. Non-standard employment around the world: Understanding challenges, shaping prospects International Labour Office. Geneva: 2016. Disponível em: <http://ilo.org/wcmsp5/groups/public/---dgreports/---dcomm/---publ/documents/publication/wcms_534326.pdf>.

_____. Digital labour platforms and the future of work: Towards decent work in the online world International Labour Office. Genebra: 2018a. Disponível em: < https:// www.ilo.org/wcmsp5/groups/public/---dgreports/---dcomm/---publ/documents/ publication/wcms_645337.pdf>.

_____. Informality and non-standard forms of employment. Employment Working Group meeting, Buenos Aires: 2018b. Disponível em: <https://www.ilo.org/wcmsp5/ groups/public/---dgreports/---inst/documents/publication/wcms_646040.pdf>.

HEEKS, R. Decent Work and the Digital Gig Economy: A Developing Country Perspective on Employment Impacts and Standards in Online Outsourcing, Crowdwork, etc. Centre for Development Informatics, Paper n. 71, 2017. Disponível em: <http://hummedia.manchester.ac.uk/institutes/gdi/publications/workingpapers/di/di_wp71.pdf >.

LINKEDIN. The 4 trends transforming your workplace. Global Talent Trends, 2019. Disponível em: https://business.linkedin.com/content/dam/me/business/en-us/talent-solutions/resources/pdfs/global-talent-trends-2019.pdf.

MCKINSEY. Independent work: choice, necessity, and the gig economy. McKinsey Global Institute: 2016. Disponível em: https://www.mckinsey.com/featured-insights/employment-and-growth/independent-work-choice-necessity-and-the-gig-economy.

WEF – World Economic Forum. The Future of Jobs: Employment, Skills and Workforce Strategy for the Fourth Industrial Revolution. Global Challenge Insight Report. Genebra: 2016. Disponível em: http://www3.weforum.org/docs/WEF_Future_of_Jobs.pdf.

_____. The Future of Jobs Report 2018. Centre for the New Economy and Society, Insight Report. Genebra: 2018. Disponível em: http://www3.weforum.org/docs/WEF_Future_of_Jobs_2018.pdf.

4. Os impactos esperados das mudanças tecnológicas: novas habilidades demandadas dos trabalhadores

Dora Kaufman

Introdução [1]

A maior investidora privada da Finlândia, Ilmarinen Mutual Pension Insurance, mudou o significado da sigla tradicional do departamento de recursos humanos (RH), para Robôs e Humanos (HR – Head of People and Robotization). Os cerca de 700 funcionários humanos do departamento não se sentem ameaçados pelo igualmente funcionário-robô Tarmo (em finlandês, "vigor e energia"), pelo contrário comemoram o fim de rotinas repetitivas e maçantes. Há fortes indicadores de que, em breve, a Ilmarinen contratará colegas de Tarmo mais qualificados, substituindo parte considerável da equipe de humanos.

Em 2014, a empresa de capital de risco, com sede em Hong Kong, Deep Knowledge, anunciou o sistema inteligente Validating Investment Tool for Advancing Life Sciences (VITAL) como novo membro de seu conselho de administração, agregando valor na captação e no processamento de informação com impactos positivos na qualidade das decisões de investimento.

---

[1] Este capítulo compreende uma versão de estudo desenvolvido para UNESCO (Projeto 570BRZ1013), concluído em dezembro de 2018 (não foi possível atualizar os dados). As opiniões são de responsabilidade dos autores.

Aparentemente, não se trata de um fato isolado: pesquisa realizada pelo Fórum Econômico Mundial (2015) com 800 executivos revela que 45% afirmaram esperar que uma máquina de inteligência artificial (IA) tenha assento no conselho de administração de suas empresas até 2025.

A percepção crescente é de que os avanços na IA e na robótica transformarão radicalmente o local de trabalho nas próximas décadas (BRYNJOLFSSON; MCAFEE, 2014). Pesquisa da consultoria McKinsey (2017) em 46 países aponta que 60% das ocupações têm pelo menos 30% de tarefas com potencial de automação e, na média, 15% das funções atuais serão substituídas ou eliminadas, com maior incidência em economias mais avançadas. Segundo Frey e Osborne (2017), Chui, Manyika e Miremadi (2015) e o Banco Mundial (2016), os avanços na automação ameaçam 45%-57% de todos os empregos nos Estados Unidos da América (EUA). O Conselho de Assessores Econômicos da Casa Branca prevê que a automação afetará 83% dos empregos que ganham US$ 20 por hora ou menos (IMF, Working Paper: Should We Fear the Robot Revolution?, 2018). A Organização para a Cooperação e o Desenvolvimento Econômico (OCDE), por sua vez, estima em 9% os empregos na mesma categoria. As divergências refletem as respectivas percepções sobre a ingerência dos arcabouços sociais, legais e regulatórios.

Para Nigel Cameron (2017), enfrentamos uma ruptura que espelha as rupturas anteriores, mas em uma escala maior, cujo impacto não será geograficamente localizado nem circunscrito a uma indústria, por duas razões: a) os empregos transferidos diretamente de humanos para máquinas estarão disseminados em muitas e diferentes áreas da economia; e b) haverá uma perda indireta de outros empregos ("efeito cascata"). Cameron alerta que o trabalhador humano estará competindo com outra "espécie", mais barata de empregar e com a vantagem adicional de evoluir continuamente para formas mais inteligentes; o risco é não serem geradas oportunidades suficientes para os humanos cujas habilidades não serão mais relevantes.

Os estudos têm um alto grau de incerteza, além de metodologias distintas, dado que as máquinas inteligentes estão em seus primórdios, sendo prudente considerá-los mais como indicadores de tendências do que propriamente previsões.

Independentemente do ritmo e da intensidade da transformação digital, à medida que a tecnologia avança, os trabalhadores serão realocados para tarefas não suscetíveis à mecanização, isto é, tarefas que exigem habilidades humanas. "Para que os trabalhadores ganhem a corrida, eles terão que adquirir habilidades criativas e sociais" (FREY; OSBORNE, 2013, p. 48).

Scott Hartley (2017) argumenta a favor das ciências humanas num mundo dominado pela tecnologia, em que o profissional do futuro irá lidar com questões complexas e multidisciplinares, que exigem, além de conhecimentos técnicos, habilidades de lógica, análise crítica, empatia, comunicação e *design*. O autor defende a parceria entre as ciências exatas e as humanas, em que os primeiros focam no "como fazer" da revolução tecnológica e os segundos no "por que", "para que" e "quando". O pleno exercício de atividades cognitivas demanda criatividade, capacidade de equacionar e resolver problemas, analisar cenários e tomar decisões, liderar equipes por meio de gestão baseada na persuasão, todas as características humanas, configurando vantagens comparativas em relação às máquinas inteligentes (ao menos no estágio atual). Harley indica como habilidades complementares: pensamento crítico, compreensão de leitura, análise lógica, argumentação, comunicação clara e persuasiva. Estudo do LinkedIn, em 2015, revelou que os profissionais formados em ciências humanas estão se unindo à força de trabalho tecnológica mais rapidamente do que os graduados técnicos. "Entre 2010 e 2013, o número de formandos em ciências humanas que entraram no setor de tecnologia ultrapassou em 10% os de ciência da computação e da engenharia" (HARTLEY, 2017, p. 38)

Os dados – matéria-prima da economia do século XXI – não são objetivos e na origem são "dados brutos"; são os algoritmos de IA que os transformam em informações úteis a partir de modelos preditivos. Em geral, esses modelos incorporam vieses humanos e os resultados são função de diversas escolhas de cientistas da computação, como, por exemplo, a seleção da amostra (um corte arbitrário do universo total) e a posterior interpretação. A mediação eficiente entre a tecnologia e os seus usuários depende, em grande parte, de agentes com atributos humanos.

Investigar as potenciais habilidades para o século XXI é o propósito deste estudo com base em fontes secundárias, dividido em cinco seções, além da introdução. A seção 1 apresenta um panorama geral dos impactos na sociedade e no setor produtivo da denominada Revolução 4.0, evidenciando a situação atual do Brasil; a seção 2 contempla uma revisão bibliográfica de algumas publicações de organismos internacionais e autores; a seção 3 apresenta as principais tendências tecnológicas que afetarão o mercado de trabalho; a seção 4 destaca as habilidades e os talentos necessários ao trabalhador do futuro; e a seção 5 aborda os efeitos sobre emprego e indica potenciais iniciativas visando preparar o trabalhador para a transformação digital em curso.

1. Transformações na sociedade e no setor produtivo decorrentes das mudanças tecnológicas

Cunhado em 2011 na Alemanha, o termo Indústria 4.0 apareceu pela primeira vez no Plano de Ação da Estratégia de Alta Tecnologia 2020, coordenado pela Acatech[2] e apresentado ao governo alemão no Fórum de Implementação da *Industry-Science Research Alliance*, em Berlin (out./2012). O termo consolida uma revolução na indústria caracterizada por digitalização, interconectividade e novas tecnologias de produção e gestão. O foco central é gerar conhecimento a partir de dados captados por meio de sensores espalhados pela fábrica, acelerando os processos decisórios e promovendo maior agilidade, vantagens comparativas relevantes num ambiente de negócio dinâmico e complexo. A agilidade denota a capacidade de implementar mudanças em tempo real, reduzindo drasticamente o tempo entre um evento não previsto e a implementação da resposta apropriada.

A inteligência artificial está no pilar da Indústria 4.0, particularmente o aprendizado de máquinas (*Machine Learning/ Deep Learning*), que aperfeiçoa os sistemas automaticamente e aumenta a acurácia da capacidade preditiva, além de facilitar a personalização. Os algoritmos de IA, a partir de base de dados, identificam tendências e simulam cenários, contribuindo com o planejamento da cadeia de suprimentos, com a previsão de sazonalidades, no melhor entendimento das expectativas do consumidor, entre inúmeros outros benefícios. Agregando valor ao trabalho humano, a IA está transformando tarefas e funções, processos e modelos de negócio.

Os fundamentos da Indústria 4.0 foram adotados por vários países, em planos de governo compartilhados com o setor privado, como o *Industrial*

---

[2] A Academia Alemã de Ciências e Engenharia, fundada em 1º de janeiro de 2008, representa os interesses das ciências técnicas alemãs.

Internet Consortium nos Estados Unidos e o *Industrial Value Chain Iniciative* no Japão. Talvez o mais ambicioso seja o plano diretor industrial da China, *Made in China 2025*, lançado em 2016, com o propósito de transformar o país numa superpotência industrial; na essência está a substituição gradativa da tecnologia estrangeira, com a conquista de autossuficiência. Outro componente estratégico do plano chinês são aquisições aceleradas de empresas internacionais de alta tecnologia por investidores chineses, parcialmente apoiadas e orientadas pelo estado.

Apesar de maciços investimentos em tecnologia por parte das empresas na Alemanha, os resultados foram aquém do esperado. Segundo a Acatech, o foco das transformações na indústria alemã foram as tecnológicas, pouca atenção tem sido dada à estrutura organizacional e à cultural, ou seja, uma abordagem de tecnologia da informação (TI) e não holística. "Embora as tecnologias avançadas possibilitem o acesso a uma gama muito maior de dados, a capacidade de alavancar o potencial subjacente desses dados é igualmente dependente da estrutura organizacional e da cultura da empresa" (ACATECH, 2017, p. 1). Em 2017, a Acatech lançou o Índex de Maturidade com o objetivo, baseado em indicadores, de atestar o nível de maturidade das empresas no processo de transformação digital.

A automação a partir das tecnologias de IA não está restrita ao setor industrial, está ocorrendo simultaneamente em todos os setores no âmbito da chamada Transformação Digital, caracterizada pela convergência de tecnologias – mundo digital, mundo físico e mundo biológico. No mercado financeiro, a IA permeia a gestão de portfólio, a análise de crédito, a recomendação de produtos, a prevenção de fraudes, o atendimento ao público interno e ao cliente (*chatbots*), a identificação (autenticação biométrica), entre outros. Atualmente, do volume diário de 7 bilhões de ações negociadas nos mercados acionários dos EUA, 2/3 são negociados por algoritmos de IA. Igualmente está ocorrendo no varejo, com a automatização de processos e a propagação de lojas automatizadas. Provavelmente, o setor agrícola concentre hoje parte dos maiores investimentos em tecnologias de IA, com ganhos de produtividade e qualidade dos produtos e processos.

Na visão do Fundo Monetário Internacional – FMI (2018), a automação gera crescimento e desigualdade. O FMI reconhece, contudo, que não há consenso em torno dessa premissa por parte de economistas e estudiosos das novas tecnologias, agrupando-os em duas perspectivas: a) os pessimistas da tecnologia temem uma distopia econômica de extrema desigualdade e conflito de classes com previsões de queda acentuada da taxa de emprego; e b) os otimistas da tecnologia que, mesmo reconhecendo os impactos negativos da automação a curto prazo, baseiam-se nos processos históricos anteriores de rápida mudança tecnológica com vetor positivo entre destruição e criação de empregos, com aumento de salários e de renda *per capita*.

Historicamente, desde a Revolução Industrial no século XVIII, o progresso tecnológico priorizou a mecanização das tarefas manuais (trabalho físico); o progresso tecnológico do século XXI, no entanto, engloba igualmente tarefas cognitivas tradicionalmente sob domínio humano, pela maior capacidade e velocidade de processar enormes bases de dados (BRYNJOLFSSON; MCAFEE, 2011). São passíveis de automação as tarefas rotineiras e previsíveis. O FMI (2018) propõe considerar três modelos: a) os robôs[3] substituem todo o trabalho em todas as tarefas, função da interconexão entre o aprendizado de máquina e *big data* que amplia o reconhecimento de padrões, automatizando a maioria das tarefas; b) os robôs não substituem tudo, a automação reduz a demanda por trabalho em algumas tarefas, mas aumenta em outras; e c) robôs não substituem o trabalho qualificado. A premissa nos modelos (a) e (b) é que os robôs substituem igualmente as funções de baixa e de alta qualificação, o que pode ser verdadeiro no futuro, mas não é no estágio atual de desenvolvimento da IA; além disso, alertam os autores, o modelo (b) não considera a equação mobilidade *versus* habilidade. O modelo (c) está sendo continuamente superado pelas experiências em distintas áreas de atividade.

Em paralelo, a substituição do trabalhador humano pelos sistemas inteligentes gera efeito negativo sobre a renda ao aumentar a competição pelos empregos remanescentes (redução salarial). Nesse sentido, a conclusão do FMI é de que, em qualquer cenário, a automação favorece o crescimento econômico, mas gera mais desigualdade. Percepção compartilhada pela Organização Internacional do Trabalho (OIT), que prevê um cenário futuro de extinção das funções de menor qualificação, em geral exercidas pela população de baixa e média renda. Enquanto a automação ocorre no plano microeconômico,

---

[3] Robôs representando os sistemas e/ou máquinas inteligentes, não necessariamente associados à robótica.

no plano macroeconômico, está em curso uma transição do capitalismo financeiro para o capitalismo de dados.

Schonberger e Range (2018) cunharam a expressão "capitalismo de dados", enfatizando que os dados estão substituindo o preço como elemento estrutural da relação produtor e consumidor, e a moeda como meio de pagamento[4]. Hoje, já pagamos vários serviços com dados (Google, Facebook, Waze e outros) e, em breve, essa prerrogativa deve se estender às anuidades dos cartões de crédito, às taxas bancárias e aos custos da telefonia, setores que concentram grandes volumes de dados.[5] Nesse sentido, as restrições ao livre compartilhamento de dados, contempladas nas legislações de proteção de dados privados, além de comprometer a evolução das tecnologias de inteligência artificial, geram concentração de mercado. A cada cinco solicitações de pesquisa originadas em *desktop*, o Google centraliza cerca de quatro e, a cada dez solicitações originadas de dispositivos móveis, nove são centralizadas – e seu similar Baidu – têm 60% do mercado chinês de busca. Amazon tem mais de 40% das receitas de varejo *on-line* nos Estados Unidos. Facebook tem dois bilhões de usuários no mundo, e a chinesa Tencent, proprietária do aplicativo WeChat, serviço de pagamento *on-line* e troca de mensagens instantânea, é a primeira empresa chinesa a superar os US$500 bilhões em valor de mercado. Alibaba tem cerca de 51,3% de participação de mercado na China, seu principal concorrente, Jingdong, tem 32,9%. Os nichos menores reproduzem padrão similar: o GoDaddy, maior registrador de nomes de domínio da internet, é quatro vezes maior do que seu concorrente, o WordPress, domina os registros de *blog*. O Netflix governa *streaming* de filmes; o Instagram tem mais de 500 milhões de usuários ativos por dia, contra 173 milhões de seu principal concorrente, Snapchat. Facebook e Google detêm mais de 60% do mercado de anúncios *on-line* (MCKINSEY, 2018).

Essa concentração extraordinária deriva de três efeitos: escala, que reduz os custos operacionais; rede, ou "externalidade da rede", que expande a adesão

---

[4] Os dados são o que os economistas chamam de "bem não rival"; os mesmos dados podem ser utilizados por múltiplos agentes, o que se constitui em uma vantagem sobre a moeda.
[5] Não é suficiente, no entanto, a disponibilidade dos dados brutos. É necessário extrair as informações por meio de um processo de correspondência que seja inteligente o suficiente para levar em conta as múltiplas dimensões de preferências e seu peso relativo, viabilizado pelas tecnologias de inteligência artificial (IA).

(quanto maior o número de usuários maior as novas adesões); e *feedback* contínuo, que aprimora o produto gerando ganhos de eficiência. Estabelece-se um círculo virtuoso: mais clientes significam mais dados, mais dados significam melhores previsões, melhores previsões significam mais clientes. Não resolve apenas abrir os algoritmos, que são instruções matemáticas que podem até ser deduzidas por terceiros; a vantagem comparativa dos gigantes de tecnologia está na posse e no controle dos dados (aparentemente, o *blockchain* é a única ameaça ao poder das grandes empresas de tecnologia ao permitir que serviços *on-line* deixem de ser controlados por uma "autoridade central").

Nove empresas de tecnologia, seis norte-americanas e três chinesas (Google, Amazon, Microsoft, Apple, IBM e Facebook nos EUA; e Baidu, Alibaba e Tencent na China), estão liderando o futuro da inteligência artificial, sendo responsáveis pela maior parte das pesquisas, financiamento de *startups* e desenvolvedores, fusões e aquisições, desenvolvimento de aplicativos e relacionamento com os governos. A dependência das pesquisas acadêmicas dessas empresas transcende os aportes financeiros, sendo igualmente relevante o acesso aos dados[6, 7].

1.1. Situação atual da indústria brasileira

No Brasil, as tecnologias de automação digital, pilares das "fábricas inteligentes", têm ainda baixa penetração na indústria. Apenas 27% usam sensores no controle de processos e 8% na identificação de produtos e condições operacionais (percentuais que sobem para 40% e 13%, respectivamente, entre as grandes empresas). A simulação e a análise, com base em modelos virtuais

[6] Os dados são gerados cotidianamente, em todas as atividades *on-line*, ativamente (fazendo *upload*, marcando fotos e postando nas redes sociais) e passivamente (investigando *on-line* sobre sintomas médicos, consultando exames médicos, realizando transações bancárias e/ou comerciais, acessando GPS e/ou Waze). Os dados são extraídos e utilizados por algoritmos de IA com inúmeros propósitos, em geral sem consentimento prévio, tais como na segmentação da comunicação e do *marketing*, no entendimento do comportamento dos usuários, na avaliação do grau de risco intrínseco no crédito bancário, nos processos de recursos humanos (RH), na prevenção de fraude e crimes.

[7] A IBM disponibilizou, em 2017, cerca de 260 milhões de dólares para pesquisas do MIT (Fonte: Colóquio da IBM, 2017). A título de comparação, o programa de robótica com IA da Universidade de São Paulo (USP), *campus* São Carlos contou com 3 milhões de reais no mesmo ano.

(gêmeos virtuais), são utilizadas por 5% das empresas; coleta e análise de grandes volumes de dados (*big data*), por 9%; e serviços em nuvem por 6% (CNI. *Sondagem Especial 66*, 2016). Essa tímida adesão às tecnologias digitais reflete as dificuldades enfrentadas pela indústria brasileira.

Segundo o Instituto Brasileiro de Geografia e Estatística (IBGE), em 2017, a participação da indústria brasileira no produto interno bruto (PIB) atingiu 11,8%, a menor desde 1950. É um fenômeno estrutural que transcende a recessão de 2015-2016 (contração de 3,8% e 3,6%, respectivamente); para alguns economistas, o Brasil vive um processo de desindustrialização, para outros se trata de uma mudança no conceito de indústria com divisão de setores mais fluida. Indicadores-chave, como produtividade e competitividade, explicam em parte esses resultados.

Gráfico 1 – A evolução do índice: em duas décadas, o peso do setor industrial na economia encolheu

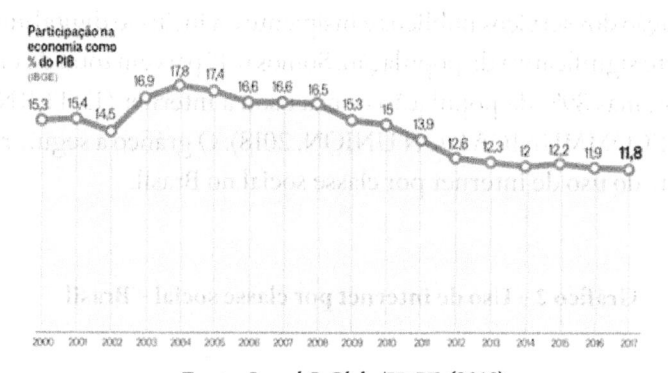

Fonte: *Jornal O Globo*/IBGE (2018).

A produtividade aumentou 8,1% de 2016 a 2017, mas mantém-se inferior à dos concorrentes internacionais, consequência de diversos fatores, entre eles educação, burocracia (inclui instabilidade fiscal e tributária) e infraestrutura (CNI, 2016). Estudo do Insper, em parceria com a consultoria Oliver Wyman (2018), indica que a capacidade do país de transformar recursos em bens e serviços (trabalho em renda) está pior do que em 1994: produção por trabalhador, em 20 anos, passou de 25 mil dólares para 30 mil dólares, crescimento de 19%, enquanto nos EUA avançou 48%.

Em termos de competitividade, houve uma melhora nos *rankings* de sete dos nove fatores avaliados, mesmo assim, o Brasil manteve-se na penúltima posição num total de 16 países à frente apenas da Argentina – Canadá, Austrália, Coreia do Sul, Polônia, Rússia, Espanha, Chile, Argentina, Turquia, Brasil, Colômbia, África do Sul, Tailândia, México, Peru e Indonésia (CNI, 2016). O país ocupa o 10º lugar em Educação, e a 13ª posição em Tecnologia e Inovação, efeito em parte da baixa capacidade de inovar das empresas; a transformação digital da indústria brasileira está centrada em produtividade, incremento de eficiência e redução de custo – e menos cadeia produtiva, produtos e modelos de negócio. O desconhecimento de seus benefícios associado ao alto custo explica o uso de tecnologias digitais por menos de 50% das empresas.

Para acelerar a transição, as empresas apontam como prioridade o desenvolvimento de uma infraestrutura digital, segundo o relatório Sondagem Especial 66 da Confederação Nacional da Indústria (CNI). O Brasil possui uma das mais caras internets do mundo (três vezes mais cara do que nos EUA), a digitalização dos serviços públicos é insipiente e a inclusão digital ainda não abarca parte significativa da população. Somos o 4º país em total de cidadãos conectados, mas 39% da população nunca usou a internet (INTERNATIONAL TELECOMMUNICATION UNION, 2018). O gráfico a seguir reflete a disparidade do uso de internet por classe social no Brasil.

Gráfico 2 – Uso de internet por classe social – Brasil

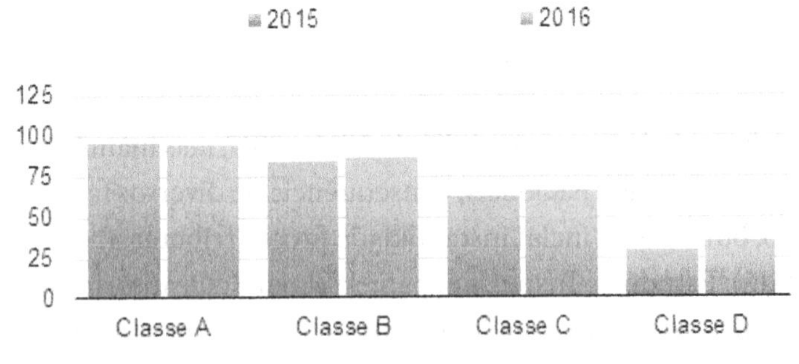

Fonte: BrasilLab. *Evento Govtechbrasil*, 6 e 7 ago. 2018.

Em digitalização dos serviços públicos, o chamado "Governo Digital", estamos na 51º posição. Governo Digital significa ganhos de eficiência, transparência, qualidade e celeridade dos serviços (desburocratização), capacitação de gestores públicos, integração de agências e instituições governamentais, com base em um sólido e consistente arcabouço regulatório e legal. Representa redução no Custo-Brasil, com efeitos positivos na segurança e no controle da corrupção. Na Índia, por exemplo, a digitalização dos serviços públicos permitiu, em oito anos, a inclusão de 400 milhões de indianos que "não existiam" porque não tinham documentos. A plataforma digital do governo Aadhaar criou uma identidade digital para os indianos, promovendo o acesso a todos os serviços públicos virtualmente; qualquer cidadão indiano abre conta em banco em poucos minutos. A segunda etapa, após a digitalização, está calcada nas tecnologias de inteligência artificial: transformar os dados públicos em informações úteis, gerando previsões assertivas para uma gestão pública mais eficiente[8].

O Brasil contemporâneo caracteriza-se por ser uma sociedade conectada com o mundo e interconectada – instituições, cidadãos e governo –, o que implica ambientes econômicos complexos que requerem diagnósticos e soluções amplamente negociadas. A nosso favor, temos um mercado forte e diversificado; faltam-nos políticas públicas articuladas ao setor privado que promovam a inovação tecnológica. Os estudos do mercado brasileiro mostram a ainda tímida adoção dessas tecnologias em comparação a outros países, o que compromete nossa inserção no jogo competitivo mundial. O desafio é tirar o país da condição de mero consumidor de tecnologias produzidas no exterior e ofertadas aqui por multinacionais.

2. Revisão bibliográfica da literatura

Uma das lentes possíveis para analisar o tema das habilidades é fornecida pelo Relatório do Fórum Econômico Mundial (*World Economic Forum* – WEF)[9]

---

[8] Palestra de Sahil Kini, *Aspada Investments*, no evento *GovTech*, 6 e 7 de agosto de 2018, em São Paulo.

[9] Criado em 1971 e sediado em Genebra na Suíça, o WEF é uma fundação independente e sem fins lucrativos que visa promover a melhoria das condições socioeconômicas da humanidade por meio da cooperação entre o setor público e o privado.

de 2016, *The Future of Jobs: Employment, Skills and Workplace Strategy for the Fourth Industrial Revolution*. Em 2018, um novo relatório atualiza o anterior agregando novas colaborações. Ainda no âmbito das instituições internacionais, o Fundo Monetário Internacional (FMI) aporta contribuições no relatório *Should We Fear the Robot Revolution? (The Correct Answer is Yes)*, de autoria de Andrew Berg, Edward F. Buffie e Luis-Felipe Zanna, publicado em maio de 2018.

Complementando a revisão bibliográfica, há vários autores, pensadores da nova economia e dos impactos na sociedade da transformação digital (devidamente indicados nas referências bibliográficas).

2.1. O futuro do trabalho pelo Fórum Econômico Mundial

2.1.1. Relatório de 2016

Uma fonte de referência para avaliar as habilidades requeridas aos trabalhadores no cenário atual de transformação digital é fornecida pelo Relatório *The Future of Jobs: Employment, Skills and Workplace Strategy for the Fourth Industrial Revolution* produzido pelo Fórum Econômico Mundial. O relatório é fruto de uma pesquisa entre diretores de Recursos Humanos e Estratégia sobre o significado das mudanças em curso, particularmente as variáveis de emprego, habilidades e recrutamento[10]. Foi introduzida uma nova medida, "estabilidade de habilidades", visando quantificar o grau de ruptura de habilidades em determinada ocupação, num conjunto de empregos ou na indústria. Em geral, as empresas enfrentam grandes desafios de recrutamento e escassez de talentos, tendência que deve se agravar nos próximos cinco anos. A requalificação e/ou qualificação dos profissionais é crítica para evitar o cenário de desemprego em massa e o aumento da desigualdade, nesse sentido, o WEF propõe que as

---

[10] Metodologia: o processo de coleta de pesquisa foi realizado por meio de questionário *on-line* no primeiro semestre de 2015, em que as equipes da Iniciativa do Desafio de Gênero e Emprego do Fórum Econômico Mundial trabalharam em estreita colaboração com membros do Conselho da Agenda Global, Parceiros do Desafio Global e equipes setoriais e regionais do Fórum, garantindo um número máximo de respostas das empresas-alvo. Universo: os 100 maiores empregadores globais em cada setor da indústria-alvo, complementados, como um critério secundário, pelos 50 maiores empregadores nacionais em cada um dos países-alvo, num total de 2.450 empresas. Disponível em: <http://www3.weforum.org/docs/WEF_Future_of_Jobs.pdf>. Acesso em: 5 jan. 2019.

empresas assumam um papel ativo na reciclagem de sua força de trabalho, que os indivíduos adotem uma proatividade e que os governos contribuam garantindo um ambiente favorável.

O foco do Relatório é um conjunto básico de 35 habilidades relevantes e amplamente demandadas em todos os setores da indústria. Em média, até 2020, mais de 1/3 dos conjuntos de habilidades essenciais desejadas para a maioria das ocupações será composto por habilidades que ainda não são consideradas cruciais para o trabalho atual. Do ponto de vista setorial, a previsão é de maior estabilidade nos setores de mídia, entretenimento e informação, e de menor estabilidade no setor financeiro.

2.1.2. Relatório de 2018

O foco desse segundo relatório – *Should We Fear the Robot Revolution? (The Correct Answer is Yes)* – é agregar novas contribuições ao entendimento do potencial das novas tecnologias, particularmente automação e algoritmos de IA, à melhora da qualidade do trabalho e ao incremento da produtividade. A onda de avanço tecnológico da Quarta Revolução Industrial tem a faculdade de gerar novos empregos com inéditas funções e, simultaneamente, reduzir o número de trabalhadores necessários para determinadas tarefas. O objetivo do Relatório, em uma perspectiva para os próximos cinco anos, é oferecer uma plataforma para os líderes acompanharem as transformações socioeconômicas e moldarem um futuro no qual as pessoas estejam no centro do crescimento econômico e do progresso social.

A pesquisa de campo foi realizada no primeiro semestre de 2018 por meio da comunidade global de membros do Fórum Econômico Mundial, com abrangência diversificada setorial e geograficamente, contando com a colaboração dos principais institutos de pesquisa e associações do setor ao redor do mundo.

Foram entrevistados prioritariamente os diretores de Recursos Humanos (CHROs[11]), com foco em três etapas: a) mapeamento das transformações em andamento; b) documentação das transformações no trabalho com as habilidades necessárias ao desempenho das novas funções em 2022; e c) compreensão

---

[11] *Chief Human Resources Officer*: chefe de recursos humanos ou diretor de pessoal.

das prioridades e dos objetivos estabelecidos relacionados a treinamento, requalificação e qualificação da força de trabalho[12].

Fundo Monetário Internacional (FMI) aporta contribuições no relatório *Should We Fear the Robot Revolution? (The Correct Answer is Yes)*, de autoria de Andrew Berg, Edward F. Buffie e Luis-Felipe Zanna, e publicado em maio de 2018.

O estudo analisou uma gama de fatores que refletem distintas visões sobre como a automação pode transformar o mercado de trabalho, concluindo que: a automação é positiva para o crescimento e negativa para a igualdade; no modelo de referência, os salários reais caem a curto prazo e, eventualmente, aumentam (o que pode demorar gerações). O modelo utilizado partiu de duas hipóteses: (a) o capital "robô" é distinto do capital tradicional em seu grau de substituição do trabalho humano; e (b) somente capitalistas e trabalhadores qualificados se beneficiam.

2.2. Livros recomendados

- *The Future of The Professions: How technology will transform the work of human experts*, dos autores Richard e Daniel Susskind (pai e filho), considerado *Book of the Year*, de 2015, pelo *Financial Times*, analisa as profissões do século XXI, prevendo o declínio do modo de exercer as profissões atuais e o surgimento de novas práticas. Os autores propõem seis novos modelos para produzir e distribuir conhecimento na sociedade e abordam os desafios e as perspectivas de emprego com a crescente superação das máquinas no desempenho das funções repetitivas e previsíveis. O livro é baseado em pesquisa de mais de dez profissões, sendo ilustrado por inúmeros exemplos.

---

[12] Metodologia: o processo de coleta de pesquisa foi realizado por meio de questionário *on-line* no primeiro semestre de 2018. No total, o conjunto de dados contém 313 respostas exclusivas de empresas globais de vários setores representando coletivamente mais de 15 milhões de funcionários. A análise regional é baseada em uma amostra diversificada de 20 economias desenvolvidas e emergentes – Argentina, Austrália, Brasil, China, França, Alemanha, Índia, Indonésia, Japão, México, Filipinas, Federação Russa, Cingapura, África do Sul, Coreia, Suíça, Tailândia, Reino Unido, Estados Unidos e Vietnã – representando coletivamente 70% do produto interno bruto (PIB) global (*Appendix A: Report Methodology*).

- *Rise of The Robots: Technology and the threat of a jobless future*, de Martin Ford, *New York Time best-seller*, também de 2015, aborda os empregos do futuro alertando para a especificidade do processo atual que, distinto de revoluções industriais anteriores, não criará novos empregos na mesma proporção dos que serão eliminados. Ford enumera as funções na eminência de serem automatizados – como paralegais, jornalistas, funcionários de escritórios, programadores de computador –, prevendo o desemprego e o aumento da desigualdade.

- *Will robots take your job?*, de Nigel M. de S. Cameron, de 2017, analisa os impactos no mercado de trabalho decorrentes de um processo de automação acelerado, listando uma série de funções que já começaram a ser exercidas por sistemas inteligentes e outras que o serão muito em breve. Para Cameron é um equívoco imaginar uma transição suave, alertando para o fato de que os líderes políticos e os formuladores de políticas públicas não parecem sensibilizados para os riscos das tecnologias disruptivas.

3. Principais tendências tecnológicas que afetam/afetarão o mercado de trabalho

A combinação entre os avanços das tecnologias de inteligência artificial e da robótica (automação), se, por um lado, acelera a produtividade com redução de custos e aumento de eficiência, por outro, traz impactos sociais negativos particularmente sobre o mercado de trabalho. Distinto de ciclos anteriores, a nova onda de desemprego não virá da competição com os custos mais baixos de mão de obra dos países em desenvolvimento, mas pela automação. Em 2013, a Amazon tinha 1.000 robôs em seus centros de logística e distribuição de produtos, em 2016, esse número passou para 46 mil robôs[13].

Pesquisa realizada pela *McKsinsey Global* (2018)[14] sugere que, independente do setor, 30% das tarefas que compõem 60% dos empregos atuais são

---

[13] Em 2012, a Amazon adquiriu a Kiva, fabricante de robôs inteligentes para movimentação de cargas em armazéns.

[14] *The new frontier: Agile automation at scale By Federico Berruti, Geet Chandratre, and Zaid Rab – Large-scale automation of business processes requires a new development approach.*

potencialmente automatizáveis. As tecnologias inteligentes coletam e processam grandes quantidades de dados com velocidade e precisão que supera a capacidade de qualquer ser humano; comumente, essas atividades ocupam parte significativa do tempo de trabalho. O estudo destaca um conjunto de tecnologias – automação de processos robóticos (RPA), fluxos de trabalho inteligentes e técnicas de inteligência artificial, como aprendizado de máquina, ferramentas de linguagem natural e agentes cognitivos – que prometem melhorar radicalmente a eficiência, eliminando os erros e reduzindo o risco operacional; logo, o efeito negativo será o desemprego.

Estão sendo substituídos os empregos na indústria e, gradativamente, no setor de serviços com ênfase no varejo; no Brasil, o processo está mais evoluído no varejo financeiro pela maior capacidade de investimento dos grandes bancos. Estudo da consultoria *Pew Search Center*[15], em dez países, quantifica a substituição de trabalhadores humanos por robôs: na Coreia do Sul, por exemplo, são mais de 600 robôs industriais instalados para cada 10.000 trabalhadores; no Japão são 300; e nos Estados Unidos quase 200 para igual proporção de trabalhadores. As vantagens são múltiplas, desde a capacidade de as máquinas trabalharem quase que em modo contínuo (sem descanso, sem férias, sem doenças) até o custo médio relativo por hora trabalhada: o custo do trabalhador de fábrica é de U\$49 na Alemanha e de U\$36 nos EUA *versus* U\$4 do robô. As fábricas de iPhone na China estão em processo acelerado de automação – 30% de substituição por robôs até 2020 – bem como os *call centers* em regiões, como Índia e Filipinas (IMF, 2018).

---

[15] *Pew Research Center*, realizada em nove países entre 21 de maio e 10 de agosto de 2018, entre 9.670 entrevistados. Também inclui análises de pesquisas anteriores do *Pew Research Center* realizadas nos Estados Unidos em 2015, 2016 e 2017 (*Pew Research Center Global Attitudes & Trends*. September 13, 2018. Disponível em: http://www.pewglobal.org/2018/09/13/in-advanced--and-emerging-economies-alike-worries-about-job-automation/. Acesso em: 10 out. 2018).

Gráfico 3 – A maioria pensa que robôs e computadores ocuparão muitos empregos realizados por humanos

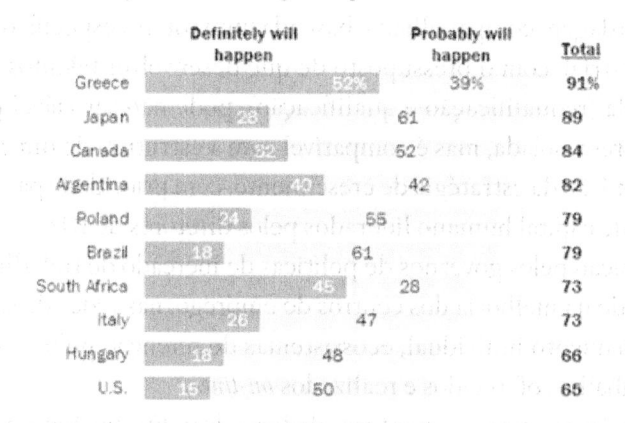

Most think robots and computers will take over many jobs now done by humans

How likely do you think it is that in the next 50 years, robots and computers will do much of the work currently done by humans?

	Definitely will happen	Probably will happen	Total
Greece	52%	39%	91%
Japan	28	61	89
Canada	32	52	84
Argentina	40	42	82
Poland	24	55	79
Brazil	18	61	79
South Africa	45	28	73
Italy	26	47	73
Hungary	18	48	66
U.S.	15	50	65

Note: U.S. data from survey conducted June 10-July 12, 2015.
Source: Spring 2018 Global Attitudes Survey. Q80.

PEW RESEARCH CENTER

Fonte: Spring 2018 Global Atitudes Survey - Pew Research Center.

Entre as dez economias pesquisadas, desenvolvidas e emergentes, a expectativa dos executivos entrevistados é de automatização de parte significativa das tarefas atuais nos próximos 50 anos. Na Grécia, na África do Sul e na Argentina, quatro em dez consultados apostam que essa substituição se concretizará efetivamente e em larga escala.

Numa perspectiva mais otimista, o Fórum Econômico Mundial (2018)[16] acredita que a revolução da robótica vai gerar 58 milhões de novos empregos nos próximos cinco anos[17], adverte, contudo, para a premência do mercado se preparar para o futuro do trabalho. O ManpowerGroup é uma iniciativa

[16] Relatório sobre o futuro do emprego de 2018, realizado em 20 economias e 12 indústrias (ver referências bibliográficas).
[17] Mesmo prevendo que, em 2022, as máquinas ocupem mais de 28% do total de horas/tarefas, comparadas aos 19% em 2018.

nessa direção – formado pela Ferrari, Maserati, Lamborghini e Dallara como alternativa à escassez de profissionais qualificados – que conta com apoio do governo e de programas de treinamento *on-line*.

Com base na realidade operacional das maiores empresas globais, o WEF assinala cinco condições a serem observadas:

(a) Abordagem compartilhada, baseada num roteiro específico por setor industrial, com o pressuposto de que desenvolver talentos, em larga escala (requalificação e qualificação), pode não ser viável para uma empresa isolada, mas é compatível com a estrutura de um consórcio.

(b) Definição da estratégia de crescimento, com prioridade para a formação de capital humano liderados pelos diretores de RH.

(c) Ativação pelos governos de políticas de mercado de trabalho, proatividade na melhoria dos centros de emprego, nas redes de segurança, treinamento individual, ecossistemas de retenção público e privado e trabalhos oferecidos e realizados *on-line*.

(d) Criação de empregos por formuladores de políticas e investidores, por meio de incentivos apropriados e de uma estrutura de investimento e empreendedorismo, isto é, uma nova abordagem para a "política industrial".

(e) Linguagem comum para definir e avaliar as habilidades – função não mais exercida plenamente pelos diplomas e certificados. Faz-se necessário criar uma taxonomia comum em torno de talento que defina e avalie as habilidades, as competências, as características.

Para o WEF, a crescente onipresença da internet móvel combinada com o amadurecimento da Internet das Coisas transformará a rotina diária de muitas funções de linha de frente nas famílias de empregos de Vendas e Relacionadas, Instalação e Manutenção e Produção, exigindo maior nível de alfabetização tecnológica; esses funcionários terão de ser capazes de assumir responsabilidades relacionadas ao controle e à manutenção dos equipamentos.

Impulsionados pelas novas tecnologias, estamos vivenciando uma era caracterizada por uma mudança fundamental na relação entre trabalhadores e máquinas.

Aparentemente, está superado o debate entre se a automação vai substituir os trabalhadores humanos ou vai ampliar a capacidade deles. A realidade, em todos os países e setores de atividade econômica, mostra que ambos os processos estão acontecendo simultaneamente: existe uma nova forma de relacionamento homem-máquina que, em algumas situações, empodera os humanos e em outras os substituem.

As previsões da Singularity University[18] até 2038 são referências para pensar e se preparar para a próxima década. Destacamos, entre as que parecem viáveis, as que impactarão a economia e os modelos de negócio:

Ano 2020

- Internet 5G entrega velocidades de conexão de 10 a 100 *gigabytes* para dispositivos móveis.
- Impressoras 3D imprimem roupas e materiais para construção civil.
- Comercialização dos carros autônomos nos EUA e alguns outros países.
- Robôs domésticos proliferam (leitura labial, reconhecimento facial e de gestos).
- Robôs substituem recepcionistas, assistentes de lojas e escritórios.

Ano 2024

- *Drones – delivery* em telhados dos prédios e casas, e robôs de superfície levam até porta.
- Contratos de energia solar e eólica de "um centavo por KwH".
- Veículos elétricos são metade das vendas totais.

Ano 2026

- Veículos autônomos dominam.
- Agricultura vertical se torna vital para produção de comida na maioria das grandes megacidades.

---

[18] "*Think tank*" oferece programas educacionais em inovação e incubadora de *startups*, localizada em Nasa *Research Park*, no Vale do Silício. Fundada em 2008 por Peter Diamandis e Ray Kurzweil.

- Oito bilhões de pessoas já se conectam à internet em velocidades de 500 mbps.
- Realidade virtual se torna onipresente.

Ano 2028
- Energia solar e eólica representa quase 100% do consumo mundial.

Ano 2032
- Robôs substituem o trabalho manual e as interações repetitivas.

Figura 1 – Previsões da Singularity University até 2030

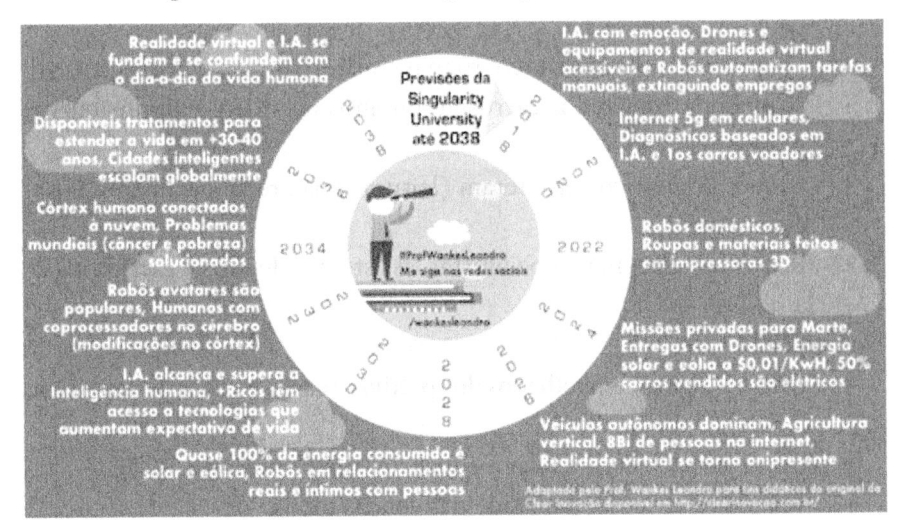

Fonte: Singularity University.

4. Habilidades mais demandadas dos trabalhadores em decorrência do avanço tecnológico

Gabo Arora é um cineasta de realidade virtual (RV) criador, entre outros projetos, de uma série de filmes para as Nações Unidas que se tornaram estratégicos no esforço de arrecadação de fundos para projetos sociais. O Fundo das Nações Unidas para a Infância – em inglês *United Nations Children's Fund*, agência das Nações Unidas – apresentou esses filmes em 40 países, duplicando a propensão a doar (de 1 em cada 12 doadores, passou-se para 6 em cada 12). Em sua atividade profissional, Arora usa tecnologia de ponta, contudo, quando se trata da educação do filho, ele valoriza as habilidades ditas "humanas": seu filho de 5 anos de idade está numa escola *Waldorf*[19] e não tem ideia do que seja um iPad. Longe de ser uma exceção, Arora segue um padrão comportamental entre os fundadores e/ou dirigentes de empresas de tecnologia do Vale do Silício: (a) em geral, não têm formação básica em tecnologia (Arora estudou filosofia e cinema na Universidade de Nova York); e (b) matriculam seus filhos em escolas "humanistas" que enfatizam a curiosidade intelectual, a criatividade, a comunicação interpessoal, a empatia e a capacidade de aprendizagem e resolução de problemas (HARTLEY, 2017). Essas duas constatações contrariam o senso comum de acreditar que, em um mundo dominado pela tecnologia, as profissões do futuro são as que envolvem diretamente conhecimento e habilidades em tecnologia (engenheiro de sistemas, cientista de dados). A formação em ciências humanas tem se mostrado essencial para liderar a inovação, de produtos a modelos de negócio.

Analisando a origem de inúmeros *startups*, Scott Hartley (2017) aponta a predominância entre seus fundadores de formação em ciências humanas e sociais; a constatação é de que essas habilidades foram determinantes para o sucesso de seus empreendimentos. Estudo do economista David Deming da Universidade de Harvard[20] identifica uma retração do mercado de trabalho para profissões técnicas e uma expansão para funções que demandam habilidades interpessoais; num estudo com Lisa B. Kahn (2017), Deming classificou uma ampla variedade de palavras-chave encontradas em anúncios de emprego, com foco nas habilidades cognitivas e sociais, identificando correlações positivas entre cada habilidade e variáveis externas como remuneração.

Com o processo acelerado de automação, as máquinas inteligentes estão substituindo os humanos em funções que, preferencialmente, envolvem rotinas ou processos previsíveis e geram grande quantidade de dados. Hartley (2017), porém, especula que, em muitos casos, "o resultado não será deslocar

---

[19] *Waldorf School of the Peninsula*, em Los Altos, que, segundo o *New York Times*, é "Uma escola do vale do Silício que não computa" (artigo com esse título, 2011).
[20] *The Growing Importance of Social Skills in the Labor Market* (2015).

trabalhadores humanos: em vez disso, será liberar as pessoas para passar mais tempo nos aspectos do seu trabalho que exigem habilidades humanas exclusivas" (p. 22). Como declara Renata Quintini, investidora e sócia da firma de Venture Capital Lux Capital[21].

Parece haver consenso de que: (a) as funções repetitivas/rotineiras e as previsíveis, ou seja, com histórico que permita gerar padrões, são fortes candidatas a serem automatizadas; e (b) as aptidões humanas exclusivas são mais relevantes, como habilidades interpessoais e empatia. Sem minimizar o papel estratégico das habilidades para exercer as funções diretamente envolvidas no desenvolvimento das tecnologias, tais como engenheiro de sistemas e cientista de dados. A capacidade de trabalhar com dados e tomar decisões com base nos dados, gradativamente, constitui-se em uma habilidade vital.

A partir do O'Net[22], o Fórum Econômico Mundial detecta as habilidades cognitivas e físicas mais valorizadas.

Figura 2 – Competências essenciais relacionadas com o trabalho

Figure 9: Core work-related skills

Abilities	Basic Skills	Cross-functional Skills	
Cognitive Abilities • Cognitive Flexibility • Creativity • Logical Reasoning • Problem Sensitivity • Mathematical Reasoning • Visualization	**Content Skills** • Active Learning • Oral Expression • Reading Comprehension • Written Expression • ICT Literacy	**Social Skills** • Coordinating with Others • Emotional Intelligence • Negotiation • Persuasion • Service Orientation • Training and Teaching Others	**Resource Management Skills** • Management of Financial Resources • Management of Material Resources • People Management • Time Management
Physical Abilities • Physical Strength • Manual Dexterity and Precision	**Process Skills** • Active Listening • Critical Thinking • Monitoring Self and Others	**Systems Skills** • Judgement and Decision-making • Systems Analysis	**Technical Skills** • Equipment Maintenance and Repair • Equipment Operation and Control • Programming • Quality Control • Technology and User Experience Design • Troubleshooting
		Complex Problem Solving Skills • Complex Problem Solving	

Source: World Economic Forum, based on O*NET Content Model
Note: See Appendix A for further details

Fonte: World Economic Forum, baseado no modelo de conteúdo O'NET.

---

[21] Hartley,2017.
[22] Plataforma americana sobre o mercado de trabalho para uso por candidatos a emprego. Disponível em: <https://www.onetonline.org>. Acesso em: 7 jan. 2019.

O WEF indica um conjunto básico de 35 habilidades relevantes no mercado de trabalho do futuro, amplamente demandadas em todos os setores da indústria. Contudo alerta que, em média, até 2020 mais de 1/3 das habilidades essenciais ao exercício da maioria das ocupações será composto por habilidades que ainda não são consideradas cruciais ao trabalho atual. Os estudos do WEF ratificam a percepção generalizada de que as habilidades sociais – como persuasão, inteligência emocional e ensino de outras pessoas – serão mais demandadas do que habilidades técnicas restritas, como programação ou operação e controle de equipamentos. Habilidades de conteúdo (alfabetização em TIC e aprendizado ativo, etc.), habilidades cognitivas (criatividade e raciocínio matemático, etc.) e habilidades de processo (escuta ativa e pensamento crítico, etc.) serão uma parte crescente dos requisitos de habilidades essenciais para muitas indústrias.

Proliferam estudos acadêmicos e não acadêmicos sobre "habilidades". A fundação inglesa *National Endowment for Science, Technology and the Arts* (NESTA[23]), em parceria com especialistas da Oxford Martin School, e a Pearson mapearam as novas habilidades até 2030. A equipe identificou dois grupos de ocupações: o grupo que tende à automação e o grupo que tende à expansão. Com base nas tarefas a serem desempenhadas pelo segundo grupo, o estudo listou as cinco principais habilidades desejáveis para o futuro do trabalho: a) discernimento, bom senso e capacidade de tomar decisão: ser capaz de avaliar os custos e os benefícios associados às alternativas; b) fluência de ideais: ser capaz de apresentar múltiplas ideias sobre determinado tópico; c) aprendizagem ativa: ser capaz de escolher métodos e procedimentos apropriados para aprender ou ensinar; d) estratégias de aprendizagem: ser capaz de compreender as implicações de novas informações para a resolução de problemas atuais e futuros; e) originalidade: ser capaz de apresentar ideais originais sobre determinado tópico ou situação.

---

[23] A organização atua por meio de uma combinação de programas práticos, investimentos, políticas e pesquisas e formação de parcerias na promoção de inovação em uma ampla gama de atividades e setores. Originalmente financiada por uma dotação de £250 milhões da Loteria Nacional do Reino Unido.

Com base no estudo de Frey e Osborne (2013)[24], no qual os autores estimam a probabilidade de automação de 702 funções por meio de uma metodologia exclusiva – as posições de *telemarketing*, por exemplo, têm 99% de probabilidade de serem automatizadas em um futuro próximo. O *site Will robots take my job?*[25] facilita a busca por trabalho. Com base no estudo dos pesquisadores de Oxford que indica 97% de chances de a função arquivista ser automatizada, ou 97% de risco de automação, o *site* projeta um crescimento negativo de 6% no ano de 2024, ou seja, uma atividade não recomendada; como complemento, o *site* oferece o nível salarial e o número de empregados na função no momento da busca.

Martin Ford (2015) pondera sobre o equívoco, amplamente difundido, em considerar a automação uma ameaça aos trabalhadores com pouca educação e níveis de habilidades inferiores, que tendem a desempenhar tarefas rotineiras e repetitivas. O avanço acelerado das tecnologias, particularmente os algoritmos preditivos, substituirá igualmente as funções cognitivas desempenhadas por trabalhadores com diploma universitário. O desafio atual é identificar quais as habilidades necessárias para que o robô[26] não roube seus empregos, e como se capacitar para não perder a relevância econômica e social no século XXI.

A estimativa é que haverá uma migração da segmentação de cargos para segmentação de tarefas, implicando um mercado de trabalho não mais baseado em funções, mas em habilidades. Nesse cenário, o foco do RH deixará de ser a experiência anterior, visando as habilidades necessárias para lidar com os desafios das tarefas propostas. O risco é gerar mais desigualdade, privilegiando o progresso econômico em detrimento do progresso social.

---

[24] Carl Benedikt Frey e Michael A. Osborne publicaram um relatório intitulado *O Futuro do Emprego: Quão suscetíveis são os empregos para a informatização?* (2013).
[25] Disponível em: <https://willrobotstakemyjob.com>. Acesso em: 28 out. 2018.
[26] Robô aqui representando os sistemas e as máquinas inteligentes.

5. Efeitos das mudanças tecnológicas sobre o emprego e a educação do trabalhador

Estudo da consultoria McKinsey (2018) prevê que, até 2030, entre 400 a 800 milhões de trabalhadores serão afetados pela automação, número equivalente a 11% e 23% da população mundial economicamente ativa (estimada pela OIT em 3,5 bilhões). Os impactos variam entre a perda de emprego para um sistema inteligente, até a necessidade de se adaptar a novas interações com as máquinas (trabalho compartilhado homem-máquina). No Brasil, 15,7 milhões de trabalhadores brasileiros serão afetados pela automação; a Federação Internacional de Robótica estima que, até 2020, serão comercializados 11.900 robôs industriais no Brasil. Como referência, atualmente, nos EUA, são quase 1,8 robô para cada 1.000 trabalhadores (em 2010, 1,4; na virada do século, 0,7): cada novo robô industrial desempregou três trabalhadores[27]. Nos setores intensivos em tecnologia, a automação ocorrerá de forma mais acelerada com a substituição do trabalho humano de uma parte maior das tarefas.

As transformações no mercado de trabalho não advêm exclusivamente da automação. Pesquisa do Fórum Econômico Mundial (2015) com diretores das áreas de RH, em 15 países, mostrou que 44% dos entrevistados reconhecem que o maior impacto provém de mudanças no ambiente de trabalho, como *Home office* e contratação por projeto (pejorização). Outro fator emergente advém da categoria chamada *gig economy* – plataformas e aplicativos *on-line*, *freelancers*, incluindo os motoristas de Uber. A tendência é as empresas reduzirem o número de empregados fixos, regidos pelas leis trabalhistas, como a Consolidação das Leis do Trabalho (CLT), com ganhos de redução de custo e ganhos de eficiência, inclusive na qualidade do serviço prestado.

[27] Estudo de Daron Acemoglu, professor do *Massachusetts Institute of Technology* (MIT), e Pascual Restrepo, da Universidade de Boston (2018).

Gráfico 4 – Estoque de robôs em operação no mundo

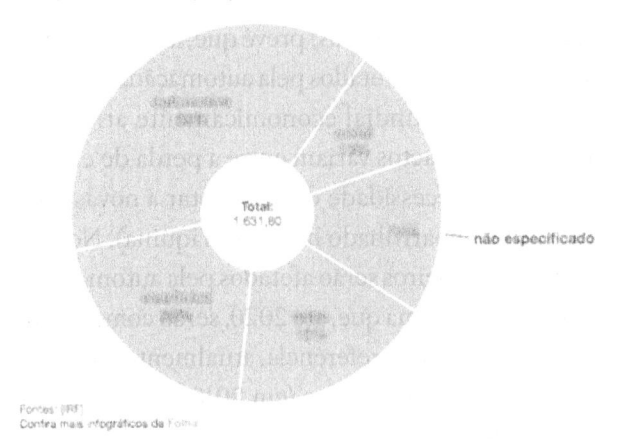

Fonte: Institute for Futures Research – IFR

Gráfico 5 – Robôs multitarefa em operação

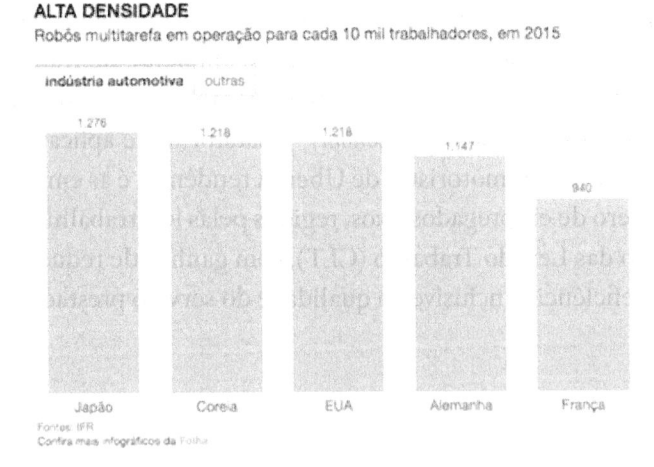

Fonte: Institute for Futures Research – IFR

O relatório do WEF de 2018 ressalta que, em todos os setores, as novas funções serão intensivas em tecnologia. As profissões-chave no mercado de trabalho dos próximos anos são analista de dados, cientista de dados, desenvolvedores de *software* e aplicativos, especialista em comércio eletrônico, especialista em mídias sociais, profissional de IA com ênfase em aprendizado de máquina, especialista em *big data*, analista de segurança da informação e engenheiro de robótica. Em paralelo, existe um grande potencial em funções centradas em habilidades humanas, como atendimento ao cliente, vendas e *marketing*, treinamento e desenvolvimento de pessoas e cultura, gestão da inovação e desenvolvimento organizacional.

Pesquisa global da empresa de recrutamento *Hays Global Skills Index*, produzida anualmente em parceria com a *Oxford Economics*[28], assinala a carência de profissionais qualificados no Brasil: incompatibilidade entre as necessidades das empresas e as habilidades disponíveis. Foram pesquisados 33 países, sendo 17 europeus; entre os europeus, 16 países indicaram um aumento do número de vagas não preenchidas por falta de profissionais adequados. Na média global, a nota representativa dessa discrepância passou de 6,4 para 6,6 (intervalo de variação de 0 a 10), o Brasil recebeu a nota 8,7, que, segundo Jonathan Sampson, CEO da Hays no Brasil, *"não temos as habilidades que os empregadores brasileiros precisam, e isso pode desacelerar o crescimento e prejudicar a recuperação da economia".*

Na mesma direção, pesquisa sobre escassez de talentos da Manpower-Group (2015) mostrou um desequilíbrio entre a oferta e a demanda das principais habilidades, com 38% dos empregadores relatando dificuldades em preencher vagas; em alguns setores, o desequilíbrio tende a ser maior. É importante observar que a transformação digital gera novos modelos de negócio, que geralmente se traduz na obsolescência de parte das habilidades anteriores, retardando o próprio processo de transformação.

O *MIT Sloan Management Review* (*MIT SMR*), periódico acadêmico do *Massachusetts Institute of Technology*, publicou recentemente um estudo da Accenture (2017) num universo de mais de 1.000 grandes empresas que já utilizam ou estão testando sistemas de IA. Os autores identificaram o surgimento de três novas categorias "exclusivamente para humanos", que requerem habilidades e treinamentos inéditos. São elas: *trainers, explainers* e *sustainers*, funções que complementam as tarefas realizadas pelas tecnologias

---

[28] ARCOVERDE, Letícia. Faltam profissionais qualificados no Brasil. Valor Econômico, 29 out. 2018.

cognitivas, garantindo que as mesmas sejam eficazes, responsáveis, transparentes e auditáveis.

Tarefas dos *trainers* (os que ensinam): ensinar os sistemas de IA, em colaboração com os processadores de linguagem natural, reduzindo potenciais erros. Igualmente, treinam os algoritmos a espelhar os comportamentos humanos e as sutilezas da comunicação, pré-requisito para os *chatbots*.

Tarefas dos *explainers* (os que explicam): mediação entre tecnólogos e gestores empresariais, contribuindo para eliminar a opacidade dos sistemas de IA. Explicar o funcionamento dos algoritmos complexos para profissionais não técnicos, sendo responsável por realizar "autópsias" sobre eventuais falhas dos sistemas inteligentes.

Tarefas dos *sustainers* (os que monitoram): gerente de ética e *compliance*, atuando como um *ombudsman*, garantindo que as normas, os valores e os costumes humanos estejam sendo contemplados. Em parceria com os *explainers*, devem detectar, compreender e corrigir distorções e vieses dos sistemas.

Tabela 1 – Novas categorias de funções exclusivamente humanas

TRAINERS	
Customer-language tone and meaning trainer	Teaches AI systems to look beyond the literal meaning of a communication by, for example, detecting sarcasm.
Smart-machine interaction modeler	Models machine behavior after employee behavior so that, for example, an AI system can learn from an accountant's actions how to automatically match payments to invoices.
Worldview trainer	Trains AI systems to develop a global perspective so that various cultural perspectives are considered when determining, for example, whether an algorithm is "fair."
EXPLAINERS	
Context designer	Designs smart decisions based on business context, process task, and individual, professional, and cultural factors.
Transparency analyst	Classifies the different types of opacity (and corresponding effects on the business) of the AI algorithms used and maintains an inventory of that information.
AI usefulness strategist	Determines whether to deploy AI (versus traditional rules engines and scripts) for specific applications.
SUSTAINERS	
Automation ethicist	Evaluates the noneconomic impact of smart machines, both the upside and downside.
Automation economist	Evaluates the cost of poor machine performance.
Machine relations manager	"Promotes" algorithms that perform well to greater scale in the business and "demotes" algorithms with poor performance.

Fonte: MIT/SMR (2017).

Sendo as funções inéditas, preparar profissionais para desempenhá-las requer mudanças nas estruturas tradicionais de educação (demanda tempo e envolvimento de governo).

5.1. Educação

Não há consenso sobre a quem cabe a responsabilidade de preparar os profissionais para o novo mercado de trabalho. Pesquisa da *Pew Research* com distintos públicos, em diversos países, apurou que a responsabilidade deve ser compartilhada com o governo no papel de liderança. O investimento atual em políticas públicas apresenta grande variação entre os países: a Dinamarca aloca 3,22% do PIB, a Alemanha, 1,45% e os Estados Unidos, 0,27% do PIB.

Gráfico 6 – Governo, escolas, indivíduos responsáveis pela partilha do trabalho futuro

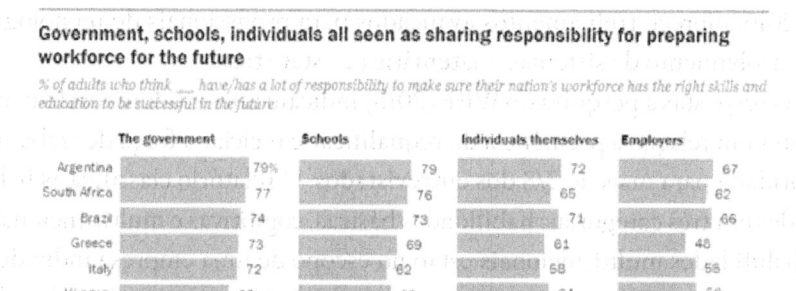

Fonte: Spring 2018 Global Atitudes Survey, Pew Research Center.

No Brasil, o Serviço Nacional de Aprendizagem Industrial (Senai), líder na educação profissional na América Latina, no período de 2012-2018, investiu cerca de R$ 3 bilhões em tecnologia e inovação em suas 1.000 unidades distribuídas em 1.600 municípios. Em 2014, sua área de inteligência desenvolveu um aplicativo de realidade aumentada (RA) facultando ao aluno, por meio do *smartphone*, acessar simuladores e projetar vídeos e objetos em 3D; a tecnologia está presente em 17 cursos – automação industrial, eletroeletrônica, manutenção automotiva e edificação, etc. – e, desde seu lançamento, teve mais de 69 mil downloads. O Senai está investindo em novas tecnologias em todos os setores e, segundo informa, 85% deles contam com tecnologias de ponta, esforço extensivo a faculdades e escolas de ensino médio de tecnologia – Faculdades de Tecnologia (Fatecs) e Escolas Técnicas (Etecs).

No setor privado, as áreas de RH estão inovando nos programas de treinamento com metodologias que contemplam *games*, simuladores de situações reais, entre outros. Em paralelo, ainda tímido, percebe-se maior incentivo a realizações de cursos externos, particularmente em áreas de formação em tecnologia de inteligência artificial; o *marketplace* de ensino *on-line Udemy* disponibiliza mais de 500 cursos, 60% com foco em iniciantes, como o de cientista de dados. A *Data Science Academy* (DSA) é outra alternativa, fundada em 2016, oferece treinamentos avançados para profissionais de tecnologia, desenvolvimento de sistemas, matemática e estatística.

As respostas à pesquisa do WEF (2018) indicam que os líderes estão conscientes em relação à premência de requalificar e reciclar a força de trabalho, prioridade para mais de 2/3 dos entrevistados. O relatório classifica as habilidades em três categorias: habilidades básicas, cognitivas e multifuncionais. As habilidades multifuncionais estão no escopo de uma empresa individual ou de um grupo de empresas (maior sinergia e eficiência), mas as habilidades básicas e cognitivas dependem de políticas do governo porque envolvem a educação formal em todos os ciclos (pré-escolar, primária, secundária e superior). Para serem bem-sucedidos, os esforços devem partir de um planejamento que contemple os elementos disruptivos; apenas 53% dos entrevistados estão confiantes em relação à adequação de suas estratégias, comprometidas por (a) falta de compreensão do cenário futuro, (b) limitação de recursos em função das pressões por rentabilidade de curto prazo e (c) falta de alinhamento entre as estratégias da força de trabalho e as estratégias de inovação. Observam-se iniciativas inovadoras na gestão de RH, tais como proporcionar maior exposição a diferentes funções, investir nos talentos femininos e na educação em geral, mas não se mostram suficientes.

Como assinala o FMI (2018), a educação pode ser vista como estratégica para converter trabalhadores "não qualificados" em "qualificados", reduzindo a desigualdade salarial. No entanto essa transição demanda tempo e um esforço compartilhado entre setor privado e público; além disso, confrontado com a aceleração atual, quase 50% do conhecimento adquirido durante o primeiro ano de um diploma técnico está desatualizado na formatura (curso de quatro anos).

5.2. Estudo sobre o mercado de trabalho em São Paulo

A FGV EESP (2017) investigou as lacunas[29] e os descasamentos[30] de habilidades técnicas no mercado de trabalho do estado de São Paulo, constatando:

(a) A mão de obra de nível técnico que ingressa no mercado de trabalho não está adequadamente apta a desempenhar as tarefas inerentes às funções propostas.

(b) Cerca de 40% das empresas entrevistadas enfrentam dificuldade para preencher vagas de nível técnico por inadequação dos candidatos.

(c) Embora reconhecendo as especificidades setoriais, investir em habilidades socioemocionais – perseverança, responsabilidade e capacidade de cooperação – melhora o capital humano e a empregabilidade dos trabalhadores.

Recomendação da FGV

Desenvolvimento de um sistema de plataformas on-line, colaboração do governo e do setor privado de ensino, contendo informações sobre as demandas do mercado (ocupações e habilidades profissionais) e ofertas de ensino técnico disponíveis para cada ocupação.

Os seres humanos possuem duas categorias de habilidades, física e cognitiva. Nas tecnologias disruptivas anteriores, as máquinas competem preferencialmente com os humanos em habilidades físicas, enquanto os humanos mantiveram a supremacia em capacidade cognitiva. . "No entanto,

---

[29] Lacunas = habilidades necessárias ao desempenho de uma função que faltam ao trabalhador.
[30] Descasamentos = diferença entre as habilidades que o trabalhador possui e aquelas necessárias à realização das funções dos postos de trabalho.

a IA está começando agora a superar os humanos em um número cada vez maior dessas habilidades, inclusive a de compreender as emoções humanas. Não sabemos de nenhum terceiro campo de atividade – além do físico e do cognitivo – no qual os humanos manterão sempre uma margem segura" (Harari, 2018: 41).

Referências

BERRUTI, Federico; CHANDRATRE, Geet, RAB, Zaid. The new frontier: agile automation at scale. 2018. Disponível em: https://www.mckinsey.com/business-functions/operations/our-insights/the-new-frontier-agile-automation-at-scale. Acesso em: 02 nov. 2018.

BRYNJOLFSSON, Erik; McAFEE, Andrew. A segunda era das máquinas: trabalho, progresso e prosperidade em uma época de tecnologias brilhantes. Rio de Janeiro: Alta Brooks, 2015.

BUGHIN, Jacques; SEONG, Jeongmin; MANYIKA, James, CHUI, Michael; JOSHI, Raoul. Notes from the AI frontier modeling the impact of AI on the world economy. 2018. Disponível em: https://www.mckinsey.com/featured-insights/artificial-intelligence/notes-from-the-ai-frontier-modeling-the-impact-of-ai-on-the-world-economy. Acesso em: 02 nov. 2018.

CAMERON, Nigel M. de S. Will robots take your job? Cambridge: Polity Press, 2017.

CORRÊA, Marcelo. Indústria tem menor participação no PIB desde os anos 1950. O Globo, Rio de Janeiro, Economia, 05 mar. 2018. Disponível em https://oglobo.globo.com/economia/industria-tem-menor-participacao-no-pib-desde-os-anos-1950-22455531. Acesso em: 10 nov. 2018.

FORD, Martin. Rise of the robots: technology and the threat of a jobless future. New York: Basic Books, 2015.

FREY, Carl Benedikt; OSBORNE, Michael. How susceptible are jobs to computerisation? 2013. Disponível em: https://www.oxfordmartin.ox.ac.uk/downloads/academic/The_Future_of_Employment.pdf. Acesso em: 20 out. 2018.

HARARI, Yuval Noah. 21 lições para o século 21. São Paulo: Companhia das Letras, 2018.

HARTLEY, Scott. O fuzzy e o techie: por que as ciências humanas vão dominar o mundo digital. São Paulo: BEI, 2017.

INTERNATIONAL TELECOMMUNICATION UNION. Statistics. 2018. Disponível em: https://www.itu.int/en/ITU-D/Statistics/Pages/stat/default.aspx. Acesso em 10 nov. 2018.

OECD. OECD skills outlook 2017: skills and global value chains. 2017. Disponível em: http://www.oecd.org/education/oecd-skills-outlook-2017-9789264273351-en.htm. Acesso em: 02 nov. 2018.

PEARSON; NESTA; OXFORD MARTIN SCHOOL. The future of skill: employment in 2030. 2017. Disponível em: https://futureskills.pearson.com/research/assets/pdfs/technical-report.pdf. Acesso em: 01 nov. 2018.

PEW RESEARCH CENTER. In advanced and emerging economies alike, worries about job automation: many fear robots, computers will eliminate jobs, increase inequality, 2018. Disponível em: http://www.pewglobal.org/2018/09/13/in-advanced-and--emerging-economies-alike-worries-about-job-automation/. Acesso em: 25 out. 2018.

SCHUH, Günther et al. (Eds.). Industrie 4.0 maturity index: managing the digital transformation of companies. (Acatech Study). Disponível em: https://www.acatech.de/wp-content/uploads/2018/03/acatech_STUDIE_Maturity_Index_eng_WEB.pdf>. Acesso em: 07 set. 2018.

SHONBERGER, Viktor Mayer; RAMGE, Thomas. Reinventing capitalism in the age of big data. New York: Basic Books, 2018.

SHRM. Critical skills needs and resources for the changing workforce. 2018. Disponível em: http://www.octech.edu/Content/Uploads/octech.edu/files/Critical%20Skills%20Needs%20and%20Resources%20for%20the%20Changing%20Workforce%20Survey%20Report.pdf. Acesso em: 01 nov. 2018.

SUSSKIND, Richard; Daniel. The future of the professions: how technology will transform the work of human experts. United Kingdom: Oxford University Press, 2015.

WILSON, H. James; DAUGHERTY, Paul R.; MORINI-BIANZINO. The jobs that artificial intelligence will create. MIT Sloan management review. 2017. Disponível em: https://sloanreview.mit.edu/projects/artificial-intelligence-in-business-gets-real/. Acesso em: 02 nov. 2018.

WORLD ECONOMIC FORUM. Here are 5 ways for workers to win in the robot age. 2018. Disponível em: https://www.weforum.org/agenda/2018/09/ways-to-win-as-a--worker-in-the-robot-age/. Acesso em: 25 out. 2018.

WORLD ECONOMIC FORUM. The future of jobs: employment, skills and workplace strategy for the fourth industrial revolution. 2016. Disponível em: http://www3.weforum.org/docs/WEF_Future_of_Jobs.pdf. Acesso em: 25 out. 2018.

5. As novas economias digitais: impacto sobre o trabalho e *GIG Economy*: resenha bibliográfica e questões a respeito no Brasil

Marie France Garcia-Parpet
Camila Bevilaqua

Introdução [1]

O avanço da inteligência artificial (IA) e do aprendizado automático está no centro dos debates científicos e políticos recentes, principalmente as consequências das transformações decorrentes das tecnologias digitais sobre o futuro do emprego e do trabalho.

Estudos mostram que essas transformações geradas pela chamada Revolução 4.0 afetam o que entendemos atualmente como trabalho, tanto em termos quantitativos, preocupados com uma evolução levando a uma queda de empregos massiva, quanto em termos qualitativos, como para avaliar as mudanças nos empregos. A evolução exponencial das plataformas é igualmente objeto de atenção crescente dos economistas e dos cientistas sociais pelas

---

[1] Este capítulo compreende uma versão de estudo desenvolvido para UNESCO (Projeto 570BRZ1013), concluído em dezembro de 2018 (não foi possível atualizar os dados). As opiniões são de responsabilidade dos autores.

transformações que causam nas estruturas das empresas. Mudam, portanto, as fontes de produção de valor, e o perfil do trabalho, estando em discussão e ocasionando a sua precarização. Ora, se um forte desemprego e uma precarização das condições de trabalho decorrente dos avanços tecnológicos merecem sem dúvida reflexão de acadêmicos e políticos sobre o presente século, poucas talvez sejam as interrogações sobre a desagregação da condição de assalariado, como resultado de um longo processo histórico que recentemente tendia a proteger os assalariados contra grande parte de riscos sociais (velhice, invalidez, morte súbita, doença prolongada) e está na base de certa coesão da sociedade.

Logo, a preocupação é de pensar aqui o trabalho, como diz R. Castel, não como uma relação técnica de produção, mas como "um suporte privilegiado de inserção social" (CASTEL, 1993, p. 13). Este autor retraça a lenta evolução da condição de assalariado na Europa, que inicialmente se associa à forte precariedade da existência e a diversos estigmas que condenam os contingentes que dependem dessa forma de sobrevivência às posições vistas como indignas e abjetas. No século XIX, tecem-se mecanismos de proteção, como caixas de pensões ou para enfrentar doenças, que paulatinamente transformam os significados de "viver de salário", a tal ponto que parte do patronato passa a designar seus cargos de direção como modalidades de assalariamento. Esta evolução vai desaguar não apenas no Estado de Bem-Estar Social, mas também no que Robert Castel chamou de "sociedade salarial".

Desse ponto de vista, sua reflexão vai no mesmo sentido das preocupações de E. Durkheim (1893), que estudou a passagem das formas de "solidariedade mecânica", a proteger os indivíduos contra os azares da existência, para "solidariedades orgânicas", que reconstroem vínculos não mais baseados apenas na família, no parentesco, no pertencimento religioso ou político. Durkheim considerava o trabalho como o elemento fundamental de integração das sociedades complexas formando um todo de elementos interdependentes. Ou, ainda, como o dizem M. Aglietta e A. Bender (1979) a respeito da sociedade da economia da pós-guerra, que sublinham que a relação salarial estrutura grupos humanos relativamente estáveis e os coloca numa ordem hierárquica de posições interdependentes. Essa postura exige pensar o trabalho não só como uma jazida de emprego maior ou menor, com remunerações mais altas ou mais baixas, mas de pensar o trabalho inserido em uma rede de relações sociais que vai além da produção.

O trabalho – como foi se construindo até os anos 70 – consolidou-se numa relação durável com o empregador, mediada por meio de representação instituída envolvendo empregados e empregadores e, portanto, regulada por um direito específico, assim com um conjunto de vantagens sociais correspondentes a obrigações de desempenhar tarefas produtivas. Essa concepção do trabalho, que poderia resumir-se com a expressão da Organização Internacional de Trabalho (OIT) de "trabalho decente"[2] (que constitui, certamente, mais um alvo a ser atingido do que uma realidade conquistada), parece ser fortemente ameaçada com o recente desenvolvimento das novas tecnologias.

Ter trabalho hoje, e sobretudo no futuro – no sentido de poder realizar-se numa atividade vivida de maneira relativamente harmoniosa e permitindo construir uma família associado à promessa de ciclo de vida previsível e passível de ser gerido –, está longe de estar ao alcance de todos. Para entender o que está ocorrendo, é importante saber o que se deve atribuir a essa tecnologia e suas consequências, mas também de restituí-la no conjunto de transformações que a economia atravessa nessas últimas décadas. Numa perspectiva mais abrangente, pretende-se entender o que se deve e não se deve atribuir a esse fator técnico nesse processo de transformações, entendendo que as mudanças tecnológicas podem não ser as únicas responsáveis, mas sim uma mudança social e cultural mais geral também. Ou ao contrário, ver como a sua conjugação com evoluções de outra ordem podem se agregar e acelerar um processo que já está em andamento.

A financeirização e a globalização (CHESNAIS, 1996) da economia também trouxeram modificações em relação ao trabalho. Por outro lado, o trabalho não pode ser resumido a um ato produtivo realizado sob o comando de outros, ele é também fonte de aspirações pessoais e de realização de bem-estar comum. L. Bolstanski e E. Chiapello (1999, p. 53), a respeito dos executivos na França, mostraram que sua atividade não consiste tão somente em gerir o econômico, mas responde também a uma necessidade de contribuir ao bem comum e de satisfazer desejo de engajamentos pessoais. É importante situar os contextos nacionais específicos para poder dar conta desses diferentes

---

[2] A noção de trabalho decente compreende a possibilidade de exercer um trabalho produtivo e remunerado de maneira conveniente, acompanhado de condições de segurança no trabalho e de proteção social para sua família.

componentes. É importante entender que a economia e a tecnologia mudaram, mas também a regulação e as expectativas em termos do trabalho e em termos da sociedade mudaram de maneira mais ampla.

Nesse sentido entendemos que, embora o centro de nosso interesse aqui seja a *gig economy*, é necessário situá-la nas transformações ocorridas no mundo econômico, social, político e cultural no seu conjunto. Por conta disso, num primeiro ponto, faremos breve esboço de algumas dessas transformações apontadas na bibliografia, como também breve relato do que a literatura especializada aponta como transformações que dizem respeito ao trabalho após a Revolução 4.0, tentando evidenciar as diferenças que esse processo pode sofrer em diversos contextos geográficos e sociais.

Num segundo momento, analisaremos a bibliografia a respeito do desenvolvimento das plataformas "peer to peer" (P2P) e da *gig economy* que parecem revelar um processo muito ativo de desconstrução do trabalho como ele é entendido pela OIT. Refletiremos sobre as implicações de uma nova forma de trabalho simbolizada pelo desenvolvimento do Uber, apresentada e vivida com a realização de uma autonomia desejada, mas portadora de precarização, ou como conceitua R. Castel de "desafiliação social".

Em terceiro, evocaremos a bibliografia existente no Brasil, confrontando-a com a literatura internacional e tentando retomar, de maneira sistemática, as questões que esse procedimento pode sugerir. Para responder a essa preocupação, fizemos um *survey* composto por várias entrevistas.

1. Automação e emprego: prognósticos

Não é de estranhar que a questão das inovações decorrentes das novas tecnologias digitais levou a uma grande preocupação por parte dos analistas e especialistas do mundo inteiro. A pesquisa de C. Frey e M. Osborne, publicada em 2013, previa que 47% dos empregos americanos seriam expostos a um risco elevado de automatização. As tabelas a seguir permitem visualizar a evolução prevista e discriminada por tipo de profissão exercida, critério de diferenciação da evolução prevista e utilizada pelos autores.

Figura 1 – Exemplos de profissões mais e menos propensas à automação

Probabilidade	Profissão
0,99	Operadores de telemarketing
0,99	Responsável por cálculos fiscais
0,98	Avaliadores de seguros, danos automobilísticos
0,98	Árbitros, juízes e outros profissionais desportivos
0,98	Secretários jurídicos
0,97	*Hosts* e *hostesses* de restaurantes, *lounges* e café
0,97	Corretores de imóveis
0,97	Mão de obra agrícola
0,96	Secretários e assistentes administrativos, exceto os jurídicos, médicos e executivos
0,94	Entregadores e mensageiros

Probabilidade	Profissão
0,0031	Assistentes sociais de abuso de substâncias e saúde mental
0,0040	Coreógrafos
0,0042	Médicos e cirurgiões
0,0043	Psicólogos
0,0055	Gerentes de recursos humanos
0,0065	Analistas de sistemas de computador
0,0077	Antropólogos e arqueólogos
0,0100	Engenheiros marinhos e arquitetos navais
0,0130	Gerentes de vendas
0,0150	Diretores

Fonte: Carl Benedict Frey, Michael Osborne, Universidade de Oxford, 2013

Figura 2 – Probabilidade de computerização

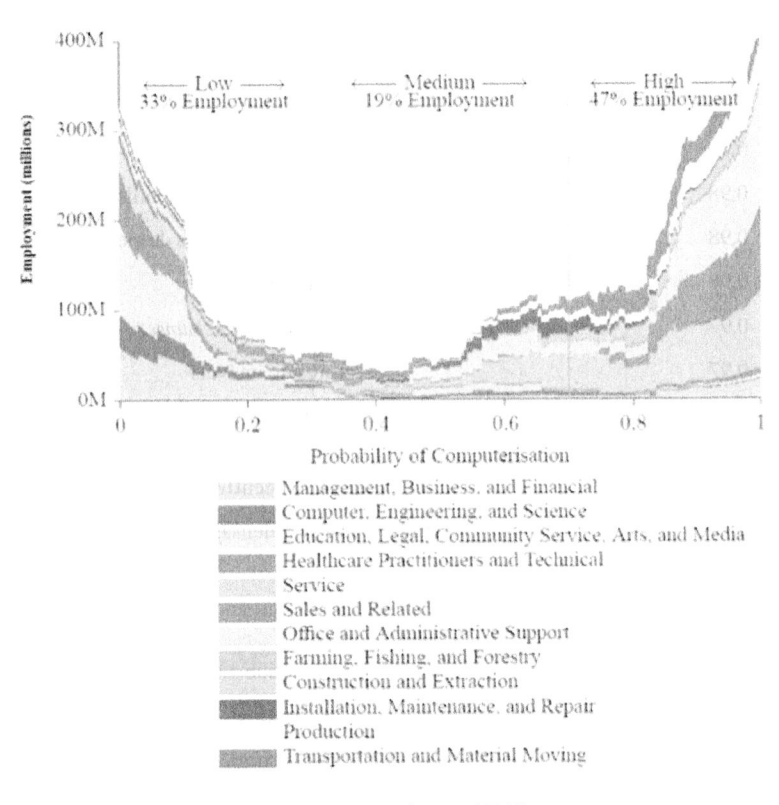

Fonte: Frey, Osborne (2013)

Já a pesquisa de L. Nedelkoska e G. Quintini (2018), publicada pela Organização para a Cooperação e Desenvolvimento Econômico (OECD), chega a resultados que parecem *a priori* menos assustadores utilizando uma metodologia mais sofisticada. Enquanto Frey e Osborne fizeram o estudo discriminando tão somente os empregos, Nedelkoska e Quintini utilizaram uma pesquisa sobre a competência dos adultos e aperfeiçoaram os resultados obtidos com outros estudos internacionais utilizando categorias profissionais mais desagregadas que destacam as tarefas efetuadas. Os estudos baseiam-se numa avaliação do risco de automação de um conjunto de profissionais, realizadas por *experts* a partir das tarefas que comportam essas profissões. A pesquisa permitiu identificar quais são os gargalos de estrangulamento ou, dito em outros termos, as tarefas que são dificilmente automatizáveis. Os estudos, que cobrem 32 países da OCDE, baseiam-se numa avaliação do risco de automação de um conjunto de profissões, realizadas por *experts* a partir das tarefas que comportam essas profissões e permitiu identificar quais são os gargalos de estrangulamento, ou, dito em outros termos, as tarefas que são dificilmente automatizáveis. O resultado dessa pesquisa é sintetizado nos parágrafos seguintes.

Contrariamente ao que se poderia esperar, as diferenças entre países, no que diz respeito à automatização, explicam-se mais ao nível da organização das tarefas no interior de cada setor econômico do que por diferenças territoriais. Assim, 30% das diferenças são imputáveis a diferenças setoriais, enquanto os 70% restantes se devem ao fato de que o leque das profissões representadas no seio dos setores varia segundo os setores. Além do mais, numa mesma profissão, a frequência das tarefas exigindo capacidades de percepção e de manipulação daquelas que fazem apelo à inteligência social e cognitiva é variável. Os países que ainda não adotaram as tecnologias suscetíveis de substituir a mão de obra caracterizam-se por uma estrutura de tarefas que se prestam relativamente bem à automatização.

O otimismo sugerido por uma proporção menor de empregos suscetíveis de automatização deve ser, no entanto, temperado pelo fato de que é muito pouco provável que as destruições de emprego tenham uma repartição homogênea no território nacional. As economias locais sofreriam de uma desestabilização várias vezes superior a que ocorreu durante o declínio da indústria automobilística nos anos 50, período durante o qual o progresso tecnológico e o desenvolvimento da automação estiveram na origem da supressão de um grande número de empregos.

É interessante reparar que os empregos se prestam menos à automatização nos países anglo-saxões, nos países nórdicos do que nos países de leste e na Europa do sul, assim como na Alemanha, no Chile e no Japão, nos sugerindo uma atenção particular ao contexto no qual a automatização está se perfilando. Assim, 33% dos empregos são fortemente automatizáveis na Eslováquia, mas essa porcentagem cai para 6% na Noruega. No entanto, é preciso interpretar os riscos relativos à automação com prudência: o risco mesmo é muito variável e, se os números obtidos para os países que se situam na extremidade superior e inferior da classificação não são sensíveis à mudança de tecnologia, aqueles que concernem aos países próximos à média são mais incertos ainda. Portanto, se é possível afirmar que a proporção de empregos ameaçados pela automatização é mais forte na Eslováquia do que na Noruega, é mais difícil determinar especificamente a probabilidade de automatização de cada país.

Uma conclusão inédita do estudo consiste no fato de que o risco de automação mais elevado concerne a empregos ocupados por adolescentes. A automação corre o risco, portanto, de se traduzir mais nitidamente em desemprego na juventude do que em aposentadorias prévias. Esse risco pode ser um pouco contrabalançado pelo fato de os jovens passarem mais facilmente de um emprego para outro do que a população mais idosa. Na maioria dos países estudados, os jovens são mais qualificados do que os trabalhadores mais idosos, o que pode facilitar a adaptação a empregos novos e, entre eles, os empregos engendrados pela introdução de novas tecnologias.

A desigual repartição do risco de automação só faz reforçar a importância das políticas visando preparar os trabalhadores para satisfazer as novas exigências do mercado de trabalho. Nesse contexto, a formação dos adultos é um instrumento primordial para permitir aos trabalhadores atingidos pelo progresso tecnológico de reconverterem-se ou de melhorar suas qualificações.

O avanço das tecnologias digitais tem papel importante na evolução da possiblidade de emprego, assim como nas condições de práticas de trabalho. Muitos trabalhadores, hoje em dia, utilizam quotidianamente o computador, a internet e o *e-mail* para fins profissionais, não trabalham o tempo todo no local do empregador, nem nos próprios locais quando independentes. O trabalho baseia-se na utilização dos *Information and Communications Technology* (ICT), no acesso a redes de informática compartilhadas, mas sem referência a um lugar de trabalho fixo.

Isto suscita arranjos informais e situações peculiares do ponto de vista da legislação, das convenções coletivas e dos contratos individuais. Patrícia Valendrin e Gérard Valenduc (2016) chamaram esses novos tipos de trabalhadores de *nômades digitais*. O nomadismo pode ser mais virtual do que físico (ORLIKOWSKI, 2010). Ao lado de trabalhadores que têm uma mobilidade física importante trabalhando *on-line*, existem também situações de trabalho nas quais a mobilidade física é mínima, mas a multilocalização é virtual. É o caso do trabalho a distância nas equipes virtuais através de videoconferências, reuniões virtuais, vigilância a distância de instalações industriais, manutenção a distância. Por comparação aos trabalhadores "tradicionais", os nômades digitais caracterizam-se por mais tempo de trabalho, horários irregulares, frequência de trabalho de noite e uma grande permeabilidade entre vida privada e trabalho.

Este tipo de trabalho é exercido, sobretudo, por trabalhadores de sexo masculino com perfil muito qualificado, trabalhadores do conhecimento e da gestão, tendo contratos a tempo indeterminado e tempo integral.

As desvantagens: uma remuneração mais fundada a partir de resultados, sistemas de monitoramento e de controle sofisticados, uma sobrecarga de informação e um isolamento social, estresse da auto-organização, uma falta de demarcação nítida entre trabalho e esfera da vida privada, exigência de disponibilidade permanente e externalização da responsabilidade do empregador.

No entanto, no que diz respeito ao trabalho nômade digital, se as condições de trabalho são peculiares, as condições de emprego são relativamente próximas das categorias clássicas que permitem apreender o trabalho remunerado. Ao contrário, o trabalho para as plataformas perturba fortemente os quadros tradicionais de análise e de regulação do trabalho.

2. Plataformas e *GIG Economy*

O relatório da OIT (BERG et al., 2018)[3] considera que a emergência de plataformas de trabalho digital *on-line* é uma das maiores transformações no mundo do trabalho durante as últimas décadas. Essa nova forma de trabalho traz não só uma ruptura com os modelos de negócio existentes, mas também com o modelo de emprego ao qual eles estão ligados.

2.1. Plataformas e criação de valor

Uma concepção mais larga do trabalho virtual apareceu no começo da década de 2010 com denominação inglesa de *digital labor*. Ela baseia-se no fato de que a maioria das atividades digitais quotidianas dos utilizadores das redes sociais, das aplicações, dos "motores de pesquisa" e objetos conectados contribuem a produzir valor que está sendo captada pelos novos atores econômicos que

---

[3] A equipe da OIT fez dois *surveys* entre 2015 e 2017, cobrindo 3.500 trabalhadores, repartidos em 75 países, e complementou com entrevistas aprofundadas.

são as plataformas *on-line* e serviços (SCHOLTZ, 2012). O autor sublinha que, muitas vezes, essas atividades que produzem valor podem ser categorizadas como atividades lúdicas mais do que de trabalho. O exemplo mais típico é o *clic* do Facebook ou os comentários que os indivíduos escrevem em *blogs, sites* de vendas pela internet, etc. Segundo Cardon e A. Casilli (2015, p. 12-14), essas atividades são produtoras de valor para os atores econômicos, são objeto de um enquadramento contratual e são submetidas a medidas de *performance* porque produzem indicadores de reputação, de qualidade ou de populari-dade. Valendrin e Valenduc (2016) nomeiam os agentes desse processo de "prosumidores", porque são, ao mesmo tempo, produtores e consumidores. O prosumidor realiza um trabalho, a maioria das vezes não remunerado, que consiste em fornecer dados e serviços que antes eram fornecidos pelos assala-riados, como, por exemplo, a avaliação de qualidade de um serviço ou de um produto por um usuário. Essa evolução levou U. Huws (2003) a considerar que as ICTs, fornecendo novas ferramentas que permitem estender e diversificar o trabalho não remunerado, contribuem para reorganizar a divisão social do trabalho.

2.2. Os mercados a duas vertentes

Os economistas caracterizam as plataformas *on-line* como uma nova forma de mercado "a duas vertentes" (WAUTHY, 2008). Produtos e serviços são propos-tos simultaneamente para duas categorias de utilizadores, nas duas vertentes, por meio de uma plataforma acessível via um computador, um *smartphone* ou um *tablet*. Numa vertente, os consumidores têm acesso a serviços a baixo custo ou grátis. Eles beneficiam-se das externalidades de redes positivas: quanto mais numerosos são eles, mais os serviços são interessantes para eles. Tendo acesso a esse serviço, eles fornecem à plataforma, conscientemente ou não, uma série de dados sobre seu perfil pessoal, a sua localização, os seus hábi-tos de consumo. É o caso, por exemplo, de *sites* de reservas de hotéis, como Booking, que são gratuitos. Quanto mais os consumidores contribuem para alimentar o serviço em informações, mais este o será util. Por exemplo, aquele que consulta um *site* de viagens e lê as opiniões dos outros clientes antes de escolher, terá vontade de dar sua opinião, porque ele vê que a qualidade de informação cresce com as contribuições recebidas.

Progressivamente, as opiniões dos usuários coletadas pela plataforma tomam uma importância crescente em relação aos sistemas de classificação ou de certificação instituídos pelos profissionais do setor (PASQUIER, 2014). Por exemplo, no Booking, a cotação dos utilizadores fica mais em evidência do que as estrelas atribuídas pelas associações profissionais do turismo.

Na outra vertente do mercado, encontram-se atores econômicos implicados na prestação dos serviços da plataforma. No caso de Google, são os anunciadores publicitários. No caso de Booking, são os hotéis. Eles se beneficiam de externalidades de redes positivas, proporcionais à audiência na primeira vertente. O valor do serviço para os atores situados na vertente do mercado é correlativo ao número e à qualidade dos atores presentes na outra vertente: os economistas falam de externalidades de redes cruzadas e as consideram como uma característica típica do mercado a duas vertentes. O financiamento da plataforma é assegurado por uma quantia elevada nas transações entre as duas vertentes do mercado ou pelas contribuições publicitárias.

Algumas inovações tecnológicas foram decisivas ao desenvolvimento das plataformas: a geolocalização dos *smartphones* e *tablets*, que podem ter um valor mercantil significativo; aplicações, *softwares* e *big data*, que permitem utilizar grande quantidade de dados para tipificar consumidores e seu comportamento. Nuvens permitem a estocagem de dados em lugares virtuais que podem ser utilizados em qualquer lugar. Essas inovações constituem fator facilitador do desenvolvimento de uma economia de plataforma que diz respeito a um leque, cada vez maior, de atividade econômicas. Segundo U. Huws (2016), o crescimento das plataformas é exponencial.

2.3. O exemplo do *Airbnb*

A plataforma cresceu rapidamente nos últimos anos, com base apenas na sua reputação como uma boa plataforma. Como empresa, a plataforma não contém nenhum imóvel, mas é responsável pela maior movimentação atual de aluguéis. Seu crescimento pode ser visto a partir da sua expansão na cidade de Paris ao longo do tempo (as imagens são de uma apresentação TED de Rachel Botsman).

Figura 3 – Paris 2008 *airbnb*

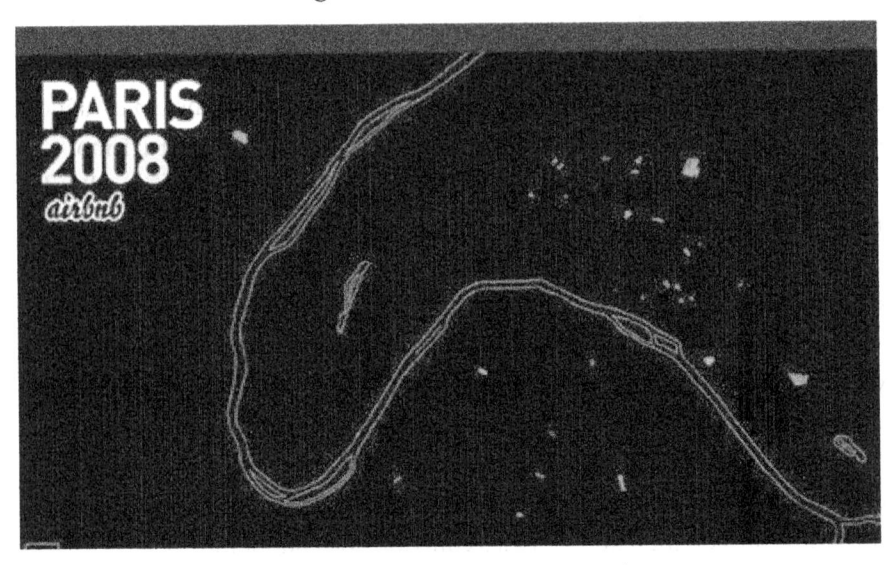

Fonte: Botsman, Rachel (2016), A Moeda Da Nova Economia É A Confiança (TED Talk)

Figura 4 – Paris 2010 *airbnb*

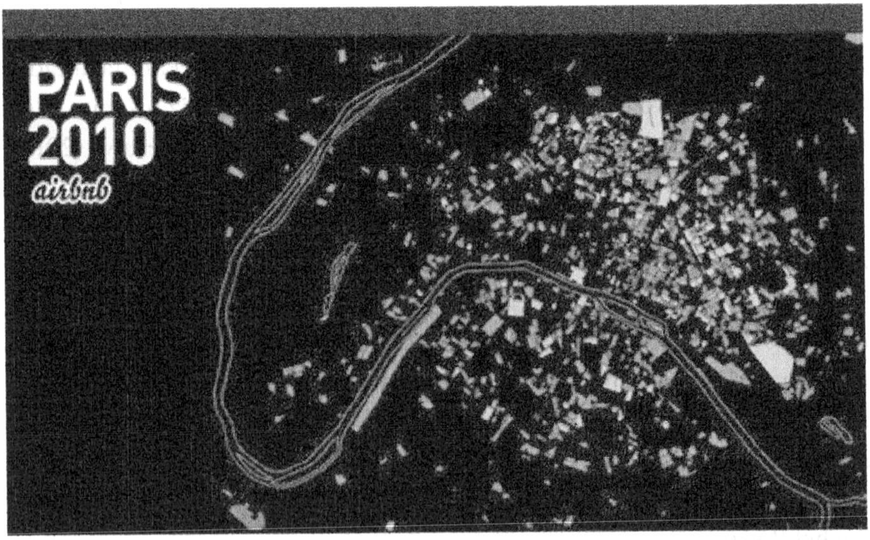

Fonte: Botsman, Rachel (2016), A Moeda Da Nova Economia É A Confiança (TED Talk)

Figura 5 – Paris 2012 *airbnb*

Fonte: Botsman, Rachel (2016), A Moeda Da Nova Economia É A Confiança (TED Talk)

Trata-se do que se denomina, por seus entusiastas, de economia colaborativa, no sentido de que os participantes de uma vertente do mercado compartilham um imóvel durante um tempo com pessoas que querem fazer turismo com uma contrapartida monetária. Trata-se de um mercado de pares no sentido de que quem aluga um apartamento de outra pessoa pode alugar o próprio apartamento. Um serviço aparentemente grátis. O que fica menos evidente é o fato de que a plataforma Airbnb consegue acumular um número grande de dados (*big data*) que são tratados e estão na origem de um grande lucro da plataforma. Segundo a informação do jornal francês *Les Échos* (28 jul. 2018), a entrada na bolsa de valores do Airbnb er prevista para 2019 e seria avaliada em 4,4 bilhões.

2.4. Economia colaborativa: novos arranjos de produção de valor e novo espírito do capitalismo?

Como o diz P. Belleflamme (2017), a economia colaborativa ou de compartilhamento é um conceito bastante fluido, sem definição clara largamente aceita. Ele lembra a frase de R. Botsman (2013) que nota que "a economia compartilhada carece de uma definição". No entanto, esse termo espalhou-se na linguagem corrente, complicando um pouco a percepção que se tem da especificidade dos atores que se tornaram o elemento dinâmico dessa economia colaborativa, Uber e Aribnb. Se Uber e Airbnb facilitam uma maneira de compartilhar entre os usuários, nenhuma dessas empresas é dirigida de uma maneira "compartilhada ", nota Belleflamme.

R. Botsman e R. Rogers (2010) são autores que tentaram estabilizar algumas definições sobre a economia compartilhada, que são usadas principalmente pelos que tem uma percepção otimistas em relação às transformações. A economia compartilhada é definida como práticas em que é possível o acesso a bens e serviços, sem que isso envolva a aquisição de um produto ou troca monetária. Algumas das suas características são a reutilização de produtos, e a copropriedade, eliminação de intermediários. Outros nomes possíveis para essa prática são economia *mesh*, consumo colaborativo e consumo conectado. Segundo Botsman e Rogers, é possível definir três sistemas de consumo colaborativo:

a) Sistema de serviços de produtos (*Product-Service System* – PSS)

O SSP são sistemas em que bens possuídos por empresas ou indivíduos podem ser usados compartilhados ou alugados. Isso é especialmente o caso de bens de pouco uso que – ao ser usado, de forma compartilhada, por muitas pessoas – atingem sua utilidade máxima ao invés de se tornarem obsoletos. Esse sistema é vantajoso do ponto de vista socioambiental e também para os usuários. Por meio do SSP, os usuários não precisam pagar pelo produto inteiro (como um carro), não precisam se preocupar com a manutenção do bem e tem mais opções à sua disposição. O principal exemplo é o compartilhamento de carros, a partir de serviços como ZipCar, Car2Go.

b) Mercados de redistribuição

Esse segundo sistema é baseado na redistribuição ou circulação de bens usados. Essas trocas podem ser feitas em plataformas de graça, ou em troca de pontos para serem usados na própria plataforma, ou em troca de dinheiro. Normalmente essas trocas se dão entre desconhecidos, conectados através da plataforma. Esse sistema apresenta a redistribuição como o quatro R (reduzir, reciclar, reutilizar, reparar), incentivando a redistribuição ao invés do desperdício e procurando, por esse meio, reduzir a produção de produtos novos.

c) Estilos de vida colaborativos

Os estilos de vida colaborativos são focados nos bens não materiais, como habilidades, tempo e espaço. Isso inclui desde espaços de trabalho compartilhado, até pessoas que usam plataformas para trabalhar juntas, ou para emprestar vagas de carro, jardins e comida. Esse sistema é mais amplo porque pode incluir trocas locais ou globais, com conhecidos ou desconhecidos. Em geral, requerem um nível alto de confiança.

Tentando situar a economia colaborativa numa perspectiva histórica e multidisciplinar, pode-se dizer, seguindo L. Boltanski e E. Chiapello (1999, p. 52), que essa incorporou, de maneira mais ou menos acentuada, várias críticas que foram feitas ao capitalismo. Esses autores mencionam que a persistência do capitalismo como um modo de coordenação econômica e também como maneira de vivê-la – sem levar em conta as ideologias, fora as justificativas de preocupação com o bem comum – deve-se ao fato de que os executivos, em particulares os jovens executivos, têm necessidades, como os empresários weberianos, de "motivos pessoas de engajamento". Assim, as novas empresas assumem, por exemplo, a crítica ambiental, a crítica à privatização dos bens, ao consumo excessivo, esses aspectos podem ser mais acentuados segundo os casos.

D. Vallat (2015) nota que a economia colaborativa recobre práticas muito diversas que questionam não tão somente as trocas econômicas, mas também, de maneira mais ampla, nossa sociedade pós-moderna (caracterizada pela individuação e pela fragmentação da sociedade) de tal maneira que, para certos autores, ela constitui um objeto "fronteira" (BOWKER; STAR, 1999). Segundo o mesmo autor, a economia colaborativa ou economia do compartilhamento seria capaz, por seus valores (abertura, colaboração, igualdade, empoderamento, reciprocidade), de propor uma alternativa ao capitalismo que, segundo seus defensores, teria mais credibilidade pelo fato de abordar a mudança de maneira pragmática, levando em conta um contexto de crise econômica, ecológica e de revolução tecnológica que reduz imensamente os custos marginais e facilita as trocas e a estruturação de comunidades (RIFKIN, 2014 ; TAPSCOTT; WILLIAMS, 2004).

No entanto Vallat nota também que essas inciativas podem proceder de uma lógica de business puro. A. Sundararajan (2014) observa que essas empresas se apoiam nas regras de direito privado, atraem financiamento por meio dos mercados financeiros e utilizam mecanismos de mercado para fixar preços e procuram maximizar o lucro. Ou seja, inscrevem-se inteiramente na economia tradicional onde há de se reconhecer que colaboração e repartição não são os valores mais importantes. O que leva Vallat a dizer que certas empresas podem parecer como a nova forma de economia de mercado mais aperfeiçoada, enquanto outras podem parecer questioná-la. Alguns aproveitam-se da nova tecnologia para acumular, enquanto outros inscrevem-se numa vontade de reafirmar sua existência no mundo pela tentativa de dar vida a uma utopia concreta.

3. O novo espírito do capitalismo: valores, éticas e lucro em doses variáveis

Segundo certos defensores dessa corrente, o compartilhamento dos bens é facilitado pela mediação das plataformas numéricas e visa economizar, pesar menos sobre os recursos, reduzir o consumo e a poluição, redefinir as suas necessidades. A economia colaborativa facilita a transformação de bens privativos (carro, apartamento, etc.) em bem produtivo. Trata-se, em parte, de uma economia da frugalidade que mescla motivações ecológicas e situação de crise econômica. As trocas, realizadas "peer to peer"(P2P), permitem organizar-se em comum, liberando-se do peso das instituições, das organizações para produzir/trocar o que precisamos. É uma economia baseada na demanda em que o consumidor age sobre o campo da produção (BAUWENS, 2015). Essa abordagem, baseada no P2P propõe outra visão do lugar da economia na sociedade, uma nova divisão social do trabalho, uma visão semelhante à de K. Polanyi (1944), que se funda na vontade de mudar as relações econômicas e de organizá-las na base de uma administração comum. Um modelo colaborativo que se propõe a dividir informações e recursos e que, portanto, vai deixar de lado o modelo capitalista. É bem verdade que Airbnb, por exemplo, sem possuir um só hotel, tem uma capitalização na bolsa superior ao grupo Hyatt. A acumulação do capital (o fundamento do capitalismo) não é mais a garantia da hegemonia econômica.

A economia colaborativa não é tão somente o produto de uma nova tecnologia, mas nutre-se também de uma mudança de valores nas novas gerações em relação ao trabalho. Em um artigo intitulado *Economia colaborativa: um programa político para uma juventude rebelde?*, M. Dagnaud (2017) relata uma festa de *Ouishare*[4], rede internacional presente em 20 países da Europa, da América do Sul e do Norte e do Oriente Médio, em que ela chama atenção para o fato de jovens diplomados caracterizarem-se por uma rejeição do assalariamento nas grandes empresas onde existem fortes relações hierárquicas e de competição. Eles são a favor de uma sociedade fundada na troca e cooperação e não na competição. Esses novos jovens empresários – ou candidatos a – querem conciliar atividade, engajamento do cidadão, prazer e busca de sentido. Não acreditam mais na política, mas não querem ficar passivos. A recusa do desperdício, o gosto por experiências humanas enriquecedores, a procura do melhor custo e da otimização das despesas, a valorização da atividade local são os valores defendidos que dominam.

O projeto político vai em direção a uma autogestão de redes concebidas como bens coletivos, apostando na capacidade humana de gestão decentralizada de bens comuns em benefício de todos a partir de arranjos institucionais: uma visão inspirada no trabalho do prêmio Nobel de economia E. Ostrom e que também se nutre da ideia de que os seres humanos seriam, antes de tudo, motivados pela busca de laços de reciprocidade. Esse militantíssimo rompe com os esquemas da política clássica, tais como os partidos e os movimentos da esquerda radical. Para essa juventude diplomada, a iniciativa de cunho internacional baseia-se nas ações concretas imediatas, longe de um projeto que engajaria o Estado e a democracia representativa.

Dugnaud menciona que a economia colaborativa não é um projeto político no sentido tradicional, mas trata-se de uma maneira de viver adequando as suas atividades pessoais a um outro modelo de sociedade. É uma recusa do consumidor passivo. Produzir em locais onde se divide o espaço, a experiência, os saberes (*fablab, hackerspaces, cowork*), produzir para afirmar sua identidade, produzir colaborando/para colaborar. Fazer é o aprendizado pela

[4] *OuiShare* compreende mais ou menos 3.000 *startups* espalhadas no mundo inteiro e se propõe a estabelecer as bases de uma economia com serviços inovadores capazes de produzir externalidades ambientais e sociais e, em particular, produzir uma distribuição equitável de mais-valia.

prática (*learning by doing* – LbD), uma produção/emancipação pessoal pelo aprendizado pela prática (*Do It Yourself* – DIY), que favorece o empoderamento (LbD+DYI = *empowerment*); é a união da arte com a técnica, que estimula a quebrar o fechamento disciplinar. Pode-se ver nisso o triunfo do pragmatismo sobre a ideologia, do *bricoleur* sobre o profissional. De qualquer maneira, diz a autora, esses espaços questionam as aprendizagens institucionais (formação secundária, formação profissional) pelo *Learning by Doing* que eles promovem – sem falar sobre a questão da aprendizagem colaborativa via os *Massive Open Online Courses*, que tornam gratuitos cursos de universidades prestigiosas.

Entretanto o crescimento exponencial e o número de serviços prestados dessas redes estão na origem de uma "receita" (*turnovers*) e até de uma valorização na bolsa das empresas. Nem todos os empresários têm preocupação ética ou podem evoluir no decorrer do tempo e, para muitos, essa economia vai junto com a lógica *"o vencedor leva tudo"*. No seio do próprio *"Ouishare"*, o artigo de Dagnaud menciona tensões entre empresários que são verdadeiros *business men* e *women* de um lado, e outros empresários ligados à dimensão ética do outro.

Paul Belflamme (2017) analisa como a emergência das plataformas P2P perturba o funcionamento de um grande número de setores (transporte, restauração, entregas, emprego *on demand*, setor bancário). O termo "uberização" evoca as perturbações provocadas pelo crescimento dessas empresas que se traduzem em uma concorrência que se exerce primeiro com a forma de organização (plataforma/firma integrada) e depois com os preços e a qualidade dos produtos. O autor recapitula as vantagens dessa nova forma de *business*. A escolha de organização em plataformas tem consequências importantes ao nível dos custos, da qualidade, dos preços e das consequências que podem se transformar em vantagens concorrenciais em relação às firmas já instaladas. Essas empresas não produzem nada e contentam-se em colocar em contato produtores e consumidores, colocando assim em cheque a teoria clássica da firma (COASE, 1937). Elas têm uma estrutura de custos completamente diferente das firmas convencionais. Além disso, essas diferenças de custo são muitas vezes amplificadas pelo fato de as novas firmas escaparem (por um tempo) das regulações às quais estão submetidas as firmas já existentes. A organização em plataforma também tem implicações em termos de qualidade dos produtos e serviços oferecidos aos consumidores. Elas não produzem nada e são, portanto, mais flexíveis que as firmas convencionais que elas, fizeram uma escolha de produção e o investimento necessário. Elas podem, portanto, se concentrar sobre os produtos e serviços que correspondem ao gosto do consumidor, adaptando-se, se for necessário.

Finalmente, ao nível dos preços, diz Belflamme, vimos que as plataformas escolhem geralmente estruturas de preço assimétricas porque devem estimular a participação de um grupo para garantir a participação do outro – o que pode incitar as plataformas a reduzir o preço que elas fazem os consumidores pagarem. Mas essa receita adicional obtida não se limita ao preço que o consumidor paga, mas inclui, também, um efeito externo positivo que o consumidor gera do lado dos produtores. Uma escolha lógica para uma plataforma que internalize os efeitos externos entre as duas vertentes a que atende, mas que, aos olhos das firmas convencionais, consiste numa concorrência desleal.

Portanto, uma característica comum as numerosas plataformas que operam a maneira de mercados com duas vertentes é que eles são levados – para desenvolver seu modelo de negócio – a ir além dos limites impostos pelos sistemas existentes de regulamentação dos mercados. A Uber confronta-se com as associações profissionais de táxi e faz um *lobbying* intensivo para afrouxar a legislação ou contorná-la impunemente. Do mesmo modo que o Google entra em conflito com as autoridades públicas em matéria de proteção dos dados de pessoas, a Amazon entra em conflito com o preço do livro e a aplicação de taxas sobre o valor adicionado, da mesma maneira que Booking é acusado de falsificar a concorrência no que diz respeito a ofertas promocionais na hotelaria.

Belflamme nota igualmente que a economia das plataformas P2P tem implicações negativas às autoridades públicas. Por um lado, é necessário repensar os quadros legais e regulamentares, pois muitos se tornaram obsoletos. Por outro lado, em inúmeros países, as plataformas digitais praticam a otimização fiscal localizando o grosso de sua atividade e de seu lucro nas jurisdições onde a taxação é a menor.

Finalmente, se o grande beneficiário da emergência das plataformas é sem dúvida o consumidor, que obtém bens e serviços com melhor preço e qualidade, para os produtores, os resultados estão longe de ser tão favoráveis. Se as plataformas P2P favorecem a eclosão de pequenas empresas e dão a um grande número de indivíduos a possibilidade de completar sua renda em condições muito flexíveis, este modelo favorece, por outro lado, a generalização da economia dos "bicos", em inglês *gig economy*. Nele a segurança do emprego dá lugar à precariedade de uma grande quantidade de prestações ocasionais.

3.1 *Crowdworking* e *gig*: a desconstrução do "trabalho" tal como visto pela OIT

For some, the rise of the gig economy is liberation from the stifled world of corporate America. It is a return to the autonomy and independence of an economy before wage labor. No desk. No boss. Every consultant is her own master. Yet for the vast majority of workers the freedom from a paycheck is just the freedom to be afraid. It is the severing of obligations between firms and employees. It is the collapse of the protections that we, in our laws and customs, fought hard to enshrine (HYMAN, 2018).

O *crowdsourcing* designa uma "externalização aberta à multidão". Trata-se de um trabalho realizado a partir de plataformas *on-line* que permite a organizações de indivíduos a terem acesso, via internet, a um grupo indefinido e desconhecido de outras organizações ou indivíduos para resolver problemas específicos ou fornecer produtos específicos em troca de pagamento (GREEN et al. 2013). O *crowdworking*, que nasceu ao mesmo tempo em lugares diferentes[5], atingiu rapidamente um cunho comercial, como, por exemplo, a plataforma Mechanical Turk da Amazon <www.mturk.com>, em 2006. Trata-se de um mercado com duas vertentes. Numa vertente, encontra-se a demanda de trabalho, as empresas ou os indivíduos que procuram uma mão de obra ocasional para tarefas realizáveis a distância (traduções, transcrições, etc.). Na outra vertente, encontram-se a oferta de trabalho, indivíduos prontos a vender sua força de trabalho para tarefas intelectuais de curta duração que funciona com um leilão na escala mundial. Então, resulta-se uma competição que "puxa" os preços para baixo, e onde não existem taxas, cotização social, direito do trabalho, somente um mínimo de direito comercial.

---

[5] O *crowdworking* nasceu nos anos 2000 ao mesmo tempo em que diversas associações de engenheiros procuravam resolver questões delicadas de engenharia, em específico de manutenção de equipamentos antigos, de desenvolvimento de linguagens peculiares em informática, etc. e das primeiras plataformas de *volontariat* associativo para ajudar pessoas e campanhas de sensibilização.

As plataformas de *crowdworking* multiplicaram-se de tal maneira que se pode distinguir várias categorias de plataformas:

1) As plataformas generalistas que propõem um trabalho virtual, independentemente da localização geográfica dos ofertantes e demandantes. Além de Amazon Mechanical Turk, pode-se citar o PeoplePerHour ou Clikworker, que propõem diversas tarefas como *design* gráfico, programação de informática, duplicação de dados, etc. Essas plataformas têm, muitas vezes, uma envergadura mundial porque se trata de um trabalho virtual que funcionam no modo de leilão ou com taxação das tarefas.

2) Plataformas generalistas, que propõem pequenos trabalhos não virtuais: realização de compras, *baby-sitting* e outros pequenos trabalhos que não requerem uma formação peculiar (exemplo TaskRabbit, que tem filiais em vários países). Essas plataformas diferem das outras porque a demanda e a oferta encontram-se numa área geográfica limitada.

Nesses últimos anos, inúmeras ferramentas foram criadas para organizar relações entre empresas e trabalhadores com estatuto ambíguo entre assalariamento e trabalho independente, redinamizando uma tendência mais antiga de externalização do trabalho assalariado em direção ao trabalho independente via as plataformas. Inúmeras atividades tendem a se encaixar nessa nova forma de intermediação entre ofertantes e demandantes de atividades: atividades realizadas pela internet (*design*, informática, transporte, turismo, etc.) e outras tarefas materiais, tais como cuidar de crianças.

Figura 6 – Categorization of digital labour plataforms

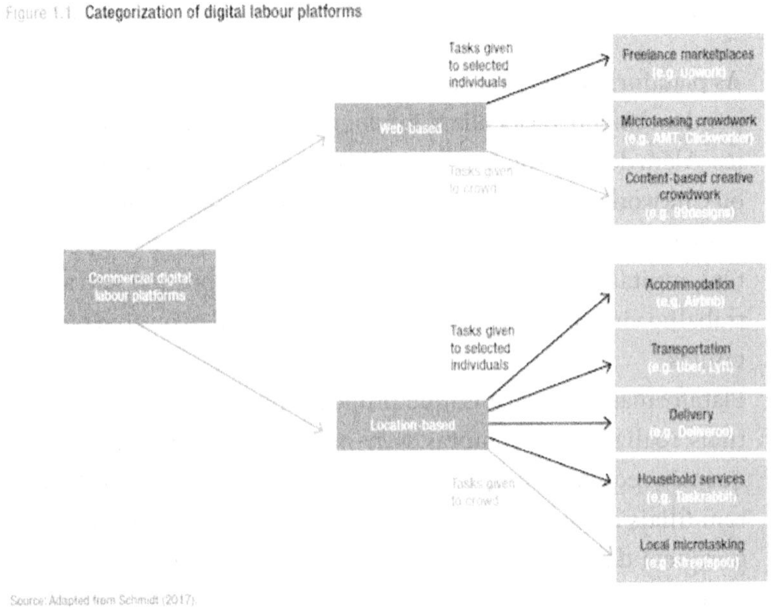

Fonte: OIT (2018).

3.1.1 Gig, "bico", freela

O termo *gig* vem do inglês, sendo inicialmente usado no meio musical principalmente de *jazz*, para referir-se a uma apresentação (FEATHER, 1955). Posteriormente veio a ser usado no sentido de um trabalho pontual, pequeno serviço, contratado de maneira independente. No contexto do conceito de *gig economy*, refere-se a trabalhos temporários ou *freelancer*. No Brasil, o termo "bico" foi o que sempre deu conta da ideia de pequenos trabalhos feitos para complementar a renda ou mesmo como forma de sustento em caso de desemprego. Hoje em dia, a palavra em inglês *freelancer* também é muito utilizada para indicar trabalhadores contratados temporariamente de forma independente, e o termo "freela" é utilizado para indicar esse tipo de trabalho.

O termo *freelancer* é normalmente utilizado para se referir a profissionais que se colocam como autônomos, sem vínculo empregatício fixo, mas prestando diversos serviços para diferentes empregadores, enquanto o termo bico se referiria mais especificamente para atividades paralelas a um trabalho fixo para complementação de renda. É importante notar que o termo "bico" é normalmente utilizado por pessoas de classes sociais mais baixas, enquanto, para a classe média, o termo *freela* é usado tanto para designar profissionais autônomos quanto para trabalhos feitos para complementar a renda também.

O termo *gig economy* é uma das diversas alcunhas que surgiram recentemente na tentativa de explicar uma mudança na maneira como as pessoas exercem e enxergam o trabalho. Em muitos casos, é utilizado como complemento de salário e *gig economy* especificamente se refere ao fato de, cada vez mais, exercerem atividades temporárias e reduzidas a tarefas, como complemento de renda ou em substituição completa de um trabalho fixo.

Os defensores dessa nova forma de contratação evocam uma grande flexibilidade e autonomia, ganhos em eficiência individual e melhor equilíbrio entre vida privada e trabalho. Ressaltam também as oportunidades de trabalho largamente ofertadas, as possiblidades de renda e de mobilidade, a abertura para as pessoas mais afetadas pelas formas mais tradicionais de emprego. P. Oyer (2013), por exemplo, enfatiza os benefícios do trabalho flexível principalmente para pessoas que trabalham com serviços digitais que, trabalhando remotamente, podem ganhar dinheiro em moedas mais valorizadas que as locais. Sundararajan (2016) sublinha os aspectos benéficos desse tipo de trabalho para países, como a África, criando oportunidades para pessoas não especialistas para integrar o mercado de trabalho.

A maioria dos textos sobre *gig economy* chamam atenção para desvantagens do trabalho gerado pelas plataformas. Assim como o relatório da OIT, o relatório da Agência Europeia de Segurança e Saúde no trabalho (EU-OSHA, 2015) chega à conclusão de que os impactos da externalização aberta sobre as condições de trabalho são substanciais, com mais incidências negativas do que positivas. Os aspectos essenciais do trabalho e do estatuto do emprego são atingidos. A respeito da Europa, Vendramin e Valenduc (2016) alertam que a economia das plataformas se afasta de maneira inquietante do quadro do trabalho remunerado *standard*; se, por um lado, as plataformas que se dedicam à externalização aberta devem respeitar os quadros legislativos no que diz respeito ao direito comercial, à proteção dos consumidores, do código civil e dos dados, não existem quadros legais coletivamente definidos que enquadram a externalização aberta do trabalho. O trabalhador age como se ele fosse independente e o conjunto de condições (remuneração, condições de trabalho, propriedade intelectual) é via de regra determinada pela plataforma, de tal maneira que U. Huws (2003) desenvolveu o conceito de *cybertariado* (cyber--proletariado) e Colin e Verdier (2012) falaram de "multidão indiferenciada". Qual é a proporção e a localização de pessoas trabalhando como *crowdworkers*?

3.1.2 Quantificação e localização dos *crowdworkers*

O quadro produzido pela pesquisa da OIT nos fornece uma ideia da repartição dos *crowdworkers* no mundo. Praticamente todas as regiões do mundo são representadas nas plataformas escolhidas para pesquisa: principalmente os Estados Unidos, a Europa, a Índia, o Brasil e a Nigéria. Ainda mais, 4/5 dos *crowdworkers* são de origem urbana ou suburbana.

Figura 7 – Repartição regional a partir de dois surveys realizados em 2017

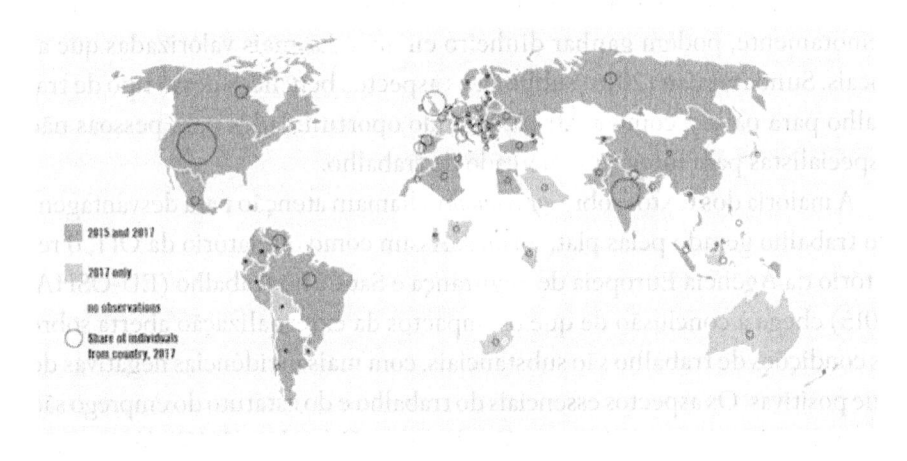

Fonte: OIT (2018)

No Reino Unido, a pesquisa *on-line* realizada por Huws (2016) revela que 1/5 da população disse ter procurado trabalho via as plataformas *on-line*. Somente 11% disseram ter efetivamente encontrado um trabalho por este meio, ou seja, 4,9 milhões de pessoas no Reino Unido.

3.1.3 Quem são os *crowdworkers*?

A observação mais impactante para se pensar o futuro relaciona-se com a idade mais frequente dos *crowdworkers*. O quadro a seguir relata que a média de idade dos *crowdworkers* é de 28 anos nos países em via de desenvolvimento, de 35 anos nos países desenvolvidos. Os trabalhadores africanos e latino-americanos são em geral mais novos do que os da Ásia e dos países desenvolvidos. Em 2015, aparece a mesma quantidade de homens e mulheres, enquanto, na segunda etapa da pesquisa, em 2017, o número de mulheres era maior no faixa de idade 36-45 e 46 ou mais.

Figura 8 – Distribuição por idade dos crowdworkers, em todos as plataformas (percentagens)

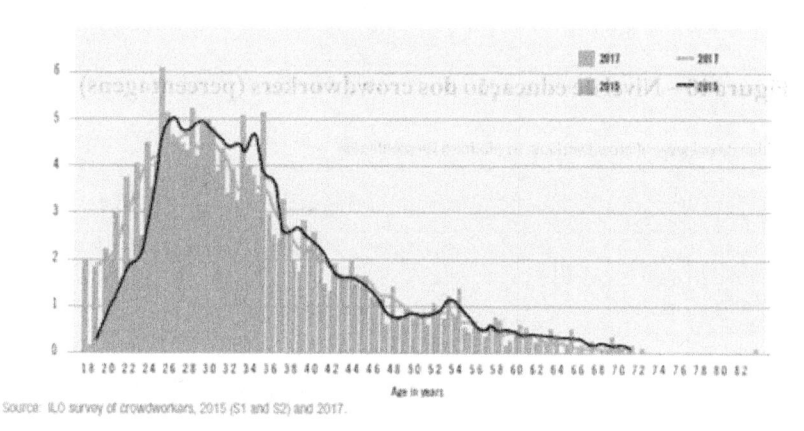

Fonte: OIT (2018)

No que diz respeito ao gênero, percebe-se uma repartição entre homens e mulheres a respeito de que, muitas vezes, as mulheres conseguem gerenciar suas diferentes funções de trabalho e de cuidado dos filhos, de maneira mais acomodada. Segundo B. Godin (2014), flexibilidade temporal é um fator-chave para diminuir a diferença de pagamentos entre gênero.

Figura 9 – Distribuição dos crowdworkers por grupos de idade e gênero em todas as plataformas (percentagens)

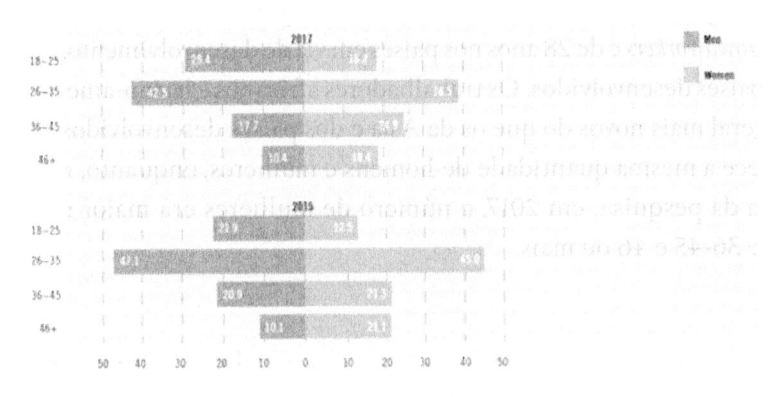

Fonte: OIT (2018)

Figura 10 – Nível de educação dos crowdworkers (percentagens)

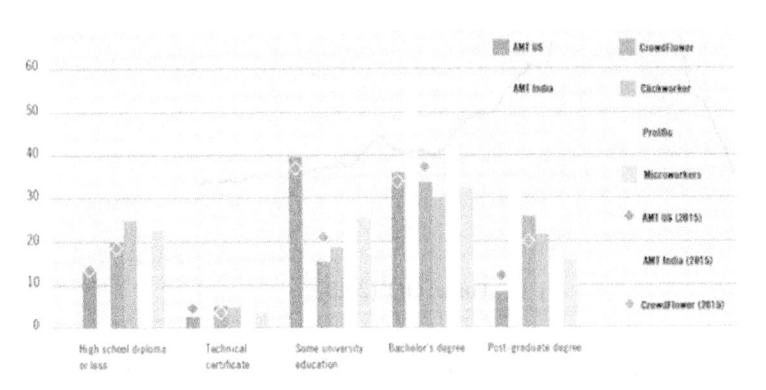

Fonte: OIT (2018)

Em relação ao nível de educação, constata-se que se encontram pessoas com níveis muito diversos: encontram-se pessoas de todas as camadas sociais, desde profissionais autônomos altamente qualificados, até pessoas que desempenham trabalhos não regulamentados – imigrantes e pessoas de grupos historicamente marginalizados.

Uma das características específicas do *crowdworking* é o fato de decompor o trabalho em pequenas tarefas, o que incide sobre a monotonia do trabalho por um lado e sobre a relação que ele tem com empregador do outro.

3.1.4 O "salário" reduzido a "tarefa"

O mercado de trabalho caminha na direção de uma desconstrução do trabalho como uma relação mais duradoura e mais protetora, caracterizada pelo assalariamento. Encontra-se um mercado mais orientado em direção à realização de tarefas, mais do que em direção a empregos, e uma diminuição da qualidade do trabalho. Decompondo o trabalho em tarefas, as plataformas facilitam a comodificação do trabalho, vendendo *on demand* ao negócio que procura extrair uma carga de trabalho a baixo custo. Certos autores, como M. A. Cherry (2016, p. 3), dizem que o *crowdworking* é como uma volta ao trabalho desqualificado associado ao processo industrial, tal como pensado por Taylor. J. Scoltz e M. Liu (2010) vêm esse fenômeno como uma decomposição de tarefas mais complexas em tarefas por peças, similar à da indústria têxtil e de vestimentas – pequenas tarefas, monótonas, muitas vezes repetitivas, rapidamente executadas.

Globalmente, pode-se dizer que, ao mesmo tempo em que é um progresso em termos de tecnologia, é uma regressão em termo de trabalho casual como no passado nas economias industriais. Na maioria das vezes, o *crowdworking* não é regulamentado, de tal maneira que os trabalhadores não têm controle de quando eles vão trabalhar, nem das condições nas quais eles vão trabalhar. Eles também têm poucos recursos quando têm problemas com empregador.

A propósito da *gig economy*, J, Prassl e M. Risak (2016) mencionam que ela não deveria ser tratada como um fenômeno homogêneo, uma vez que cada categoria de trabalho tem uma resposta de regulação *sui generis*, podemos dizer que. Em geral, a maioria dos autores chamam atenção que o preço do trabalho é muito baixo pelas razões expostas a seguir.

- A externalização aberta do trabalho coloca os trabalhadores em posição de competição, misturando firmas e indivíduos, por exemplo. Valendrin e Valenduc (2016) relatam o caso de um concurso para criação de uma *logo* solicitada por um empresário para apresentação de sua firma em que só o vencedor será remunerado. Só o segundo colocado ganhará um pequeno prêmio de compensação. Da mesma maneira, explicam os autores, a competição na hotelaria ou nos transportes pode ser menos explícita, mas tão eficaz no sentido de provocar uma baixa de remuneração. O pagamento é muitas vezes incerto e sem possibilidades de ter acesso a todos benéficos que caracterizam o emprego.

- Outro elemento importante para calcular o preço do pagamento é estabelecer uma distinção entre o tempo de trabalhado pago, e o tempo de trabalho pago incluindo a procura de tarefas. Em uma semana de 24, 5 horas de trabalho, somente 6,2 eram pagas. Um resultado que foi constatado também por K. Hara et al. (2018).

- O pagamento por tarefas é incerto. B.J. McInnis et al. (2016) chamam atenção que o trabalho pode ser rejeitado, porque as tarefas eram mal definidas, as instruções pouco claras. A rejeição dos trabalhos também pode provir da supervisão por algoritmos. Muitas vezes, os trabalhadores nem têm meio de recorrer para ter uma explicação da rejeição do seu trabalho, a comunicação entre os *crowdworkers* e os clientes, na maioria das vezes, é impossível. Enfim, muito trabalhadores têm dificuldades de encontrar tarefas, o que os leva a abandonar esse tipo de trabalho.

O relatório da OIT mostrou que uma proporção importante dos trabalhadores pode ganhar abaixo do salário-mínimo local (BERG, 2018, p.50). É possível pensar também no caso das localizações favorecidas com as plataformas, em que se utiliza mão de obra de Estados onde o custo de vida é menor.

No *survey* realizado pela OIT, a percepção dos trabalhadores é que se paga pouco e menciona-se que, em certos países, não se paga em dinheiro, mas em *vouchers* e não com liquidez. Além disso, os trabalhadores têm que pagar o serviço de transferência de dinheiro, como Paypal, por exemplo. Sobretudo em países, tais como África, Ásia e América Latina, muitos *crowdworkers* estão em situação financeira precária. Um artigo de A. Caselli (2017) mostra que a demanda de bens provinda dos Estados Unidos e da Europa é maior quando a oferta é geograficamente mais difusa (GRAHAM; HJORTH; LEHDONVIRTA, 2017), o que lhe faz dizer que, de certa maneira, haveria uma reprodução da situação colonial devido às condições de trabalho existentes.

3.1.5 Perda da proteção social

O "trabalho" é mais do que o trabalho. Quando pensado na sociedade pós-guerra, ele é não só o cumprimento de tarefas específicas, mas uma rede protetora que se instalou nas lacunas da "proteção de proximidade" que constituem a família, a comunidade territorial ou religiosa de proximidade, etc. (CASTELL, 1995, p. 36). A proteção social é contrária ao *crowdwork* e a aparência de autonomia constitui uma boa maneira de se desfazer de sua responsabilidade legal e social (STEFANO, 2016; JOHNSTON; ND LAND-KAZLAUSKAS, 2018). Na pesquisa mencionada, apenas 16% dos trabalhadores para quem o *crowdworking* era a principal fonte de recurso eram cobertos por um plano de aposentadoria, enquanto 44% dos trabalhadores para quem o *crowdwork* não era a maior fonte de renda eram cobertos por esse plano. Os *crowdworkers* não têm férias, não tem seguro-saúde, não tem "auxílio maternidade", nem benefícios da aposentadoria e nem via institucionalizada de comunicação e de resolução de conflitos.

Figura 11 – Acesso a diferentes formas de benefícios de proteção social (fontes principais, (percentage covered)

Table 4.2 Access to various forms of social security benefits, by main income source (percentage covered)

	Crowdwork is main income source	Crowdwork is secondary income source	Total
Health	52.1	65.6	61.3
Pension/ Retirement plan	15.6	44.2	35.1
Other social insurance	31.9	39.4	37.0
Unemployment	9.7	19.1	16.1
Worker's compensation / employment injury	15.5	23.1	20.6
Disability benefits	11.2	14.5	13.5
Others	4.2	3.1	3.5
Social assistance and other government programmes	33.4	27.0	29.0
Food-related	13.6	6.4	8.7
Housing-related	6.3	5.0	5.4
Child-related	8.4	8.8	8.7
Disability-related	7.7	5.3	6.1
General income support	6.6	6.1	6.3
Extended income tax credits	3.1	3.7	3.5
Other	3.1	1.9	2.3

Source: ILO survey of crowdworkers, 2017.

Fonte: OIT (2018)

Para o trabalhador, constata-se o isolamento social, o estresse da auto--organização e a falta de nitidez entre as fronteiras da vida privada e profissional. De certa maneira, pode-se dizer que se volta a um tipo de vida que caracterizava os primeiros tempos da industrialização que pode ser resumida pela expressão *"viver de dia para comer de noite"*.

Além de não constituir, de longe, uma opção que traz a autonomia, o *crowdworking*, segundo a literatura de juristas, em particular R. Eisenbrey e L. Mishel (2016), mostra que, em vez de liberdade, muitos casos observados podem ser mais caracterizados por subordinação – em relação ao tempo de disponibilidade em particular. O que pensar quando estatísticas mostram, por exemplo, que uma parte desses *crowdworkers* estão ligados a três plataformas ao mesmo tempo?

Figura 12 – Motivo mais importante de adesão as plataformas (percentagens)

Table 4.2 Access to various forms of social security benefits, by main income source (percentage covered)

	Crowdwork is main income source	Crowdwork is secondary income source	Total
Health	52.1	65.6	61.3
Pension/ Retirement plan	15.6	44.2	35.1
Other social insurance	31.9	39.4	37.0
Unemployment	9.7	19.1	16.1
Worker's compensation / employment injury	15.5	23.1	20.6
Disability benefits	11.2	14.5	13.5
Others	4.2	3.1	3.5
Social assistance and other government programmes	33.4	27.0	29.0
Food-related	13.6	6.4	8.7
Housing-related	6.3	5.0	5.4
Child-related	8.4	8.8	8.7
Disability-related	7.7	5.3	6.1
General income support	6.6	6.1	6.3
Extended income tax credits	3.1	3.7	3.5
Other	3.1	1.9	2.3

Source: ILO survey of crowdworkers, 2017.

Fonte: OIT (2018)

Figure 13 – Motivo mais importante de adesão as plataformas (percentagens)

Figure 3.8 Most important reason for performing crowdwork, by platform (percentages)

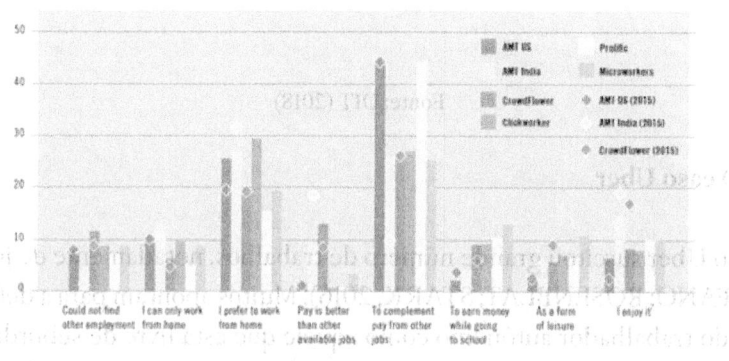

Source: ILO survey of crowdworkers, 2015 (S1 and S2) and 2017.

Fonte: OIT (2018)

No que diz respeito à escolha do *crowdworking*, as maiores razões de escolha para empreender *crowdworking* apontam a complementação de renda de outro trabalho e "preferir trabalhar em casa". No Brasil como na Índia, 22% dos trabalhadores entrevistados da AMT diziam que preferiam porque ganhavam mais. Mas, para certas pessoas, era uma opção por ter tido problema de doença física ou mental durante um tempo de um ano ou mais, ou seja, o *crowdworking* sendo uma maneira de sobreviver porque não se encontrava emprego. O *crowdworking* constitui a renda principal para 32% das pessoas entrevistadas.

Figure 14 – Motivo mais importante de adesão as plataformas por gênero (percentagens)

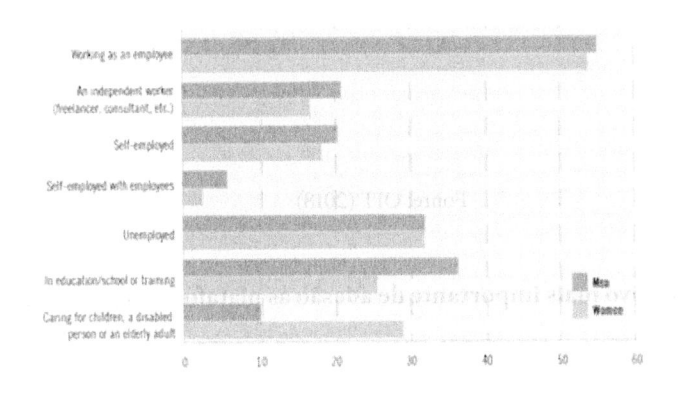

Fonte: OIT (2018)

3.2. O caso Uber

O caso Uber suscitou grande número de trabalhos, notadamente de juristas (STEFANO; ROSENBLAT; STARK, 2016). Muitos apontam para a definição legal do trabalhador autônomo como aquele que está livre de subordinação direta ao contratante e dispõe livremente dos ganhos, possuindo liberdade de organização e venda do próprio trabalho. Os autores argumentam que a característica de subordinação é muitas vezes mascarada pelos aplicativos e algoritmos, mas que, na situação fática, implicam subordinação real. O argumento é de que os motoristas, para ganharem salários justos, precisam se sujeitar a jornadas exaustivas de trabalho, não podem escolher quando pegar corridas, por conta de controles do aplicativo e não sabem quanto estão ganhando, pois os preços são fixados pelo aplicativo sem conhecimento ou controle deles.

3.2.1 Tempo integral, bico ou complemento?

Na pesquisa da OCDE, para praticamente ¼ dos *crowdworkers*, esse trabalho representa mais da metade dos seus rendimentos. J. Berg (2018) nota que os *crowdworkers*, para os britânicos, resultam em rendimentos modestos, sendo que, para 42%, representam menos de 20.000 libras *sterling*, ante o pagamento de taxas e impostos diversos, e somente 7% ganham mais do que 55.000 libras *sterling*. Entre os que procuraram trabalho através das plataformas, para a grande maioria (88%), o objetivo era achar atividades que pudessem ser realizadas a partir do domicílio via plataformas, tais como Upwork, Clickworker ou Peopleperhour. Também 12% procuravam trabalho podendo ser realizado *off-line*, como a jardinagem ou a limpeza via plataformas, tais como Handy, Taskrabbit, Mybuilder ou Mopp. Sete por cento (7%) procuravam trabalho de motorista através de plataforma, como Uber ou Blablacar.

3.3. Economia digital e "trabalho": uma evolução peculiar?

As transformações por causa da automatização vão, de certa maneira, no mesmo sentido de que as outras transformações tecnológicas que se passaram na economia nesses últimos séculos, economizando mão de obra, e por isso tendo grande repercussão na sociedade. Nesse momento, com a economia 4.0 e a multiplicação das plataformas, a preocupação das mudanças em relação à taxa de emprego é grande, assim como a perplexidade em torno do perfil do trabalho nas plataformas.

Todavia a literatura consultada aponta para transformações com tendência ao aumento da informalidade, que já vem ocorrendo desde os anos 60 nos Estados Unidos, os anos 70 no Japão e o fim dos anos 70 para o Reino Unido

(CERC-ASSOCIATION, 1994). Boltanski e Chiapello descrevem transformações que ocorreram a partir dos anos 70 na França: um empobrecimento da população em idade de trabalhar e um crescimento regular do número dos desempregados, enquanto o lucro da renda que concerne a uma população reduzida cresceu. Em 1975, a população ativa que era 80% caiu para 60%, em 1995. Eles chamam atenção para uma desconstrução do trabalho desde aquela época: uma precarização do trabalho na qual, empregos, com tempo indeterminado, tornaram-se muitas vezes contratos de curta duração, estagiários intermediários, etc. e acompanhada de uma dessindicalização. Essas observações intervinham antes que a flexibilização da economia se tornasse um discurso dominante (BOYER, 1988).

Uma figura analisada pelos autores é a do empreendedor. O empreendedor não precisa necessariamente abrir uma empresa, mas ter uma atitude empreendedora, que busca sempre o auto aprimoramento. Uma atitude que passou a ser um ideal e é exigida dentro da empresa, mesmo para pessoas que cumprem funções simples. Os vínculos de trabalho, por sua vez, passaram a ser, muitas vezes, baseados em projetos e não em contratos a longo prazo. Assim, as pessoas passaram a ter diferentes projetos acontecendo, que não necessariamente estão interligados entre si, e passaram a precisar mobilizar diferentes habilidades para realizá-los. Desse modo, o indivíduo não é mais definido por uma habilidade ligada a um local de trabalho, onde ele pode ver sua carreira se desenvolvendo gradualmente de acordo com o seu esforço.

Richard Sennet (2006), por sua vez, mostrou como o trabalho, em momentos anteriores ao capitalismo, sempre foi associado ao emprego. Ele opõe carreiras tradicionalmente ligadas a um emprego que permitia às pessoas construir uma narrativa de vida cumulativa, em que seus esforços podiam ser justificados e os resultados claramente observados, ao mundo contemporâneo onde o trabalho dividido por projetos é flexível e não permite que se construa uma trajetória tão clara, gerando grandes incertezas sobre quais caminhos seguir e onde se quer chegar. Assim o foco passa a ser o sujeito e não sua carreira, e as metas a serem batidas são pessoais, não de trabalho, o que explica a grande popularidade de livros de autoajuda, por exemplo. As relações sociais também se tornam continuamente mais atomizadas, segundo o autor, com vínculos mais frágeis assim como os contratos.

Quando a vida era centrada em torno da empresa, isso gerava um núcleo duro de relações estáveis. A grande questão, então, passa a ser a aparente contradição entre liberdade e instabilidade. Enquanto a flexibilidade de horários e de trabalhos é constantemente caracterizada como um ganho positivo, para os trabalhadores, assim como para as empresas, existe o contraponto do maior isolamento social, desorganização da rotina e insegurança e ansiedade em relação ao futuro. Não só as formas de trabalhar e contratar mudaram, mas também as ideias e expectativas do que é trabalho. Quais novas formas de solidariedade podem emergir nesse novo momento susceptíveis de atender aos mais desprotegidos?

A previsão significativa do decréscimo do emprego levou a uma forte preocupação ao nível das tomadas de decisões políticas, que levou, por exemplo, algumas correntes a promover a ideia de uma renda universal – uma renda não associada ao trabalho (ALLÈGRE; STERDYNIAK; OFCE, 2017).

3.4. Diminuição do emprego, desconstrução do salário pela *gig economy* e questões que suscitam a evolução mais ampla do trabalho

Devido à situação de evolução conjunta do aumento do desemprego e do crescimento do trabalho desvinculado de direitos (e obrigações) sociais, os poucos ativos deverão pagar para os inativos crescentes e as populações que trabalham sem assegurar direitos sociais. Castel (1995, p. 387) menciona que "o todo econômico nunca fundou uma ordem social". Numa sociedade complexa, a solidariedade social não é dada, mas construída; a propriedade social é compatível com o patrimônio privado e é necessário para a inscrição em estratégias coletivas. O salário não pode ser reduzido a simples remuneração de tarefas; a necessidade de achar um lugar para cada um numa sociedade democrática não pode ser cumprida por uma comodificação completa dessa sociedade "cavando" qualquer "jazida de emprego", etc.

Ora, a literatura percorrida mostra um crescimento do desemprego e a desconstrução do trabalho na economia como um todo convergindo com a evolução da economia digital, de tal maneira que as regulações formais e informais, existentes no âmbito da sociedade, são profundamente estremecidas. Se a condição salarial se "desmancha", o Estado social perde seu poder integrador e coloca, portanto, um desafio para a coesão social. O acento na precarização do trabalho permite o processo que alimenta a vulnerabilidade social e produzem, no fim do percurso, o desemprego e a "desafiliação" (CASTEL, p. 401). Se a identidade pelo trabalho se perde, o que será de suas identidades coletivas que têm, como diz Yves Barel (1990, p. 413), um papel integrador?

4. O estado da arte no Brasil

No Brasil, não existem ainda muitas pesquisas sobre o impacto das novas formas de economia sobre a sociedade. Procuramos aqui reunir algumas das publicações importantes existentes.

Os autores brasileiros L. Silveira, M. Petrini e A. C. Santos (2018) fazem um apanhado da bibliografia internacional sobre economia compartilhada e consumo colaborativo. Os autores localizam o surgimento dessas novas economias a partir de uma preocupação social e ambiental, e o entendimento da impossibilidade de se manter o nível de consumo atual no futuro (BRADSHAW; BROOK, 2014; WWF, 2012; DAUVERGNE, 2010). As novas economias seriam assim uma resposta ao que os autores denominam hiperconsumismo:

> Ao contrário do consumo tradicional, o consumo na economia compartilhada baseia-se nas pessoas que trabalham de forma colaborativa, compartilham ideias e práticas e geram interações, promoções e venda de produtos de forma cooperativa (BOTSMAN; ROGERS, 2009).

Registram-se poucas publicações, e muitas indicam uma gritante falta de produção no tema (SILVEIRA; PETRINI; SANTOS, 2016). Existem algumas publicações coletivas, principalmente na área do direito, por exemplo, *Economias do Compartilhamento e o Direito* (2017)[6]. O livro conta com pesquisas realizadas entre 2014 e 2016 sobre a relação de empresas caracterizadas pela *sharing economy* e a relação do direito com essa nova forma de economia. A pesquisa foi motivada pela falta de foco da academia no Brasil no tema, por uma abordagem interdisciplinar e pela busca de clareza conceitual sobre

---

[6] Organizado por Zannata, Kira e De Paula, produzido pelo InternetLab.

o conceito. São reunidos artigos sobre a conceituação da *sharing economy*, sobre debates jurídicos e regulatórios sobre o compartilhamento de bens, serviços e produção.

Alguns autores, tais M. Pires (2018, p.7), apontam abertamente para o atraso do Brasil em pensar sobre o tema:

> Quando observamos a inserção da economia brasileira nesse processo de profundas transformações, vemos que a sociedade e o Estado estão atrasados tanto em buscar maior conhecimento sobre a QRI, quanto em adotar estratégias competitivas para ajustar nossa capacidade produtiva a um contexto em que haverá maior concorrência internacional, menor demanda por matérias-primas, maiores ganhos de produtividade, maior pressão sobre os salários e ainda a acentuação da tendência à queda nas taxas de lucro globais.

O autor, além de definir a Quarta Revolução Industrial (QRI), a partir de K. Schwab, busca posteriormente olhar especificamente para o lugar da economia brasileira nesse contexto de mudanças. Pires não se diferencia da visão pessimista do impacto da QRI sobre o mercado de trabalho de outros autores. No momento atual, ele argumenta que não é possível pensar que novas indústrias criam novos empregos, como sempre aconteceu com as revoluções industriais anteriores. Dois grandes mecanismos que anteriormente funcionaram para ativar a economia em tempos de crise são a guerra e a migração. Ele explica que guerra da proporção anterior não são mais travadas e que, como o desemprego é global, a migração tem sido recebida com xenofobia crescente, e não como mão de obra extra como anteriormente.

Falando especificamente de como as novas tecnologias afetam a indústria em diferentes setores, ele coloca um exemplo das telecomunicações, que foram muito impactadas pelas novas tecnologias de streaming e telefonia (Netflix e WhatsApp). Como o autor mostra, a competição não se dá como antes entre empresas do mesmo setor, porque as novas empresas de tecnologia têm custos muito menores de instalação, infraestrutura e manutenção, todos geralmente são feitos *on-line*. Assim, enquanto a Vivo emprega 34 milhões de pessoas para atender a 70 milhões de clientes, a Netflix emprega 3.500 para atender a 100 milhões. O *marketing* também está sendo modificado pela maior quantidade de informações disponíveis sobre cada cliente, permitindo uma completa mudança na maneira como as campanhas são feitas, cada vez mais customizadas.

O autor aponta que países, como a China, que têm salários industriais mais altos que o Brasil, já começaram a ter estratégias para lidar com a automação da linha de trabalho, passando a privilegiar o mercado interno e o setor de serviços, falando da automação como algo que vai liberar seus funcionários para desempenharem funções de mais alto valor agregado, como pesquisa e desenvolvimento.

Nesse cenário, é preocupante a situação do Brasil que permanece tendo como principal força da sua economia a exportação de *commodities* de baixo valor agregado. A maior parte dos empregos que estão no setor de serviços, também correm o risco da automação. Existe, ainda, a preocupação de o setor de serviços absorver a maior parte da mão de obra desqualificada, e, ao não ter mais essa porta de entrada para o mercado de trabalho, o desemprego tende a se acentuar ainda mais.

Outra característica apontada como preocupante é o aumento da desigualdade de renda entre diferentes níveis de escolaridade que está se aprofundando. Os assalariados com ensino superior incompleto recebem hoje menos do que recebiam em 1973 e os sem ensino médio completo menos do que recebiam em 1963.

O autor aponta também para a desregulamentação do mercado, a precarização da legislação trabalhista e para uma inversão do trabalho de volta para antes da Primeira Revolução Industrial. Com a Primeira Revolução, os trabalhadores passaram a se centrar nas fábricas, diante de uma organização padronizada e centralizada. Com a QRI, os trabalhadores voltam a padrões anteriores à Primeira Revolução, passando a trabalhar cada vez mais das suas casas, utilizando os próprios bens de capital, como celulares, internet e computadores para trabalhar. Uma futura popularização das impressoras 3D pode aumentar, ainda mais, essa tendência.

Para o autor, a queda no salário real, a diminuição do emprego formal, acentuada pelas novas tecnologias, como TaskRabitt e Uber, e a desregulamentação do mercado de trabalho são um desafio para o movimento sindical no mundo inteiro, deixando o trabalhador mais desprotegido.

É interessante notar que se encontra alguma produção acadêmica, indicadora do interesse crescente pelo tema. L. Coutinho (2017), na sua tese de mestrado pela Universidade de Brasília (UnB), analisa como se dá a competição no mercado dadas as novas tecnologias digitais de compartilhamento. A autora aponta principalmente, a partir de E.Brynjolfsson e A. McAfee (2015), para como grande parte da bibliografia sobre a economia compartilhada fala sobre suas facetas positivas, como a diminuição do consumo e impacto ao meio ambiente, e de maior número de opções para os consumidores, alternativas a modelos econômicos antigos, etc. No entanto a autora aponta para a característica dessa nova economia chamada *"winner-takes-all"* ou "o vencedor leva tudo", que gera grande concentração de renda e mercado.

A respeito da dinâmica *o vencedor leva tudo*, a autora revisa a bibliografia que demonstra que isso ocorre não apenas pelas vantagens competitivas dessas novas tecnologias, mas também pela estrutura de competição entre plataformas digitais P2P, que leva a um cenário em que o vencedor tem, cada vez, maior parcela do mercado. A vantagem das empresas vencedoras vem de características próprias da economia digital, que são o acesso privilegiado a dados dos usuários, capacidade de discriminar preços por meio de algoritmos e o efeito de *lock-in*, em que a substituição da tecnologia por uma alternativa é custosa. Além disso, no caso de plataformas sociais, a tendência é sempre favorecer as maiores redes, que já têm mais usuários, uma vez que o objetivo é a interação com esses. Dessa maneira, o mercado para essas economias digitais se dá de maneira que dificulta a competição. Assim, as condições de entrada de novas empresas no mercado são muito mais difíceis do que geralmente aparenta, pela ideia da democratização da tecnologia. Segundo a autora:

> Entende-se como necessária a construção de um aparato regulatório que garanta o equilíbrio dos benefícios e dos riscos impostos por esses novos modelos de negócios, ao garantir, por um lado, a expansão da competitividade e, por outro, a livre iniciativa para o desenvolvimento do mercado...Não menos importante é que o desenvolvimento de políticas públicas de incentivo ao desenvolvimento de tecnologias nacionais sejam parte da prioridade da agenda governamental, criando condições para que o país se aproprie dos benefícios cada vez maiores da economia digital (COUTINHO, 2017, p. 82).

Uma parte da produção está voltada para estudos de casos, principalmente da plataforma Uber, como é o caso do estudo de Y. Leite, et alii (2018) e de P. Behs (2017). Os autores fazem um levantamento da discussão jurídica em torno do vínculo empregatício dos motoristas com a empresa Uber e dos casos em que decisões semelhantes já foram aplicadas no exterior. Os autores tendem a favorecer, ao final da análise, a necessidade de uma regulamentação do serviço.

A empresa Uber já foi levada à Justiça no Brasil e em diversos países por conta da questão do vínculo empregatício. Em muitos lugares, a Justiça foi favorável aos motoristas, levando a algum nível de regulamentação do serviço. A discussão levantada é se os motoristas seriam autônomos ou empregados da empresa. No Brasil, a Justiça julgou quatro casos, sendo metade decidindo a favor do motorista como autônomo, e metade a favor do motorista enquanto empregado.

Do avanço tecnológico da economia digital resultam, sem dúvida, grandes transformações que afetam a quantidade de empregos, a sua qualidade (mais qualificada, mais móvel), mas também uma mudança em relação à forma do trabalho, passando de um emprego a tarefas.

Em vista da pouca importância da literatura existente para responder às perguntas a respeito do Brasil, resolvemos realizar um pequeno *survey* que pudesse nos ajudar a pensar essas questões ou, pelo menos, a esmiuçar hipóteses para quem quisesse posteriormente realizar uma pesquisa.

5. *Survey* a respeito do trabalho em novas economias digitais

Realizamos algumas entrevistas abertas buscando entender a inserção de jovens de classe média no mercado de trabalho, especialmente em áreas de alta informalidade e das "novas economias"

As entrevistas realizadas com jovens, uma escolha que se confirmou ser acertada para um primeiro *survey*, sendo que os resultados de pesquisa da literatura internacional consultada mostraram que, em todos os setores da economia e em todos os lugares, o avanço da tecnologia digital atingia os jovens em maior proporção. O resultado desse *survey* é, no entanto, muito parcial, uma vez que não cobre a população jovem das classes populares e médias baixas, que conta, sem dúvida, os que, certamente, têm mais dificuldade de adentrar a esse tipo de mercado de trabalho, e sofrem mais da perda das vantagens que lhe confere um contrato de trabalho "clássico". Os entrevistados foram, em geral, jovens de classe média da Zona Sul do Rio de Janeiro. com duas exceções, todos tinham ensino superior completo, a grande maioria trabalhando nas novas economias.

Um dos entrevistados, um jovem de 29 anos formado em Engenharia, trabalha com economia compartilhada e *startups* e se definiu como "empreendedor". É uma pessoa respeitada na área, que organiza eventos internacionais. Sendo assim, é muito procurado, mas demonstra escolher que tipo de trabalhos aceita fazer a partir dos seus valores pessoais, tendo trabalhado em uma grande campanha presidencial em 2018 e participado da abertura de uma exposição ligada ao público de lésbicas, *gays*, bissexuais, travestis, transexuais e transgêneros (LGBT). Essa campanha tinha sido inicialmente censurada pelo Poder Público e passou a ser viabilizada pelo *crowdfunding*.

Relatou ter escolhido um emprego em um *startup* ao invés de uma oferta que tinha de uma grande empresa do setor industrial nacional. Não demonstrou grande preocupação com o sistema de proteção social envolvido em ter uma carteira assinada. Apesar de seu pai ter argumentado que ele deveria escolher o emprego com mais segurança, algo que ele próprio não tinha tido na sua vida, ele escolheu o emprego que lhe abria mais possibilidades de empreendedorismo. Segundo ele, era importante poder ver o resultado do seu trabalho no produto final, algo que nunca era possível em grandes instituições. Sua definição de empreendedorismo é de alguém que está sempre "nadando", nunca parado.

Outro entrevistado, mineiro de 28 anos formado em Administração, tem um cargo de analista de operações em uma grande empresa de compartilhamento de corridas. Apesar desse tipo de serviço ser sempre usado como exemplo de economia compartilhada e serviços *on demand*, ele diz não concordar. Ele acha que, nesse momento, enquanto muitas empresas competem pelo mercado, o consumidor é muito beneficiado pelos preços baixos, mas a empresa e os motoristas não. Para ele, economia compartilhada deveria ser algo que trouxesse benefícios para todos os lados envolvidos na situação. Também duvida de um impacto positivo no meio ambiente, dizendo não ter certeza, e já ter visto estudos que mostram que esse tipo de serviço, na verdade, coloca mais carros na rua, porque são alternativas ao transporte coletivo e não são usadas como renda complementar pela maioria dos motoristas, mas sim como sua fonte principal de renda.

Perguntado qual o seu critério para escolha de empregos, ele diz que é a sua qualidade de vida principalmente, o que inclui liberdade para usar roupas mais informais e flexibilidade de horário. Como jovem com uma formação em uma das melhores faculdades de negócios do Brasil, ele é procurado por muitas empresas e recebe um bom salário para sua idade, tendo uma vida confortável. Ele diz, no entanto, que não faria sacrifícios para crescer dentro da empresa, como alguns dos seus amigos fazem, incluindo, por exemplo, se mudar para outra cidade. Seu sonho é eventualmente poder ter o próprio negócio, um café ou uma fazenda de orgânicos, e poder ser "independente". Quando perguntado se ele se preocupa com a instabilidade que isso pode trazer, considerando que sempre teve a segurança de uma carteira assinada em toda a sua vida profissional, ele responde que a questão não é segurança ou estabilidade, mas sim liberdade.

Chama atenção a rejeição ao trabalho formal com grandes empresas, a preocupação com realização pessoal e o pouco caso que se faz a respeito de uma situação mais assegura por um contrato de trabalho clássico. Assim, no decorrer das entrevistas, podemos ver como o desejo de ser *freelancer* dominava. Em outro caso observado, uma pessoa que era estagiária e estava em via de ser contratada não sabia se ia ter um contrato de trabalho ou se tinha que adotar o estatuto de uma pessoa jurídica, o empregador acenava alternativamente para uma ou outra das possibilidades, mas a candidata não demonstrava preferência por um estatuto ou outro.

Algumas características foram comuns ao conjunto das entrevistas. Todos prezavam por sua qualidade de vida e a maioria dizia escolher o trabalho que desempenham por meio de valores pessoais, dizendo que não trabalhariam para empresas que podem ser consideradas prejudiciais ao meio ambiente ou à sociedade. Um fator comum mencionado por todos os entrevistados foi a importância da flexibilidade de horários, considerada algo positivo e almejado, apesar de alguns admitirem a dificuldade de gerenciar seu tempo pessoal como autônomos.

É notável a ligação que pode ser traçada entre a ideia de independência e tempo. O tempo como construção cultural (LEACH, 1968; GELL, 1992) é uma categoria usada pelos entrevistados como a chave para um trabalho verdadeiramente autônomo. Chama atenção o fato de que muitos dos entrevistados autônomos relatam ter longas jornadas de trabalho, mais longas do que teriam como empregados às vezes, inclusive em horários incomuns. A diferença parece ser, portanto, a capacidade de dispor do próprio tempo, não importa quão longo esse seja, não tendo esse controlado por terceiros diretamente. Todos os entrevistados dependiam indiretamente de interações com outros. Muitos dos entrevistados já haviam feito algum trabalho *freelancer* ou tinham esse tipo de trabalho como principal fonte de renda.

A grande maioria, quando perguntada sobre aposentadoria, não tinha pensado sobre isso ou dizia não se preocupar. Nenhum dos entrevistados autônomos contribuía para o Instituto Nacional do Seguro Social (INSS), com uma exceção. Um deles, notadamente, disse que não se preocupava com aposentadoria porque trabalhava com o que ama e pretendia continuar trabalhando até a morte.

Assim, para jovens de classe média carioca com nível de ensino superior, a escolha do trabalho é muito mais complexa do que uma simples tendência do mercado, implicando também valores pessoais ligados a causas sociais, que sugerem que, tanto no Brasil, quanto na literatura internacional encontrada, a economia colaborativa pode ter uma componente ética e refletir nas concepções a respeito do trabalho.

Conclusões

Voltando a uma reflexão sobre a situação do Brasil confrontando-a com a literatura explorada, não se pode, certamente, pensar o "trabalho" sem se debruçar sobre a peculiaridade do acesso à internet por parte de todas as camadas sociais, sobre o nível de educação e sem considerar a especificidade do mercado de trabalho no Brasil. Diferentemente da França, o Brasil não chegou a desenvolver o "assalariamento" de maneira tão abrangente como esta o fez no decorrer dos anos 60. A larga existência de emprego informal e a extensão peculiar do estatuto de pessoa jurídica (PJ), para além das atividades tipicamente empresariais, nos levam a descartar essa ideia. Novamente, o que impressiona nas entrevistas, entre jovens de uma certa classe social, é a preferência do estatuto de pessoa jurídica evocado pelos entrevistados.

Segundo dados do Instituto Brasileiro de Geografia e Estatística (IBGE) recentes, o número de trabalhadores contratados como pessoas jurídicas aumentou. O número de pessoas que trabalham como autônomas registradas no Cadastro Nacional de Pessoa Jurídica (CNPJ), ou então que estão ocupadas como empregadores, subiu de 23,9% do total dos trabalhadores em 2012, para 28% em 2017. São um total de 7,66 milhões de pessoas que são pessoa jurídica no Brasil.

Mais pessoas se tornam pessoas jurídicas e são contratadas dessa maneira, mesmo para trabalhos fixos, como médicos em hospitais. O fenômeno se expandiria, assim para além do trabalho temporário e talvez além da *gig economy*. Muitos empregadores preferem contratar pessoas como empresas, pagando menos imposto, porque acham que as leis trabalhistas brasileiras são muito pesadas para eles. Do ponto de vista dos empregados oriundos da classe média, a questão não parece ser tão simples. Parece haver também um interesse em contratos de trabalho menos rígidos por parte dos trabalhadores, em algumas áreas, por conta de novos interesses de estilo de vida e preocupações sociais.

Na bibliografia tratada ao longo do relatório, podemos perceber diferentes tipos de estudos. Primeiro, os que enaltecem as novas economias digitais como uma alternativa para o capitalismo atual e enaltecem suas vantagens socioambientais (BOTSMAN; ROGERS, 2010; VALLAT, 2015). Outros autores mostram-se críticos a essas mudanças, como Sundararajan (2014), Vendramin e Valenduc (2016) e P. Belflamme (2017). Alguns autores apontam como essas mudanças afetam os indivíduos e suas vidas pessoais, de um ponto de vista subjetivo, como Sennet (2006) e L. Boltanski e E. Chiapello (1999), que fazem uma análise maior sobre as diferentes mudanças da economia. Muitos relatórios e pesquisas internacionais apontam para uma perda de emprego iminente (OIT, 2017; CARL FREY; MICHAEL OSBORNE, 2013; NEDELKOSKA; QUINTINI, 2018) e outros tantos para a perda de proteção social dos trabalhadores (CASTELS, 1995)

É possível se perguntar, a partir das entrevistas e das tendências registradas pelo mercado, por que tantos jovens estariam preferindo trabalhar com menos garantias sociais e muitas vezes com uma carga horária maior do que aquela admitida em empregos formais. É notável a ligação que pode ser traçada entre a ideia de independência e tempo.

Além da habilidade de dispor do próprio tempo como bem entendido, parece ser importante para os entrevistados que não exista desperdício de tempo. Seria preferível ter que trabalhar tarde da noite, do que estar em um escritório batendo ponto em momentos em que não existe trabalho, de fato, para ser feito. A ideia de cumprir horas no emprego em que não está, certamente, trabalhando parece ser um ponto de extremo desconforto. Esse tempo que poderia ser mais bem utilizado em outras atividades ou mesmo em tempo de lazer pessoal. Assim, não é a carga de horário do trabalho em si que parece estar em questão, mas sim quão eficientemente ela é aplicada. Esse incômodo parece acompanhar noções contemporâneas de que o tempo deve ser sempre aproveitado ao máximo, seja para o trabalho, seja para o desenvolvimento pessoal, pois todos passam a ser empreendedores de si (CASAQUI, 2017).

Além da necessidade de aproveitamento máximo do tempo, outra característica comum à cultura empreendedora moderna (BOLTANSKI, 1999; CASAQUI, 2017) está na ideia de trabalhar com o que se gosta, seguir as paixões pessoais. Nessas narrativas, é apresentada a ideia de que trabalhando em algo pelo qual se é entusiasmado, a pessoa não está trabalhando apenas por dinheiro, mas sim por um propósito, em algo em que se acredita. Como ressaltado no *survey*, valores pessoais e morais, como preocupações ambientais e de justiça social, são apresentados como critérios para escolhas de trabalho, acima, inclusive, de remuneração ou garantia de direitos trabalhistas.

Essas tendências implicam também em uma mudança na subjetividade dos indivíduos, apresentando uma tendência de a identidade pessoal estar cada vez mais dissociada do local de trabalho, como era antigamente (SENNET, 2006; CASTELS, 1995). Atualmente, a individualidade parece ser mais definida segundo novas e complexas formas de pertencimento a comunidades e redes, que podem ser também virtuais. Estudos sobre as novas formas de construção de narrativas individuais, em que o emprego tem menor protagonismo, sendo substituído pelo trabalho-paixão, são necessários para entender as mudanças nas novas formas de ocupações. Pelas narrativas pessoais e midiáticas, é possível entender como a mudança na forma em que as pessoas trabalham pode estar ligada também a mudanças na subjetividade individual, vinda dos empregados, e não apenas em mudanças macroeconômicas, causadas por transformações nas empresas, na legislação trabalhista ou na economia.

Ademais, o que será de ponto de vista das classes populares? Poderíamos observar essa mudança em relação a concepção do trabalho semelhante a setores sociais mais privilegiados?, Em todo caso, será que a situação de pessoa jurídica virou o novo paradigma da regulação do trabalho? Se for levar em conta o peso do desemprego, quais seriam as consequências disso em termos de políticas públicas e de coesão social? O *crowdworking*, já comum em muitos lugares do mundo, ainda é pouco explorado no Brasil.

Por causa do tempo restrito da pesquisa, não foi possível maior aprofundamento nas entrevistas, que, no futuro, poderia ser valioso para qualificar os dados já disponíveis sobre as novas economias. Devido às especificidades do Brasil, relativas a constituições demográficas, acesso a internet, nível de educação dos jovens em idade de entrada no mercado de trabalho, uma pesquisa focada em entender esse tema voltado às especificidades do desenvolvimento dessa economia se impõe.

Referências

AGLIETTA M.; BENDER A. Les métamorphoses de la société salariale. Paris, Calman--Levy, 1984.

ALLEGRE, G.; STERDYNIAK, H. Revenu universel: l'état du débat. 2017. Disponível em: https://www.ofce.sciences-po.fr/blog/do-we-need-a-universal-basic-income-the--state-of-the-debate/. Acesso em: 13 ago. 2019.

BAREL, Y. Le grand intégrateur. Espace Social, n. 2, jan./mar. 1997.

BEHS, P. Uber no Brasil: regulamentação e economia compartilhada. 2017. Monografia (Graduação em Ciências Econômicas) – Faculdade de Ciências Econômicas. Universidade Federal do Rio Grande do Sul. Rio Grande do Sul, 2017.

BELLEFLAMME P. Les plateformes de l'économie collaboratives et enjeux. *In*: DRECROP, Alain. La consommation collaborative: enjeux et défis de la nouvelle société du partage. *[S.l.]: De Boeck*, 2017.

BERG, J.; FURRER, M.; HARMON, E.; RANI, U.; SILBERMAN, M. Digital labour platforms and the future of the work. Geneva: International labour Office, 2018.

BOLTANSKI, L.; CHIAPELLO, E. O novo espírito do capitalismo. Paris: Gallimard, 1999.

BOYER, Robert. The search for labour market flexibility: the european economies in transition. [S.l.]: Oxford University Press, 1988.

BRADSHAW M. J. Global energy dilemmas: energy security, globalization, and climate change. Cambridge: Polity Press, 2014.

BRYNJOLFSSON, E.; MCAFEE, A. Race against the machine. Lexington: Digital Frontier, 2011.

BOTSMAN, R. The sharing economy lacks a sharing definition. [S.l.]: Fast company, 2013.

BOSMAN, R.; ROGERS, R. You are what you can acess: sharing and colaborative consumption on line. Journal of business Ressearch, v. 67, 2014.

BOWKER, G.; STAR, S. Sorting things out: classification and its consequences. Cambridge: MIT Press, 2000.

CARDON D.; CASILLI A. Qu'est-ce que le digital labor? Paris, INA éditions, coll. 2015.

CASAQUI, V. Abordagem crítica da cultura da inspiração: produção de narrativas e o ideário da sociedade empreendedora. E-compós, Brasília, v. 20, p. 1-18, 2017.

CASILLI, A. A. Digital labour studies go global: toward a digital decolonial turn. Casilli, v. 11, 2017.

CASTEL, R. La métamorphose de la question sociale. Paris: Fayard, 1995.

CERC (1994) association, Immigration chômage et emploi, hors série.

CHESNAIS, F. Mondialisation du capital et régime d'accumulation à domination financière. Paris: Agone, 1996.

CHERRY, M. A. Beyond misclassification: the digital transformation of work. Comparative labor law & policy journal. 2016. Disponível em: http://papers.ssrn.com/sol3/papers.cfm?abstract_id=2734288. Acesso em: 13 ago. 2019.

COASE, R. The Nature of the Firm. Economica, v. 4, n. 16, p. 386-405, nov. 1937.

COLIN, N.; VERDIER, H. L'âge de la multitude: entreprendre et gouverner après la révolution numérique. [S.l.]: Armand Collin, 2012.

COUTINHO, L. Economia do compartilhamento e plataformas digitais: riscos da competição em indústrias de alta tecnologia e mercados de dois lados. 2017. 95 f. Dissertação (Mestrado em Economia)–Universidade de Brasília, Brasília, 2017.

DAGNAUD M. Economie collaborative: um progamme public pour une jeunesse rebelle? Jun. 2015. Disponível em: https://www.telos-eu.com/fr/societe/economie-collaborative-un-programme-politique-pour.html. Acesso em: 13 ago. 2019.

DAUVERGNE, P. The problem of consumption. Global Environmental Politics, v. 10, n. 2, 2019.

DE STEFANO, V. The rise of the just-in-time workforce: on-demand work, crowdwork, and labor protection in the gig-economy. Comp. Lab. L. & Pol'y J., n. 71, 2015.

DURKHEIM E. A divisão do trabalho social. Lisboa: Editorial Presença, 1977.

EISENBREY, R.; MISHEL, L. Uber business dos not jusitify a new 'independentant worker' category. mar. 2016. Disponível em: https://www.epi.org/publication/uber-business-model-does-not-justify-a-new-independent-worker-category/. Acesso em: 13 ago. 2019.

EU-OSHA. A review of the future of work: online labour exchanges or "crowdsourcing": implications for occupational safety and health, Discussion paper of the European Agency for Safety and Health. nov. 2015. Disponível em: https://osha.europa.eu/en/tools-and-publications/publications/future-work-crowdsourcing/view. Acesso em: 13 ago. 2019.

EUROFOUND. New forms of employment. Luxemburgo: Publication Office of the European Union, 2015.

EISENBREY R.; MISHEL L. Uber business model does not justify a new 'independent worker'category. Employment Policy Institute, mar. 2016.

FREY C. B.; OSBORNE M. A. The future of employment: how susceptible are jobs to computerisation? Technological forecasting and social change, v. 114, p. 254-280, 2017.

GELL A. The anthropology of time: cultural constructions of temporal maps and images. Michigan: Berg, 1992.

GODIN. Gender and Innovation in the new economy. [S.l.]: Palgrave Mac Millan, 2014.

GREEN, Anne; DE HOYOS, Maria; BARNES, Sally-Anne; BALDAUF, Beate; BEHLE, Heike; STEWART, James. CrowdEmploy: crowdsourcing case studies an empirical investigation into the impact of crowdsourcing on employability. [S.l.]: Publications Office of the European Union, 2013.

HARA, K.; ADAMS, A.; MILLAND K.; SAVAGE S.; CALLISON-BURCH, C.; BIGHAM, J. P. A data-driven analysis of workers' earning on Amazon Mechanical Turk. In: CHI '18: PROCEEDINGS OF THE 2018 CHI CONFERENCE ON HUMAN FACTORS IN COMPUTING SYSTEMS, Montreal, 2018. Disponível em: https://ink.library.smu.edu.sg/sis_research/4209/. Acesso em: 13 ago. 2019.

HUWS, U. The making of a cybertariat: virtual work in a real world. Monthly Review Press, jul. 2003.

HUWS U. Working online, living offline: labour in the Internet age. *In*: Work organisation, labour and globalisation, v. 7, n. 1, p. 1-11, 2013.

HUWS, U.; JOYCE, S. Size of the UK's "Gig Economy" revealed for the first time. IZA Policy Paper, n. 117, 2016.

HYMAN, L. The rise of the precarious economy, The Hedegehog Review, spring, 2016.

JOHNSTON, H.; LAND-KASZLAUSKAS, K. Organizing on-demand, representation voice, and colelctive bargaining in the gig economy. Conditions of work and employ-ment series, n. 94, 2018.

LEACH, E. Rethinking anthropology. [S.l.]: Berg, 1968.

LEITE, Y. B.; SÁ, E. V. H. C. de. Natureza jurídica do vínculo entre os motoristas e a empresa Uber: trabalho autônomo ou relação de emprego? Laborar, v. 1, n. 1, p. 129-150, jul. 2018.

NEDELKOSKA, L.; QUINTINI, G. Automation, skills use and training. OECD Social, Employment and Migration Working Papers, Paris, n. 202, 2018.

OLIVEIRA, F. Gig economy, desenvolvimento e mercado de trabalho: uma análise à luz da Lei 13.467/2017. 2017. 60f. Trabalho de Conclusão de Curso (Graduação em Direi-to) – Departamento de Direito, Universidade Federal do Rio Grande do Norte, Natal, 2017.

ORLIKOWSKI, W. The sociomateriality of organisational life: considering technology in management research. Cambridge Journal of Economics, v. 34, p. 125-141, 2010.

OYER, P. The digital economy for strutural change and equality. Economic Comission for Latina America and Carribean, nov. 2013.

PASQUIER D. Les jugements profanes en ligne sous le regard des sciences sociales. Réseaux, v. 183, p. 9-26, 2014.

PIRES, M. O Brasil, o Mundo e a Quarta Revolução Industrial: reflexões sobre os impactos econômicos e sociais. Revista De Economia Política e História Econômica, v. 14, n. 40, jul. 2018.

POLANYI, K. La Grande Transformation: aux origines politiques et économiques de notre temps. Paris: Gallimard, 1983.

PRASSL, J.; RISAK, M. Uber, TaskRabbit & Co: platforms as employers? rethinking the legal analysis of crowdwork. *In*: Comparative Labour Law and Policy Journal, 2016.

RIFKIN, J. The Zero Marginal Cost Society. New York: St Martin Press, 2014.

TAPSCOTT, D.; WILLIAMS, A. Wikinomics: how mass collaboration changes everything. [S.l.]: Portfolio, 2004.

ROSENBLAT, A; STARK, L. Algorithmic labor and information asymmetries: a case study of uber's drivers. International Journal of Communication, v. 10, 2016.

SANDARAJAN, N. The sharing economy: the end of employment and the rise of based capitalism. [S.l.]: MIT, 2014.

SCHOLTZ, T. Digital labor: the Internet as playground and factory. New York: Routledge, 2012.

ISENBERG, Petra; ELMQVIST, Niklas; SCHOLTZ, T.; KWAN-LIU, M.; HAGEN, Hans. Collaborative visualization: definition, challenges, and research agenda. Information, visualization, v. 10, n. 4, p. 310–326, 2011.

SENNET, R. A cultura do novo capitalismo. Rio de Janeiro, Record, 2006.

SILVEIRA, L.; PETRINI, M.; SANTOS A. Economia compartilhada e consumo colaborativo: o que estamos pesquisando? REGE – Revista de Gestão, São Paulo, 2016.

STEFANO, V. The rise of the "just-in-time workforce": on-demand work, crowdwork and labour protection in the "gig-economy". Conditions of Work and Employment Series, Geneva, n. 71, 2016.

STEFANO, V. Crowdsourcing, the Gig-Economy, and the Law. Comp. Lab. L. & Pol'y J., v. 37, n. 3, 2015.

STAFFING INDUSTRY ANALYSTS. Measuring the gig economy: inside the new paradigm of contingent work. 2014. DIsponível em: http://www2.staffingindustry.com/eng/About/Media- Center/Press-Releases/Total-Spending-on-US-Gig-Work-Close--to-800-Billion. Acesso em: 13 ago. 2019.

VALLAT, D. Une alternative au dualisme Etat-Marché: l'économie collaborative, questions pratiques et épistémologiques. Working Paper Triangle WP, n. 1, dez. 2015.

VALENDUC, G.; VENDRAMIN, P. Le travail dans l'économie digitale: continuité et ruptures. Working paper, Bruxelles, n. 03, 2016.

VALERIO, Stefano De. Introduction: crowdsourcing, the gig-economy and the law. Comparative Labor Law & Policy Journal, v. 37, n. 3, 2016.

VENDRAMIN, P. Le travail au singulier: le lien social à l'épreuve de l'individualisation. Louvain-la-Neuve: Academia Bruylant et Paris, 2004.

VENDRAMIN, P. Les métiers des TIC: un nomadisme coopératif. LAURENT-KOGAN, Anne-France de Saint; METZGER, Jean-Luc. (Eds.). Où va le travail à l'ère numérique? Paris, Presses des Mines, 2007. p. 89-104,

VENDRAMIN, P.; VALENDUC, G. Le travail virtual: nouvelles formes d'emploi et de travail dans l'économie digitale. 2016. Disponível em: https://dial.uclouvain.be/pr/boreal/object/boreal:174224. Acesso em: 13 ago. 2019.

WAUTHY, X. Concurrence et régulation sur les marchés de plateforme: une introduction *In*: STREEL, Alexandre de; GAUTIER, Axel. Reflets et perspectives de la vie économique, t. XLVII, n. 1, p. 39-54, 2008.

WAUTHY, X. La gratuité c'est payant: google, le web 2.0 et le modèle économique du gratuit: une industrie à réguler? ALAIN, Strowel; TRIAILLE, J. P. Google et les nouveaux services en ligne. [S.l.]: Larcier, 2008.

ZANATTA, R. A. F. Economias do compartilhamento: superando um problema conceitual. Cutitiba: Juruá Editora, 2017.

6. Fundamentos da economia de dados: como os dados e a inteligência artificial impactam o trabalho

Dora Kaufman

Introdução

As tecnologias de Inteligência Artificial (IA) representam uma nova fronteira para os negócios digitais e, gradativamente, vêm sendo incorporadas aos aplicativos, aos serviços, aos produtos e aos processos, mediando a comunicação e as relações sociais em todas as suas dimensões. Esse movimento reflete os recentes resultados positivos dos modelos estatísticos preditivos de redes neurais (*deep learning*), que viabilizaram, em larga escala, identificar padrões e correlações com base em grandes quantidades de dados; seus algoritmos são concebidos, treinados e aperfeiçoados a partir dos dados captados por meio de distintos sensores, particularmente nas interações on-line.

Acoplada à outras tecnologias[1], a IA é a tecnologia de propósito geral da Transformação Digital[2], da Indústria 4.0 e os correlatos nos demais setores

---

[1] Mundo digital (IOT, Blockchain, plataformas digitais), mundo físico (veículos autônomos, impressão 3D, robótica avançada, novos materiais), e o mundo biológico (manipulação genética).

[2] Transformação Digital: disrupção como rotina, eliminação das fronteiras entre setores, estratégia de mudança contínua. Automação é um ponto de partida. Processo de inovação diferindo dos anteriores pela velocidade e complexidade. A transformação digital não é apenas

econômicos (Agricultura 4.0, Medicina 4.0, Serviço 4.0)[3]. A técnica de *deep learning* permite minimizar o tempo entre os eventos inesperados e as respectivas soluções, reduzindo os custos e aumentando a eficiência dos processos de produção, distribuição e logística. A personalização de produtos e serviços é um de seus principais atributos. O gráfico 1 mostra a intensificação da busca pelo termo "Transformação Digital".

Gráfico 1 – Frequência da busca pela expressão "transformação digital"

Fonte: Google Trends.

A IA faz parte da nossa vida cotidiana (KAUFMAN, 2018, 2019). Acessamos sistemas inteligentes para programar o itinerário com o Waze, pesquisar no Google e receber da Netflix e do Spotify recomendações de filmes e músicas. A Amazon captura nossas preferências no fluxo de dados que coleta a partir das nossas interações com a plataforma. A Siri da Apple e a Alexa da Amazon são assistentes pessoais digitais inteligentes que nos ajudam a localizar informações úteis com acesso por meio de voz. Os algoritmos de IA mediam as interações nas redes sociais, como a seleção do que será publicado no Feed de Notícias do Facebook. Eles estão igualmente presentes nos diagnósticos médicos, nos sistemas de vigilância, na prevenção a fraudes, nas análises de crédito, nas contratações de RH, na gestão de investimento, no atendimento automatizado (chatbot); bem como nas estratégias de marketing,

---

adoção de tecnologias, mas é sobre o uso de novas tecnologias para permitir novas e mais eficazes estratégias de negócios.

[3] Tecnologia de propósito geral são as tecnologias que não possuem função específica (3D, p.ex.), permeiam as demais e transformam os processos de produção.

nas pesquisas, na tradução entre idiomas, no jornalismo automatizado, nos carros autônomos, no comércio físico e virtual, nos canteiros de obras, nas perfurações de petróleo, na previsão de epidemias. A Tabela 1 ilustra a relevância das tecnologias digitais, incluindo as projeções sobre receitas da IA em 2023.

Tabela 1: projeções de tecnologias digitais

Tecnologia	2018	2020	2023	2025	2030
IA – Receita anual (28,5%/ano entre 2019-23)			U$S 98, 4 bilhões		
5G % de assinatura sobre o total		1,1%		30,1%	
IoT Número de objetos conectados	22, 00 bilhões			38,60 bilhões	50,00 bilhões

Fonte: IDC, Bloomberg NEF, Ericsson

As tecnologias de Informação e Comunicação (TIC), disseminadas na sociedade a partir do final do século XX, viabilizaram a geração, armazenamento e distribuição de uma quantidade inédita de dados. No ambiente digital, toda e qualquer ação produz dados, seja pelos indivíduos ou seja pelos objetos. A contribuição da IA, especificamente os modelos de *deep learning* – e explica em parte a velocidade de adoção pela sociedade –, é a capacidade de transformar essa massa de dados em informações úteis.

O mercado de trabalho, em todos os setores, está vivenciando os impactos dessas novas configurações. Como abordado ao longo do livro, os efeitos são múltiplos e, em sua maioria, complexos[4]. As habilidades atribuídas às novas funções estão associadas à formação (e não ao treinamento), o que torna o problema mais grave porque requer mudar a estrutura de ensino desde o

---

[4] Complexidade: grande número de elementos distintos correlacionados e/ou interconectados entre si.

fundamental. Estamos diante de problemas de curto-prazo cujas soluções são de longo – prazo ao envolver as grades de ensino em todos os níveis, além de mudanças culturais. Aos moldes dos países desenvolvidos, particularmente na Europa, precisamos valorizar a formação técnica: no Brasil apenas 9,7% das matrículas do ensino médio são em cursos de educação profissional; na Alemanha, na Dinamarca, na França e em Portugal esse percentual é superior a 40% e alcança cerca de 70% na Áustria e na Finlândia.

O "ensino de tecnologia", usualmente, refere-se às profissões e/ou às funções eminentemente técnicas. A demanda do mercado, contudo, é cada vez mais por profissionais multidisciplinares: os gestores têm que ser capazes de entender ao menos a lógica e o funcionamento básico das tecnologias, capacitando-se à dialogar com os "desenvolvedores" (TI); e os profissionais de TI precisam se familiarizar com as estratégicas das demais áreas, falar a linguagem de negócios, capacitando-se a compor o núcleo decisório das organizações.

O futuro da inovação passa pela competência das organizações em gerar valor alavancando a vasta quantidade de dados com sofisticadas técnicas de modelagem de IA, identificando insights ocultos, impulsionando o desenvolvimento de produtos e a experiência do usuário/cliente/consumidor. O desafio é ser capaz de traduzir seus principais problemas de negócios em dados solucionáveis e problemas de modelagem para poder definir a melhor estratégia, além de garantir que o investimento em ciência de dados esteja alinhado com as principais metas de negócios e possua métricas de aferição dos resultados.

As organizações estão tendo que lidar, além das dificuldades intrínsecas ao desenvolvimento e sustentabilidade de seus negócios, com novos desafios e restrições relacionados ao uso de dados pessoais (base dos novos modelos de negócio e, por conseguinte, do desenvolvimento de novos produtos e serviços). *Deep learning* é uma técnica de *machine learning* (aprendizado de máquina), cujo cerne é fazer inferências a partir dos dados, cujo grau de assertividade tem relação direta com o volume e a qualidade dos dados utilizados no processo. Nessa lógica (ou modelo de negócio), o livre acesso aos dados pessoais é fator estratégico na produtividade e nos resultados ou, no sentido inverso, qualquer restrição à esse acesso constitui-se numa restrição operacional com consequências negativas nos resultados financeiros.

Nesse cenário, a preocupação com a ética e a privacidade é um novo tema presente nas organizações, em parte pela crescente consciência dos usuários/clientes/consumidores sobre os direitos associados ao uso dos seus dados para fins comerciais. A sociedade está cada vez mais atenta às questões éticas, por isso, ao invés de se tornarem apenas usuários inconsequentes de tecnologias, os indivíduos tendem a estar mais atentos às consequências do uso de seus dados, ponderando se os benefícios fornecidos pelas organizações compensam os potenciais riscos envolvidos.

Essas preocupações contribuíram para a criação de leis de proteção de dados em diversos países, dentre eles os membros da União Europeia, que agora são regidos pelo GDPR, e o Brasil, com a LGPD (agosto/2020). O desafio da sociedade é estabelecer uma abordagem que promova, simultaneamente, o desenvolvimento científico e tecnológico e proteja a privacidade e os dados pessoais em conformidade com os arcabouços legais local e global.

O propósito do artigo é mostrar como o *Big Data* e as tecnologias de IA estão configurando um novo modelo econômico – Economia ou Capitalismo de Dados –, com impactos no desenvolvimento e na produção e, igualmente, no mercado de trabalho. Entender os fundamentos e a lógica do ambiente de negócio do século XXI é condição *sine-qua-non* para navegar com vento a favor.

1. O protagonismo dos dados no ambiente de negócio do século XXI

A Quarta Revolução Industrial[5] distingue-se das anteriores pelo impacto numa mesma geração, acelerado por três catalisadores: (a) produtos de IA que aumentam a produtividade são algoritmos, infinitamente replicáveis e instantaneamente distribuíveis; (b) existência de uma poderosa indústria de capital de risco; e (c) a participação ativa da China, pela primeira vez compartilhando os avanços tecnológicos com o ocidente (LEE, 2018). A chamada

---

[5] Quarta Revolução Industrial ou Indústria 4.0, é um conceito desenvolvido pelo alemão Klaus Schwab, diretor e fundador do Fórum Econômico Mundial. Referência: "A Quarta Revolução Industrial" Klaus Schwab, WEF, 2016.

Economia de Dados, já realidade para as *Big Techs*[6] e para as empresas líderes na Transformação Digital, tende a ser dominante como modelo econômico no século XXI, requerendo inéditas dinâmicas de produção e de gerenciamento.

Atualmente, indivíduos, instituições e objetos (Internet das Coisas/ *Internet of Things* – IoT) estão conectados continuamente, consequentemente gerando dados continuamente, os quais contém informações preciosas que, se forem devidamente extraídas e analisadas, engendram *insights* potencialmente transformadores das relações na sociedade, na economia, nas instituições, nos indivíduos e nos objetos.

O uso de dados dos clientes para aumentar a eficiência, no entanto, não é um fenômeno recente. Em 1993, por exemplo, o supermercado inglês Tesco lançou o cartão *Clubcard*; a troca era simples: a cada compra, o cliente registrava o cartão no caixa recebendo pontos de desconto para uso em futuras compras, em contrapartida autorizava a coleta de seus dados pessoais (nome, valor e data da compra). Essa limitada base de dados trouxe *insights* sobre o comportamento de compra dos clientes, promovendo estratégias de marketing inovadoras que transformaram a Tesco em líder do setor no Reino Unido. O novo é que os modelos de IA permitem extrair informações de uma imensa base de dados, com níveis de precisão, em alguns casos, acima de 90%. As organizações que utilizam eficientemente sua base de dados, em todo a cadeia de produção, são reconhecidas como *Data – Driven Companies*.

Com o pressuposto de que o objetivo central de toda organização é conquistar e manter clientes, o portfólio de clientes é um dos principais ativos, e deve ser monitorado com o mesmo rigor dos demais ativos. A fidelização está na base da retenção de clientes, e está diretamente relacionada a capacidade da organização em antecipar e satisfazer suas necessidades, o que é viabilizado por uma base de dados de qualidade e os modelos de IA. Quatro componentes são essenciais: (a) *pipeline* de dados, processo semiautomático que reúne, limpa, integra e protege os dados; (b) algoritmos de IA para gerar previsões; (c) plataforma de experimentações para testar novos algoritmos; e (d) infraestrutura, sistemas que incorporam esse processo e o conecta com usuários internos e externos (IANSITI; LAKHANI, 2020).

---

[6] *Big Techs*: seis americanas – *Amazon, Apple, IBM, Google, Facebook, Microsoft* – e três chinesas – *Tecent, Baidu* e *Alibaba*.

Estratégia eficiente de retenção de clientes é um ponto de partida, o propósito da inovação disruptiva é transformar a relação com o cliente e o próprio cliente. Alguns consideram que a maior contribuição de Henry Ford não foi aplicar com êxito a montagem em série viabilizado a produção em massa de automóveis a custo competitivo (mercado de consumo de massa), mas o fato de transformar os clientes em motoristas. Assim como o Google transformou seus usuários em pesquisadores, o Instagram ofereceu uma série de funcionalidades para transformar usuários comuns em fotógrafos, o *TikTok* faz qualquer mortal se tornar um videomaker com seus recursos para criar, editar e publicar vídeos, e o Netflix que transformou o cliente em assinante. As tecnologias de IA e o *Big Data* permitem segmentar o portfólio de clientes com alto grau de acurácia, facilitando a oferta de soluções personalizadas.

Pensando em prover os sistemas de segurança e confiabilidade, Smith e Shum (2018) propõem às organizações: a) avaliar continuamente a qualidade e a adequação dos dados e modelos usados para treinar e operar produtos e serviços baseados na IA, compartilhando as informações sobre possíveis inadequações nos dados de treinamento; b) documentar e auditar as operações de sistemas de IA facilitando o entendimento do monitoramento do desempenho; c) fornecer explicações adequadas sobre a operação geral do sistema, incluindo informações sobre os dados e algoritmos de treinamento, falhas de treinamento que ocorreram e inferências e previsões significativas geradas, especialmente, no caso dos sistemas de IA serem usados para tomar decisões sobre as pessoas; d) envolver especialistas em domínio no processo de design e operação de sistemas de IA usados para tomar decisões consequentes sobre as pessoas; e) avaliar de quando e como um sistema de IA deve buscar informações humanas durante situações críticas e como um sistema controlado por IA deve transferir o controle para um humano de uma maneira que seja significativa e inteligível; f) garantir um mecanismo de feedback robusto facilitando aos usuários relatar problemas de desempenho encontrados.

Iansiti e Lakhani (2020) recomendam adotar uma visão holística na transição de uma organização tradicional para uma Data-Driven, por meio de estratégias únicas, integrando a base de dados (rompendo com os tradicionais silos), incorporando modelos de *analytics* e IA, contratando novos talentos e investindo em capacitação de RH, e implantando governança e gestão descentralizadas com indicadores claros de avaliação.

2. O que são os dados

Os dados representam o conhecimento acumulado acerca da sociedade, e são protagonistas da denominada Economia de Dados, na qual os governos e as corporações, particularmente as gigantes de tecnologia, controlam grande parte da geração, mineração e uso dos dados. Seus modelos de negócio são baseados na posse e/ou acesso à grandes quantidades de dados (*Big Data*) e na capacidade de extrair as informações desses dados por meio das tecnologias de IA. Nas últimas décadas, houve uma inversão na direção da computação, como assinala Alpaydin (2016).

> Especialmente nos últimos vinte anos ou mais, as pessoas começaram cada vez mais a se perguntar o que poderiam fazer com todos esses dados. Com esta pergunta, toda a direção da computação é invertida. Antes, os dados eram o que os programadores processavam e cuspiam – os dados eram passivos. Com esta pergunta, os dados começaram a conduzir a operação. (ALPAYDIN, 2016, p.11).

Na sociedade da informação, qualquer interação com tecnologias digitais deixa "rastros", alguns voluntários como as publicações nas redes sociais online – *Facebook, Twitter* e *Instagram* –, e outros involuntários, como as informações armazenadas nos bancos de dados digitais na compra com cartão de crédito, na movimentação bancária online, no acesso aos programas de fidelidade, no vale-transporte, nas comunicações por telefonia móvel, no acesso online à resultados de exames médicos, e inúmeras outras ações presentes em nossa rotina, ou simplesmente quando uma câmara digital capta nossa imagem num espaço público. Esses "rastros", todos incluídos no conceito de dados, podem ser usados pelas plataformas originais ou "reusados" por terceiros, ou combinados pela fusão de conjunto de dados, com as mais variadas finalidades.

> Os dados que alimentam o modelo de negócios dominante na economia contemporânea não vêm apenas das plataformas operadas diretamente pelos gigantes digitais. O relatório do Conselho Presidencial de Conselheiros em Ciência e Tecnologia dos Estados Unidos mostra

que embora empresas especializadas sempre tenham coletado informações para melhor conhecer os consumidores, agora, além da massa de informações coletadas no uso de redes sociais, ocorre uma "fusão de dados" (*data fusion*), que é quando dados de diferentes fontes são colocados em contato daí emergindo novos fatos. (ABRAMOVAY; ZANNATA, 2019, p. 431).

Cerca de 80% dos dados acumulados globalmente são não estruturados (arquivos de texto, redes sociais, mensagens de texto-SMS, dados de geolocalização, chats, gravações telefônicas, arquivos de MP3, fotos digitalizadas, arquivos de áudio e vídeo, dentre outros).[7] Como nos lembra Schonberger e Cuvier (2013, p. 96), "o entusiasmo pela 'internet das coisas' – incorporando chips, sensores e módulos de comunicação aos objetos do cotidiano – é, em parte, relacionado à rede, mas também sobre digitalizar a informação de tudo que nos rodeia". O Gráfico 1 mostra a curva exponencial de crescimento dos dados globais de 2005 a 2019.

Gráfico 2 – Curva de crescimento de dados

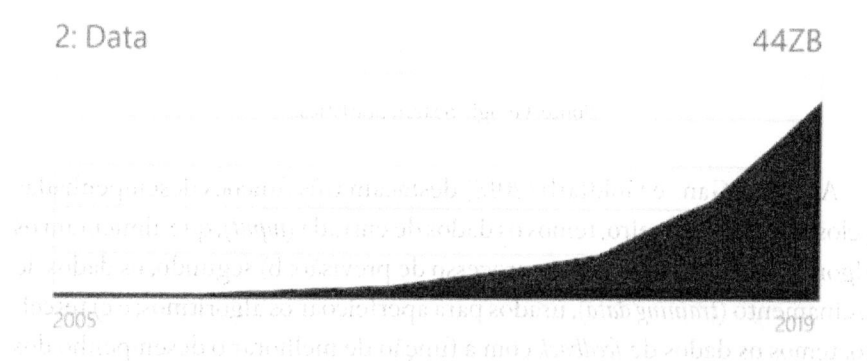

Fonte: IDC Digital Universe Forecast.

---

[7] Exemplos de dados estruturados: Planilhas eletrônicas (Excel, Numbers), bancos de dados, arquivos XML (NF-e), arquivos CSV (comma-separated values).

Considerando apenas dois exemplos ilustrativos, o volume de dados é astronômico: (a) o aplicativo WhatsApp (lançado em maio/2009) em 31 de dezembro de 2019 alcançou 100 bilhões de mensagens em um único dia; (b) o Google processa mais de 40.000 consultas de pesquisa a cada segundo, em média, o que se traduz em mais de 3,5 bilhões de pesquisas por dia e 1,2 trilhão de pesquisas por ano em todo o mundo. O volume de pesquisas aumentou 17.000% ano a ano entre 1998 e 1999, 1000% entre 1999 e 2000 e 200% entre 2000 e 2001. A pesquisa do *Google* continuou a crescer a taxas entre 40% e 60% entre 2001 e 2009, quando começou a desacelerar. Estabilizou-se a uma taxa de 10% a 15% nos últimos anos (Gráfico 2).

Gráfico 3 – Pesquisa no Google por ano

Fonte: Google Search Statistics.

Agrawal, Gans e Goldfarb (2018) destacam três funções desempenhadas pelos dados: a) primeiro, temos os dados de entrada (*input*), que alimentam os algoritmos e são utilizados no processo de previsão; b) segundo, os dados de treinamento (*training data*), usados para aperfeiçoar os algoritmos; e c) terceiro, temos os dados de *feedback* com a função de melhorar o desempenho dos algoritmos com base na experiência dos usuários. O cientista da computação Alex Pentland (2015), do Media Lab MIT, defende que o *Big Data* oferece a chance de ver a sociedade em toda a sua complexidade; para ele, uma vez desenvolvida uma visualização mais precisa dos padrões de vida humana, podemos esperar compreender a sociedade de forma mais adequada à nossa rede complexa e interligada de seres humanos e tecnologia.

3. Capitalismo de dados ou economia de dados ou economia 4.0

A estrutura e o funcionamento dos modelos econômicos têm paralelismo com os mecanismos de persuasão, extrapolando o consumo com impactos culturais e comportamentais, incluindo o acesso à informação. Na Economia Industrial, caracterizada pela produção e pelo consumo massivo de bens e serviços, a propaganda predominou como meio de convencimento e influência nas escolhas e preferências dos indivíduos por meio da comunicação de massa nos veículos tradicionais de mídia (televisão, rádio, jornal, revista). Na Economia da Informação em Rede, emerge a customização de produtos e serviços, com a correspondente comunicação segmentada direcionada à nichos específicos de público, pré-selecionados com base em características comuns, minimizando a dispersão e os custos.

Na Economia de Dados, a personalização está na base da mediação tanto de produtos e serviços quanto de informação; os algoritmos de Inteligência Artificial (IA) promovem estratégias de comunicação assertivas a partir do conhecimento captado, minerado e analisado de dados pessoais gerados nas interações digitais. Essas estratégias são viabilizadas, em grande parte, pela capacidade dos modelos estatísticos de IA lidarem com o volume exponencial de produção de dados.

> O aumento dramático no fornecimento de dados criou uma demanda correspondente por tecnologias aprimoradas de armazenamento e análise de dados e, em algumas décadas, os principais avanços tecnológicos se uniram em novos campos, como o big data, e despertaram campos aparentemente inativos, como inteligência artificial e aprendizado de máquina. (FRISCHMANN, SELINGER, 2019, p. 115).

Na nova lógica da Economia de Dados, quanto maior a interação entre os indivíduos, i.e., a sociabilidade e a comunicação, maior a geração de dados pessoais, maior a atividade de coleta e armazenamento de dados, melhor a eficiência dos modelos de negócio baseados em IA e dados, maior concentração de mercado e maior poder dos grandes concentradores de dados – as *Big Techs*[8],

---

[8] *Big Techs: Google, Facebook, Apple, Microsoft, IBM, Amazon, Alibaba, Tecent e Baidu.*

organizações gigantes de tecnologia, e os governos tecnológicos, (setor público com a maior parte de suas atividades digitalizadas e oferecidas on-line).

Esses modelos de negócio correlacionam eficiência e sociabilidade: quanto maior a sociabilidade, i.é., interações sociais, maior a geração de dados o que implica em aumento da eficiência de seus modelos. Ou como observam Frischmann e Selinger (2018), estabelece-se um círculo virtuoso: sociabilidade/ interações sociais geram dados, dados aprimoram os sistemas tecnológicos, sistemas tecnológicos aprimoram a sociabilidade/interações sociais. Os autores cunharam a expressão "ambiente tecno-social inteligente" para designar o impacto que a engenharia tecno-social está tendo sobre a sociabilidade.

Mayer-Schönberger e Ramge (2018) cunharam a expressão *Data Capitalism*[9], ressaltando a transição em curso do capitalismo financeiro para o capitalismo de dados, numa reconfiguração da economia comparável à Revolução Industrial. No primeiro tipo de capitalismo, a informação, difícil e cara, convergia para o "preço"; no segundo, a informação é múltipla, complexa, rápida e barata. Para os autores, o preço perde sua centralidade, os agentes econômicos utilizam os dados para identificar *better matches*, explorando várias dimensões por meio de três tecnologias-chave: a) linguagem padrão para comparar e compartilhar os dados sobre os bens e as preferências, b) capacidade para identificar *matches* em várias dimensões e selecionar as transações adequados, c) capturar e usar as preferências de maneira eficaz (assertividade). As três tecnologias "têm em comum o fato de facilitar a tradução de dados ricos em decisões efetivas de transação. Ressaltando o papel central dos dados, essas tecnologias não apenas melhoram nossa capacidade de escolha com base em dados, mas as próprias tecnologias são baseadas em dados" (MAYER – SCHONBERGER; RAMGE, 2018, p. 64).

A verdadeira revolução não está nas máquinas que calculam dados, mas nos próprios dados e em como os usamos, argumentam Mayer – Schonberger e Cukier (2018). Nos mercados ricos em dados, não precisamos nos fixar na causalidade, mas podemos descobrir padrões e correlações nos dados que nos oferecem *insights* inestimáveis para a tomada de decisão (a contrapartida é o risco à privacidade). Ao longo da história, com distintas visões, as transações

---

[9] Os termos Capitalismo de Dados e Economia de Dados são considerados no artigo como sinônimos.

entre os agentes foram regidas pela oferta e demanda de produtos e serviços, reguladas pelo fator "preço": quanto maior a oferta dada a uma demanda estável, os preços dos bens tendem a reduzir, e quanto maior a demanda dada uma oferta estável, os preços dos bens tendem a aumentar. A mesma dinâmica pode ser observada pelo prisma da quantidade do bem: excesso de demanda gera escassez do bem e a tendência do preço de equilíbrio é subir, e, no sentido inverso, excesso de oferta gera abundância do bem e a tendência é o preço de equilíbrio cair. O pressuposto desse modelo é de um mercado eficiente e que os agentes tomam decisões racionais. Nas economias tradicionais, o fluxo de informações converge para o preço, mensurando as preferências do consumidor dentre diversas outras variáveis econômicas, i.e, o preço conecta oferta e demanda.

Os dados estão substituindo o preço como elemento estrutural da relação produtor e consumidor, e a moeda como meio de pagamento (MAYER – SCHONBERGER; RAMGE, 2018). Atualmente já pagamos vários serviços com dados (pesquisa no Google, benefícios do Facebook – relações sociais e plataformas de negócios) e, em breve, essa prerrogativa poderá se estender às anuidades dos cartões de crédito, as taxas bancárias e aos custos da telefonia, setores que concentram grandes volumes de dados de seus clientes.

As grandes organizações de tecnologia – as FAANGS como denominadas pelo *Financial Times (Facebook, Amazon, Apple, Netflix* e *Google)* –, são a parte mais visível da economia de dados, mas não a única. A queda de receita na função "voz" pressiona as empresas de telecomunicações na busca por produtos alternativos e, aparentemente, a inovação disruptiva está no uso dos dados de seus usuários, particularmente na telefonia móvel. A operadora espanhola Telefonica, em 2012, criou uma empresa separada – *Telefonica Digital Insights*[10] – para comercializar dados anônimos e agregados de localização de assinantes para varejistas e outros.

No setor financeiro, em 2016, a bandeira de cartão de crédito *Master-card* montou uma área de negócios – *Local Market Intelligence*[11] – para identificar e comercializar tendências a partir dos dados de sua base de clientes

---

[10] Disponível em: https://mobilemarketingmagazine.com/telefonica-digital-launches-tele-fonica-dynamic-insights. Acesso em: 02/12/2019.

[11] Disponível em: https://newsroom.mastercard.com/press-releases/mastercard-empowers--local-businesses-with-big-data-digital-tools/. Acesso em: 02/12/2019.

(903 milhões de titulares de cartão em 210 países[12]). Os bancos, talvez o setor com mais acesso a dados privados, ainda não estão usando os dados de seus clientes em sua plena dimensão concentrados em reduzir os custos através da migração de plataformas físicas para digitais. Existem fortes indícios de que em breve, pressionados pelas fintechs[13] e pelas empresas de tecnologia, os bancos vão se reinventar como intermediários de informação, preservando as funções de transferência e armazenamento de valor.

Para que a economia de dados funcione é imprescindível rotular e categorizar a informação, ou seja, registrar digitalmente e detalhadamente as referências individuais de produtos e serviços. A falta de uma antologia reduz o número de transações pela limitação em encontrar um "match", i.e., a falta de filtros de identificação compromete a eficiência do mercado. A previsão de Mayer-Schönberger e Ramge (2018) é que os próprios dados vão impulsionar as antologias de dados. Na origem da Amazon, em meados da década de 1990, ao perceber a impraticabilidade de lançar uma loja on-line com inúmeros produtos, Jeff Bezos, fundados e CEO, analisou uma lista de vinte possíveis categorias de produtos optando pelos livros: além de serem *commodities*, existiam três milhões de livros impressos em todo o mundo, e os catálogos sazonais dos editores tinham sido digitalizados (STONE, 2013).

Não é suficiente, contudo, a disponibilidade dos dados brutos; extrair as informações demanda um processo de correspondência que seja inteligente o suficiente para levar em conta as múltiplas dimensões de preferências e seu peso relativo. Plataformas como *Spotify, Apple Music, Netflix* e *Amazon*, utilizam-se de IA para combinar as preferências dos seus usuários e recomendar com mais precisão músicas, filmes, ou produtos em geral. Os algoritmos de IA viabilizam esses processos identificando padrões complexos embutidos nos dados, analisando o comportamento passado para prever o futuro, e criando estratégias para sensibilizar os usuários/clientes ideais.

O empenho em identificar e mensurar preferências e hábitos dos usuários, e a partir daí prever comportamentos, é a lógica das plataformas e aplicativos tecnológicos, das redes sociais *on-line*, do comércio eletrônico e dos sites de

---

[12]   Disponível em: https://www.statista.com/statistics/618137/number-of-mastercard-credit--cards-worldwide-by-region/. Acesso em: 02/12/2019.

[13]   *Fintechs*: união das palavras *financial* e *technology*, são startups de soluções financeiras.

busca como o *Google*. Atualmente, essa mesma lógica permeia parte dos modelos de negócio; o domínio dessas técnicas e o acesso à uma base de dados expressiva é fator de competitividade para as organizações. O design das plataformas digitais é concebido para ampliar a permanência de seus usuários, consequentemente gerar maior engajamento e mais formação de dados, segundo Elizabeth Churchill, diretora de experiência do usuário no *Google* e presidente da *Association for Computing Machinery* (ACM).[14]

Um dos desafios é detectar os fatores técnicos, culturais e sociais que motivem e tornem mais intensa a interatividade nas plataformas. Com base nos dados e nos modelos preditivos de IA, as empresas buscam reduzir o imprevisto (e/ou o prazo entre o evento imprevisto e a resposta adequada), formulando estratégias de marketing, comerciais e operacionais mais assertivas das consequências mais perversas do capitalismo de dados é a concentração de mercado, supostamente derivada (a) do efeito escala, que reduz custos; (b) do efeito de rede ou "externalidade da rede", que expande adesão (quanto maior o número de usuários maior as novas adesões); e (c) do efeito de *feedback* frequente, que aprimora o produto e gera ganhos de eficiência (MAYER-SCHÖNBERGER; RAMGE, 2018). Endossando a tese dos economistas Ariel Ezrachi e Maurice Stucke de que os sistemas de aprendizado de máquinas estejam minando a concorrência, Mayer-Schönberger e Ramge (ibid.) refutam a visão de que a solução passa unicamente pela abertura dos algoritmos.

> Os algoritmos, por si só, não são suficientes para permitir que pequenos competidores e novos concorrentes compitam com empresas estabelecidas, porque os algoritmos não são a matéria-prima [...] os reguladores que desejam garantir mercados competitivos devem exigir o compartilhamento de dados. (Ibid., p. 168)

A vantagem comparativa estaria na posse dos dados, e não no conhecimento dos algoritmos. Se e quando os dados dos grandes participantes estiverem disponíveis para os concorrentes menores, a tendência será a inovação se disseminar com a posse dos dados deixando de ser uma barreira de entrada.

---

[14] Palestra de abertura da *Intelligent Systems Conference*, realizada de 4 a 5 de setembro de 2019, em Londres.

O ambiente competitivo demanda que as organizações acumulem conhecimento sobre processos, equipamentos, peças, parceiros, competidores, clientes/ consumidores, mercados, governos, meio-ambiente, mudanças climáticas, o que significa ter acesso à grandes quantidades de dados (atividade coletiva, tecno-humano) – dados gerados interna e externamente (no caso, gerados em situações/ações não relacionadas diretamente com as suas atividades).

Os sistemas inteligentes facultam a análise de grandes quantidade de registros operacionais históricos, bem como indicadores macroeconômicos, legislação, i.é., grandes quantidades de dados estatísticos, posteriormente segmentá-los por parâmetros estratégicos (por região, por tipo de cliente/ consumidor, dentre outros), projetar cenários futuros e melhorar a acurácia das decisões; o comportamento do cliente/consumidor não é totalmente aleatório, existem certos padrões ocultos nos dados. "O reconhecimento de padrões é o nome do jogo, conectando os pontos do comportamento passado para prever o futuro" (PASQUALE, 2015, p.20). A Amazon ilustra o potencial da mineração de dados:

> Com maior precisão sobre o desejo do consumidor, a plataforma pode antecipar a entrega de produtos mundo seu modelo de "shopping--then-shipping" para "shipping-then-shopping", incluindo a possibilidade de devolução de produtos que o consumidor não queira. O ganho nas vendas tem que compensar o custo da coleta dos produtos rejeitados. (MAYER-SCHÖNBERGER; RAMGE, 2018, pp.16-17)[15].

A implementação nas organizações é um desafio complexo, requer o engajamento dos seus dirigentes, a aquisição e processamento de dados brutos (rotular, normalizar e padronizar), a escolha dos modelos adequados aos desafios comerciais, a formação de equipes capacitadas. Trata-se de oferecer inéditas e personalizadas experiências aos clientes[16], consumidores e

---

[15] A patente foi concedida pelas autoridades americanas em dezembro/2013 e descreve o método de "transporte antecipado" (Wall Street Journal, janeiro/2014).

[16] Os *chatbots* estão substituindo o atendimento humano na interação entre marcar e consumidores e a previsão é que movimentem mais de US$ 47 bilhões até 2020 (disponível em: https://exame.abril.com.br/negocios/dino/chatbots-movimentarao-

parceiros, além de aumentar a eficiência do *backoffice* (ler e entender a linguagem de contratos, de processos, de documentos em geral, e processá-los).

Para obter o melhor potencial possível dos sistemas digitais, se beneficiando de toda a evolução tecnológica e o progresso da IA, demanda-se que as relações Humanas (H-H), Humano-Máquina (H-M) e Máquina-Maquina (M-M) possuam mecanismos de máxima eficiência na transformação das informações analógicas em digitais. Quanto mais dados for extraído das interações, mais eficiente será para os sistemas digitais, logo mais eficientes serão os modelos de negócio baseados em dados.

Portanto, quando existir uma interação com cliente, paciente, professor, aluno, fornecedor, transportador, entre outros, considerando que vivemos em uma era digital e de dados, tal interação só será eficiente no conceito digital se gerar um volume de dados consistente, variado e confiável para que em algum tempo (*real-time* ou posterior), por meio de processamento centralizado ou distribuído, essas relações tornem-se cada vez mais eficientes.

As *Data-Driven Companies* tendem a se preocupar com a ética de forma intrínseca, e não mais extrínseca, como um fenômeno externo a ser observado. Essa nova ética é intrínseca ao negócio porque influencia diretamente o modelo de produção, definindo sua viabilidade do ponto de vista de resultado econômico/financeiro. A observância ética imposta pelas leis de proteção de dados pessoais têm impacto direto nos respectivos faturamentos; dada a relevância tem gerado novas funções e/ou um aquecimento de funções tradicionais, como argumenta Zanatta (2017).

> A necessidade de avaliação ética e potencialmente danosa das empresas de tecnologia – especificamente as intensivas em dados – também tem aquecido um mercado interdisciplinar de compliance e comitês de autorregulação e identificação de melhores práticas. Tudo isso faz parte do fenômeno de risquificação de que falam os europeus e que poderá ser progressivamente visto no Brasil. (ZANATTA, 2017, p. 187).

-mais-de-us-47-bilhoes-ate-2020-e-estao-na-mira-de-empresas-brasileiras/. Acesso em: 02/12/2019.

Os países que já possuem leis de proteção de dados, como os membros da União Europeia, estão avançando na criação de normas éticas; a Comissão Europeia (2019b), por exemplo, publicou o documento *Ethics Guidelines for Trustworthy Artificial Intelligence* (Diretrizes para a Ética da Inteligência Artificial Confiável) ("Diretrizes"), projeto à ser revisado em 2020, com o objetivo de formular políticas públicas com foco nos aspectos éticos, legal e estratégico em relação à IA. Aparentemente, o objetivo final da Comissão Europeia é obter um consenso internacional em torno dessas diretrizes.

Em consequência das restrições (atuais e/ou futuras), as empresas *Data--Driven* tendem à adotar o *privacy by design*[17], utilizando dados anonimizados, como previsto no GDPR e na LGPD, e técnicas e medidas organizacionais que garantam o tratamento, como regra geral, apenas aos dados pessoais necessários no cumprimento de um propósito específico e identificado.

4. Desafios e oportunidades para empresas e indivíduos

A Transformação Digital envolve três dimensões: dados; infraestrutura tecnológica; e pessoas, processos e cultura. Os processos são específicos de cada organização; recomenda-se nomear um núcleo coordenador e eleger projetos pilotos. A título de referência, o sugere-se as seguintes etapas:

- Traduzir problemas comerciais em oportunidades de dados
- Estimar o impacto potencial nos negócios e o ROI
- Adquirir e processar dados brutos
- Formar equipe
- Escolher os modelos e validar qual deles é mais capaz de resolver o problema inicial de negócios e atingir as metas
- Avaliar os resultados/*output* dos modelos

Existem várias limitações técnicas como a necessidade (a) de um grande volume de dados (gerados internamente e/ou captados no mercado);

---

[17] *Privacy by design* significa privacidade desde a concepção, reduzindo os custos de uma eventual e posterior adaptação às leis de proteção de dados e minimizando riscos relacionados à segurança.

(b) de rotular os dados (manualmente); e (c) de se adequar à regulamentação da sociedade (privacidade e uso de dados pessoais), particularmente nos setores mais impactados com os "dados sensíveis" como serviços bancários, seguros, assistência médica e produtos farmacêuticos e médicos.

Quanto as funcionalidades podem ser acessadas por meio de APIs (*Application Programming Interface*), em plataformas disponibilizadas pelas empresas de tecnologia, não sendo preciso começar do zero; as APIs permitem acoplar várias APIs de distintos fornecedores[18]. Em vez de desenvolver uma funcionalidade nova, o acesso às APIs representa ganho de tempo (sempre mantendo atenção sobre a escolha e a segurança dos dados). Outra vantagem é que por meio de uma API é possível validar o conceito sem custo porque, em geral, para volumes baixos o acesso é a custo zero.

A opção "nuvem"[19] desobriga as organizações de manter seus próprios Data Centers (que requer investimento contínuo para não se tornarem obsoletos, consequentemente restringir à expansão). A transição em curso é de um modelo em que o processo era inteiramente *in house*, para um cenário de terceirização de todas as etapas.

Outra alternativa, não excludente, é estabelecer parcerias particularmente frente a escassez de profissionais qualificados no mercado. Adicionalmente, a colaboração com a universidade e com startups tem potencial de agregar valor com custo e tempo menores.

Afora essas questões mais técnicas, os resultados dependem da capacidade de gestão. No conjunto de atribuições estratégicas dos gestores, destaca-se a política de RH tanto para capacitar profissionais quanto para engajá-los. A inovação disruptiva, para ser efetiva, deve permear toda a organização e não ser encarada como uma agenda de TI (Tecnologia da Informação).

Pesquisa realizada com 818 profissionais de RH de 15 setores indica a agenda de RH para os próximos anos (Tabela 2). Transformação Digital está elencada em quarto lugar nos temas prioritários.

---

[18] A plataforma rapidapi.com é um "supermercado" de APIs (tudo que existe está lá), classifica por latência (tempo de processamento), acurácia, nível de aceite pela comunidade, quais os melhores APIs por desafio/intenção de uso (popularidade é importante, às vezes é alta pelo preço/custo e não pela qualidade – indicadores pelo portal *RapidAPI*.

[19] Líderes em tecnologia em "nuvem": *AWS/Amazon, Azure/Microsoft, IBM Cloud (Watson), Alibaba Cloud, Cloud Google/Google.*

Tabela 2: Temas relevantes no RH

Fonte: Great Place to Work (GPTW), Valor Econômico[20].

Para engajar as equipes proliferam experiências, tais como (a) "hackathons internos", com competições entre equipes de funcionários visando propor soluções inovadoras para problemas e/ou projetos para novas oportunidades; e (b) aceleradoras de "statups", com monitoria dos executivos para identificar projetos escaláveis. Além do benefício de gerar inovação, essas iniciativas contribuem para a mudança cultural ao introduzir no RH o viés empreendedor, e fornecer indicadores para programa de treinamento e capacitação.

A maior barreira a ser enfrentada, provavelmente, é descentralizar os processos decisórios nas organizações, pré-condição para maximizar os benefícios das tecnologias descentralizadas. No "passado", os sistemas eram monolíticos, com crescimento limitado ao hardware; atualmente, a arquitetura de TI é composta de micro serviços, replicável e, em geral, sem limite de crescimento/ expansão.

A empresa brasileira de entrega de comida pela internet iFood – líder no setor na América Latina, presente na Argentina, no México e na Colômbia – é uma inspiração. Fundada em 2011, em 2020 opera em 622 cidades brasileiras com 100 mil restaurantes cadastrados, e é uma dos quinze unicórnios[21]

---

[20] Jornal Valor Econômico, "RH requer mais atenção da liderança à gestão de pessoas", Stela Campos, 13/02/2020.

[21] Empresas com valor de mercado igual ou superior à 1 bilhão de dólares.

do país. Em 2013 recebeu o primeiro aporte de investimento da Movile (que aportou igualmente planejamento estratégico e modelo de negócio), e entre 2015 – 2020 saltou de um milhão para 20 milhões de pedidos mensais. O fator de sucesso, aparentemente, está no seu modelo de gestão: a operação é dividida por áreas, cada uma com sua meta e indicadores de resultados, respaldadas por uma forte cultura de tolerância ao erro. Em paralelo a operação, são testados vários projetos pilotos componente central da estratégia de inovação contínua. A *iFood* se autodenomina ambidestra – capacidade de ser igualmente habilidoso com ambas as partes do corpo –, que no caso significa, simultaneamente, manter o foco no curto e no longo prazo.

A pergunta que "vale um milhão de dólares" é quais profissões vão ser eliminadas e quais vão ser as profissões do futuro. Estudos de consultorias e instituições internacionais sobre o mercado de trabalho divergem quanto aos números porque são baseados em metodologias distintas, contudo, convergem sobre a tendência: eliminação crescente de funções, ameaça aos empregos. No Brasil temos dois estudos: da Universidade de Brasília indicando que 54% das funções no Brasil têm probabilidade de serem eliminadas até 2026; e do IPEA, órgão ligado ao Ministério do Planejamento, indicando que mais de 50% das funções serão eliminadas até 2050, ou seja, 35 milhões de trabalhadores formais correm risco de perder seus empregos para a automação. Por outro lado, com 13% de taxa de desemprego, as empresas enfrentam dificuldade de preencher vagas em aberto por falta de candidatos qualificados (são cerca de 12-13 milhões de desempregados e 250 mil vagas em aberto – Fonte: Brasscom, 2019).

O Uber ilustra bem o que está por vir. O número de motoristas cadastrados cresceu em 50% entre 2016-2018 (50 milhões para 100 milhões). No Brasil, em 2018, eram cerca de 600 mil motoristas; o pleno sucesso de seu projeto de carro autônomo, em teste em várias cidades, gerará um lucro extraordinário aos seus acionistas e uma perda total para os seus motoristas. A automação inteligente vai invadir o varejo, as transportadoras, os bancos, e uma infinidade de funções em quase todos os setores, atingindo fortemente a classe média.

Distinto de tecnologias disruptivas anteriores, os novos modelos de negócio não são intensivos em mão-de-obra. No processo de automação das fábricas no século passado, por exemplo, os trabalhadores dispensados tinham como alternativa o setor de serviços em plena expansão. A Economia de Dados não oferece muitas alternativas. A montadora GM demorou 70 anos para gerar um lucro de U$ 11 bilhões com 840 mil funcionários, e o Google precisou de meros 14 anos para lucrar U$ 14 bilhões com 38 mil funcionários. O exemplo talvez mais emblemático: em 2012 a Kodak abriu falência com 19 mil funcionários, chegando a ter 145 mil funcionários; no mesmo ano, o Instagram foi comprado pelo Facebook por 1 bilhão de dólares com apenas 13 funcionários.

Na competição entre o trabalhador humano e o "trabalhador máquina", os humanos estão em desvantagem: a manutenção é mais barata, as máquinas trabalham quase que em moto contínuo (sem descanso, sem férias, sem doenças), com um custo médio menor por hora trabalhada (U$ 49 na Alemanha e U$ 36 nos EUA, contra U$ 4 do "robô"); as máquinas inteligentes se aperfeiçoam automaticamente e continuamente e o custo de reproduzi-las é significativamente menor do que o custo de treinar profissionais humanos para as mesmas funções.

As transformações no mercado de trabalho não advém exclusivamente da automação inteligente, mas igualmente de novas configurações como *Home office* e contratação por projeto ("pejorização"), temas abordados em outros capítulos do livro. As profissões – chave dos próximos anos são analista de dados, cientista de dados, desenvolvedores de software e aplicativos, especialista em comércio eletrônico, especialista em mídias sociais, profissional de IA com ênfase em aprendizado de máquina, especialista em *Big Data*, analista de segurança da informação e engenheiro de robótica. Em paralelo, existe um grande potencial em funções centradas em habilidades humanas, como atendimento ao cliente, vendas e marketing, treinamento e desenvolvimento de pessoas e cultura, gestão da inovação, e desenvolvimento organizacional.

Para não perder a relevância econômica e social no Século XXI, o desafio é identificar quais as habilidades necessárias para que o "robô" não roube seu emprego, e se capacitar. Lição de casa: liste todas as funções/tarefas desempenhadas no seu trabalho, agrupe em colunas as mais sucetíveis à automação e as que requerem habilidades ainda exclusivamente humanas, e prepare-se para desempenhar melhor essas últimas.

Conclusões

O cenário do século XXI caracteriza-se por duas variáveis: aceleração e modelos de negócio intensivos em tecnologia. Os desafios e as oportunidades para empresas e indivíduos estão colocados, o êxito depende de esforço próprio em se atualizar continuamente. Cada cinco anos, mantido o ritmo atual, representa quase uma "mudança de planeta".

Na perspectiva das organizações, uma das motivações da Transformação Digital é se reestruturar para atender à conveniência do usuário/consumidor/cliente, oferecendo produtos e serviços personalizados. Os modelos de *deep learning*/IA viabilizam essa estratégia ao extrair de grandes conjuntos de dados informações úteis sobre hábitos e preferências; são tecnologias que entregam eficiência operacional e otimizam as experiências. Como comentado anteriormente, existem vários caminhos à serem seguidos, cabe aos gestores identificar o mais adequado ao perfil da empresa. A transformação digital não é apenas adoção de tecnologias, mas é sobre o uso de novas tecnologias para permitir novas e mais eficazes estratégias de negócios em que o fator RH é elemento-chave.

Na perspectiva individual, a boa notícia é que as informações estão disponíveis. Há oferta de cursos variados, presenciais e on-line, alguns a custos razoáveis e outros até sem custo. Tem aumentado o número de publicações sobre esses temas na mídia, especializada e/ou nos grandes veículos de comunicação. Gradativamente, junto com a maior familiaridade com os temas virá a capacidade de discernir os bons conteúdos. Estar preparado para o mercado de trabalho do século XXI depende de empenho individual, de ser protagonista de sua própria carreira.

Referências

ABRAMOVAY, Ricardo; ZANATTA, Rafael. Dados, vícios e concorrência: repensando o jogo das economias digitais. Estudos Avançados, v. 33, n. 96, p. 421-446, 2019. Disponível em: https://www.revistas.usp.br/eav/article/view/161303. Acesso em: 15 set. 2019.

AGRAWAL, Ajay; GANS, Joshua; GOLDFARB, Avi. Prediction machines: the simple economics of Artificial Intelligence. Boston, MA: Harvard Business Review Press, 2018.

ALPAYDIN, Ethem. Machine learning. Cambridge, MA: MIT Press, 2016.

FRISCHMANN, Brett; SELINGER, Evan. Re-Engineering Humanity. UK: Cambridge University Press, 2018.

IANSITI, M.; LAKHANI, K.R. A competição na Era da IA: a inteligência de máquina mudou as regras dos negócios. Harvard Business Review, São Paulo, n. 38, p. 39-47, fev-2020.

KAUFMAN, Dora. Deep Learning: a inteligência artificial que domina a vida do século XXI. TECCOGS – Revista Digital de Tecnologias Cognitivas, São Paulo, n. 17, p. 17-30, jan./jun., 2018. Disponível em: https://www.pucsp.br/pos/tidd/teccogs/dossies/2018/edicao_17/teccogs17_dossie01.pdf. Acesso em: 15 set. 2019.

_____. A inteligência artificial irá suplantar a inteligência humana? São Paulo: Estação das Letras e Cores, 2019.

LEE, Kai-Fu. AI Super – Powers China, Silicon Valley, and the New World Order. NY: Hougthon Mifflin Harcourt, 2018.

PASQUALE, F. The black box society: the secret algorithms that control money and information. Cambridge, MA: Harvard University Press, 2015.

PENTLAND, Alex. Social Physics: How Social Networks Can Make Us Smarter. New York, NY: Penguin Books, 2015.

SCHONBERGER, Viktor Mayer; CUKIER, Kenneth. Big Data: a revolution that will transform how we live, work, and think. New York, NY: Houghton Mifflin Harcourt, 2013.

SCHONBERGER, Viktor Mayer; RAMGE, Thomas. Reinventing Capitalism in the Age of Big Data. NY: Basic Books, 2018.

SMITH, Brad; SHUM, Harry. The Future Computed: Artificial Intelligence and its role in society. Redomon, Microsoft Corporation, 2018.

COMISSÃO EUROPEIA. 100 Radical Innovation Breakthroughs for the Future. 2019. Disponível em: https://ec.europa.eu/jrc/communities/en/community/digitranscope/document/100-radical-innovation-breakthroughs-future. Acesso em: 01 de set. 2019.

_____. Ethics Guideline for Trustworthy AI. 2019. Disponível em https://ec.europa.eu/futurium/en/ai-alliance-consultation/guidelines#Top. Acesso em: 1 maio 2019.

ZANATTA, Rafael. Proteção de dados pessoais como regulação de risco: uma nova moldura teórica? In: I Encontro da Rede de Pesquisa em Governança da Internet, 2017, p. 175-193, Rio de Janeiro. Anais [...]. Disponível em: http://www.redegovernanca.net.br/public/conferences/1/anais/ZANATTA,%20Rafael_2017.pdf. Acesso em: 20 set. 2019.

7. Seguro-social e desenvolvimento: o velho Keynes e os novos desafios[1]

José Roberto Afonso

Introdução

O economista britânico John Maynard Keynes discursou ao seu parlamento, em 24 de fevereiro de 1943, por ocasião dos debates acerca da reforma do seguro social e alertou que o futuro se constrói – e não se espera que aconteça:

> *The future will be what we choose to make it. If we approach it with cringing and timidity, we shall get what we deserve. If we march on with confidence and vigour the facts will respond. It would be a monstrous thing to reserve all our courage and powers of will for War and then, crowned with victory, to approach the Peace as a bankrupt bunch of defeatists* (KEYNES, 1980, p. 260).

Em meio à revolução digital que já começou a provocar mudanças radicais e estruturais no mercado de trabalho e, por conseguinte, no financiamento e na estruturação da seguridade social, voltar às lições de Keynes pode ser

[1] Este capítulo reproduz artigo publicado pelo autor na Revista do BNDES, v. 26, p. 203-245, 2019.

um bom caminho para jogar luz sobre os novos desafios que ora precisam ser equacionados.

O Brasil de hoje parece tanto ignorar a história da construção do estado do bem-estar social quando faz de conta que não mudará radicalmente o emprego para o futuro. Até mesmo economistas, ignoram como Keynes foi decisivo para definir as bases das classificações das contas nacionais e para desenhar as bases da previdência e dos demais componentes da proteção aos trabalhadores. Resgatar esses fatos e atos pode ajudar a acordar para a necessidade de que mais do que nunca eles precisam ser revisitados e reinventados e, para tanto, o Brasil é dos poucos países do mundo a contar com instrumentos poderosos para promoção do desenvolvimento e do emprego e para assistência ao trabalho.

Desta forma, o objetivo deste artigo é resgatar as lições de Keynes para iluminar as reformas necessárias a se enfrentar o futuro. A estrutura do artigo compreende um resgate dos debates dos anos quarenta, comenta brevemente a estrutura de financiamento do FAT e BNDES e apresenta e especula sobre questões contemporâneas, sobretudo envolvendo o crescente descompasso entre emprego e trabalho.

Em apertada síntese, se pretende alertar que rede de proteção social adotada em meados do século passado girava em torno do emprego (formalizado no Brasil pela contratação através de carteira de trabalho assinada). Empregadores e empregados contribuem em cima do valor de seus salários, que também passa a balizar os benefícios pagos no futuro (aposentadoria) ou, antes, em caso de alguma intempérie (uma delas é o seguro-desemprego). Esse paradigma está sendo quebrado pela revolução em curso, na indústria, na economia e na sociedade, que compreende, dentre outros, uma intensa automação do processo de trabalho (substituindo trabalhadores por robôs) a economia compartilhada e a do "bico" (com trabalhadores exercendo suas funções sem vínculo contratual, físico e temporal). Cada vez mais trabalho não representará necessariamente emprego. Os países precisarão construir um novo pacto ou contrato, social e também econômico, para lidar com essa realidade. Um dos eixos dessa mudança estrutura no Brasil deverá passar pelo FAT e BNDES, de modo que o amparo ao trabalhador deverá assumir outras formas que não apenas aquela presa a carteira assinada, bem assim o financiamento de investimentos, também deverá pensar em trabalho e não mais apenas em emprego.

Esse debate prospectivo compreende desafios ou questões, novas e complexas, talvez muitas ainda nem totalmente postas ao debate. Não se tem a pretensão de equacionar neste breve artigo, mas ao menos provocar e instigar os debates, para tanto, se buscará no passado as raízes do presente que será drástica e rapidamente modificado para futuro próximo.

1. Keynes, balizando presente

Keynes era um reformador do sistema capitalista. Ele recorreu ao Estado, tanto para remediar a crise, quanto para prevenir – e reconheceu depois que mesmo aquela saída emergencial era a "alternativa menos pior". Ainda defendia que a política fiscal assumisse objetivos e papéis diferentes na medida em que mudasse a conjuntura, ao contrário de um senso comum infeliz, que supõe uma defesa por Keynes de uma expansão permanente e desmedida de gastos, déficit e dívida públicos.

Apesar de sua *A Teoria Geral do Emprego, do Juro e da Moeda* – ver Keynes (1996) – ter sido um dos livros mais importantes nas ciências humanas e sociais e que efetivamente mudou o ensino e a compreensão da economia em todo o mundo, ele não tinha as finanças públicas como seu objeto central. Gastos sociais e orçamento público não foram tratados naquela obra clássica. Porém, quando se examinam as atividades de Keynes entre as vésperas da Segunda Guerra Mundial e os primeiros anos seguintes, se constata que deu grande atenção àqueles dois temas – em especial, no âmbito de suas atividades como conselheiro governamental, que, infelizmente, não acabou retratado ou consubstanciado na forma de livros, nem de artigos de maior fôlego.

Quando escrita a *Teoria Geral*, não havia uma adequada rede de proteção ao trabalhador, incluindo o segurodesemprego. Só depois seria criado e consolidado o chamado Estado do BemEstar Social, que incluiria os ditos estabilizadores automáticos, com mecanismos para atenuar os efeitos sociais das crises. Keynes participou ativamente das discussões do chamado *Relatório Beveridge*, em 1942, que iniciou a montagem da proteção social na Inglaterra. É preciso recorrer à leitura de suas Obras Completas (KEYNES, 1980)[2] para encontrar como Keynes pensou um pouco sobre tributos e sobre os princípios do que se conheceu depois como *estabilizador automático*.[3] Defendeu a cobrança e o aumento de contribuições como forma de financiar gastos menos elásticos às oscilações econômicas, mas sem deixar de alertar para os impactos negativos de uma carga tributária elevada.

Antes de tudo, diante do desemprego da crise global, nunca Keynes pensou em redução de impostos, nem mesmo de contribuições previdenciárias.[4] Apostou em outro caminho, de viabilizar um esquema de financiamento e, por conseguinte, de gastos públicos sociais que não estivessem vinculados diretamente ao ritmo da economia. Ele preferia algum instrumento que fosse mais imune aos efeitos da crise, para não faltaram recursos justamente quando do mais se precisa. Esta foi a inspiração para a tese que tais gastos públicos deveriam funcionar como estabilizadores automáticos na medida em que não recuassem quando caíssem a demanda, a renda e a arrecadação dos impostos.

Nos debates em torno do *Relatório Beveridge*, Keynes escreveu uma extensa carta em que cotejou contribuição *vis-à-vis* imposto – ver Keynes (1980, p. 223228). Ele começou por condenar duramente a tributação elevada dos salários: *"the fixed weekly contribution is a poll tax on the employed and an employment tax on the employer – both very bad kinds of taxes as soon as the amount is high enough to be significant"* (KEYNES, 1980, p. 223). [5] Depois Keynes classificou

---

[2] A memória dos respectivos debates consta do capítulo 4 do volume XXVII de suas *Obras Completas* – ver Keynes (1980, p. 203263) e, para uma versão resumida, Skidelsky (2001, p. 266270, e 2003, p. 708711). É importante atentar para a sua troca de correspondência com *Sir* William Beveridge: o referido capítulo reúne desde uma carta datada de março de 1942 até outra de maio de 1944. Como já foi dito, as suas ideias ali expostas acabaram não transpostas para livros ou artigos, e avançam além da discussão específica sobre política social, para tratar também de sistema tributário e sua eventual reforma, da estruturação dos orçamentos e mesmo da organização da administração pública.

[3] Se Keynes não enunciou claramente o dito estabilizador automático, ao menos defendeu um sistema de cobrança de tributos que seria compatível com o desenho desse mecanismo.

[4] Segundo Skidelsky (2003, p. 717), a eventual redução das contribuições sociais em períodos de elevação do desemprego foi avaliada por Keynes, concluindo que tal medida só caberia no caso da parcela dos empregados: *"reductions in employers' contributions would not lead to increased employment if they were seen as merely temporary"*.

[5] Vale reproduzir as críticas de Keynes à proposta inicial de Beveridge de um fundo para financiar o seguro social no Reino Unido:

como ficção o caráter contributivo do sistema, pois seria preciso custear mais do que benefícios ligados diretamente ao trabalhador. Os serviços de caráter geral (como os de saúde) e os eventuais déficits do sistema precisariam ser cobertos pelo Estado – ou melhor, pelos contribuintes em geral e com recursos oriundos de impostos.

É ainda mais ignorado que, em meio aos debates para criação do seguro social, Keynes desenhou uma reforma tributária razoavelmente ampla, incluindo mudanças profundas no imposto de renda, aumento e sobretaxa de alguns tributos com reduções e abatimentos de outros – ver Keynes (1980, p. 226228).

Assim, ao rascunhar um esquema de tributação alternativa, Keynes sugeriu (sempre destacando o caráter preliminar de sua proposta) um sistema com as seguintes competências tributárias: contribuições para seguridade incidiriam sobre todos os salários, sem exceção ou incentivo; um imposto sobre o lucro das empresas, admitida dedução de parcela que poderia ser reinvestida no negócio; um imposto sobre a propriedade, descontado na fonte sobre os juros; um imposto dos indivíduos incidente sobre todas as rendas, progressivo e com deduções apenas de dependentes.

O fundo composto pela arrecadação das contribuições (fixadas a cada quinquênio) custearia os serviços médicos, os benefícios de assistência (exceto para crianças) e as pensões (exceto dos ex-combatentes de guerra): *"contributions to be fixed so as to keep the fund selfsupporting"* (KEYNES, 1980, p. 226228).

Diante das resistências iniciais, Keynes acabou desistindo de avançar com sua proposta de reforma tributária em troca de um acordo para limitar os benefícios originalmente previstos no plano de Beveridge (SKIDELSKY, 2003, p. 715). Em poucas palavras, como ele não conseguiu aprovar um projeto de reforma tributária para aumentar a arrecadação, se contentou com mudanças que reduziram a despesa pública futura.

> The *"fund"* also is, admittedly, to some extent a *"fiction"!* Certainly it is not a fund in any actuarial sense. [...]
> The objection to the contributory system and the Fund is not really, I suggest, to the principle of contribution to a Fund, but partly to the particular method of a poll tax and partly to the inevitable inadequacy of the contribution so long as it is a poll tax. For everyone knows the objection to a poll tax of significant amount, which is unrelated either to profits or to earnings. But to have a better and more adequate contributory system leads us straight to a far reaching reform of the income tax – which we all know is needed anyhow (KEYNES, 1980, p. 224 226).

Passando do debate específico da seguridade social para o da transparência fiscal, Keynes mais uma vez teve um papel de destaque. Ele conseguiu que a natureza do gasto passasse a moldar a estruturação e a classificação das contas no orçamento. Do mesmo modo que distinguia a tributação (com clara preferência pelos tributos diretos), Keynes também diferenciou os gastos, ao separar o orçamento em duas partes bem distintas, e com isso refletindo uma divisão no papel do Estado na economia: *"The ordinary budget would be concerned with issues of efficiency and equity; the capital budget with demand management..."* (SKIDELSKY, 2003, p. 715).

Keynes empreendeu um esforço peculiar para integrar aspectos da política fiscal (em particular, o orçamento público) com as demais políticas econômicas. Ele defendeu uma remodelação na apresentação do orçamento público de modo a contemplar uma estrutura macroeconômica nova e abrangente, incluindo as ações estatais e os objetivos pretendidos, no lugar do modelo anterior limitado apenas a listar as contas de governo (MOGGRIDGE, 1976, p. 98).

Ele buscava que forma e conteúdo do orçamento público fossem mais consistentes com os instrumentos da política macroeconômica. A lógica preventiva seria mais uma vez dominante nessas reflexões e propostas de ações de Keynes. A análise das teses de Keynes pode partir de sua expressão inovadora do *orçamento de capital*: *"... is a means of attempting to cure disequilibrium if and when it arises..."* (KEYNES, 1980, p. 353). Ele ainda advertiu: *"... confusing the fundamental idea of the capital budget with the particular, rather desperate expedient of deficit financing..."* (KEYNES, 1980, p. 353354).

Ao que tudo indica, Keynes não se referia ao orçamento público tradicional. Para tanto, usou o termo *ordinário* provavelmente para se referir aos gastos com a manutenção da máquina governamental: o que compreenderia apenas grande parte das despesas correntes, mas não a sua totalidade, uma vez que os benefícios do seguro social, segundo Keynes, seriam incluídos num orçamento específico (o da seguridade social) que faria parte daquele *orçamento de capital*.

Nas discussões com Lord Beveridge, aliás, Keynes chegou a usar outro conceito: orçamento de longo prazo (no contexto, parece que pretendia contemplar o que veio ase classificar posteriormente como despesa de capital).[6]

---

[6] Menciona-se ainda que Kregel (1985, p. 3238) destacou que para Keynes a ação estatal era necessária nos casos em que o setor privado não tivesse tomado a decisão e a iniciativa de atuar,

O fato inegável é que ele queria apartar as dotações orçamentárias para atender ao custeio normal do governo daquelas que deveriam atender ao seguro social, por terem objetivos e políticas complemente diferentes.

Essa posição algo heterodoxa de Keynes em relação à estruturação da administração e do orçamento público apareceu em meio às discussões sobre o custeio do novo esquema do seguro social, quando especulou sobre a criação de um fundo e questionou sobre as suas condições estruturais.[7]

1.1. A concepção do seguro social

Keynes, como já dito, não criou e nem recorreu ao conceito de *estabilizador automático* da crise na *Teoria Geral* – que, aliás, nem sequer contém a palavra *estabilizador*. Mas ele não deixou de citar o seguro-desemprego (por mais incipiente que fosse sua estrutura na época) e a opção governamental por incorrer em déficits em meio à Grande Depressão:

> [...] uma diminuição da renda devido à queda no volume de emprego, se for além de certos limites, pode muito bem ser motivo para que o consumo exceda a renda, não apenas porque os indivíduos ou instituições passam a utilizar as reservas financeiras acumuladas em melhores dias, como também porque o Governo, deliberadamente ou não, poderá cair num déficit orçamentário ou poderá vir a fornecer auxílio em caso de desemprego, por exemplo, com dinheiro emprestado.

caso dos serviços considerados "tecnicamente sociais" (em oposição aos ditos individuais), e deveriam ser prestados de forma eficiente (com tarifas cobrindo custos no longo prazo). Para atender a este último caso, Kregel menciona uma recomendação keynesiana para *"semi0autonomous bodies"* quando *"... motives of private advantage are excluded..."* (KEYNES, 1980, p. 288), de modo que ele claramente mencionou: tanto transações extraorçamentárias – caso dos investimentos governamentais, segundo Skidelsky (2003, p. 714) – quanto ações que pudessem ser conduzidas por órgãos descentralizados (caso da seguridade social) e por meio empresarial (caso dos serviços de energia elétrica).

[7] Esta tese também tem sido destacada por Kregel (1985, p. 37):
> We need to extend, rather than curtail, the theory and practice of extrabudgetary funds for state operated or supported functions. Whether it is the transport system, the Electricity Board, War Damage or Social Security. The more socialized we become, the more important it is to associate as closely as possible the cost of particular services with the sources out of which they are provided even when a grantinaid and also required from general taxes. This is the only way by which to preserve sound accounting, to measure efficiency, to maintain economy and to keep the public properly aware of what things coast (KEYNES, 1980, p. 224225).

Por isso, quando o emprego desce a um nível baixo, o consumo agregado cairá em volume menor que a diminuição da renda real, tanto por força das reações habituais dos indivíduos como por força da política provável dos Governos, o que explica a possibilidade de conseguir, muitas vezes, uma nova posição de equilíbrio dentro de limites razoáveis de flutuação. Se assim não fosse, o declínio do emprego e da renda, uma vez iniciado, poderia ir muito longe (KEYNES, 1996, p. 154).

Curiosamente, nessa passagem da *Teoria Geral*, Keynes, em primeiro lugar, levanta a hipótese de um governo incorrer em déficit de forma involuntária e, em segundo, de recorrer ao endividamento mesmo para pagar o segurodesemprego. Podese depreender que ele julgava o governo incapaz de neutralizar ou compensar pelo lado da receita o impacto recessivo que esta viesse a sofrer, e que não fosse possível cortar gasto naquele contexto de crise econômica ou mesmo de recessão. Isso reforça a ideia da política fiscal de caráter anticíclico.

Já o mesmo endividamento, que Keynes defendeu como única fonte que interessava para financiar os investimentos governamentais em construção naquela época, apareceu novamente como hipótese, ainda que última, para cobrir até um gasto corrente, como os benefícios assistenciais. Isso reforça a ideia da necessidade de o governo se endividar como resposta à Grande Depressão.

Ainda sobre os *estabilizadores automáticos*, Kregel (1985, p. 3031) esclarece que foram inicialmente identificados apenas com as transferências pagas pelos governos para os beneficiários do segurodesemprego e outros da seguridade social, porque se moveriam contra o ciclo, conforme discutido por Keynes no contexto antes citado. Este teria errado ao prever que o volume de benefícios e de contribuições iriam cair no futuro.

De fato, aquela previsão foi feita por Keynes na primeira carta a Beveridge, quando se limitou a chamar a atenção para as oscilações: *"... frequent adjustments... where there have been major disturbances as, for example, between prewar values and probable postwar values..."* (KEYNES, 1980, p. 204). Outro analista faz uma observação sobre a mesma questão, mas trata dela em duas partes: *"... Keynes restated his preference for using investment as a stabilizer, though he supported the case for 'automatic' variations in social security contributions"* (SKIDELSKY, 2003, p. 717).

A proposta de Beveridge, em síntese, era ampliar o seguro social e, também, assegurarlhe um esquema adequado de financiamento: *"... a system of national insurance for all citizens against retirement, unemployment and disability, centrally administered, and financed by equal contributions from employers, employees and the state, with equal benefits set at a physical subsistence level"* (SKIDELSKY, 2001, p. 267). Esta proposta, que substituiria um sistema voluntário e de benefícios limitados apenas aos contribuintes diretos do seguro, foi contemporânea do arranjo de políticas sociais até hoje seguido em outras economias avançadas e algumas emergentes.

Para sua organização, Keynes propôs a adoção de um orçamento específico (o da seguridade social) e que integraria o seu orçamento especial (o do capital): *"The social security budget should be one section of the capital or longterm Budget. It is important that there should be a level charge on the ordinary Budget revised at longish intervals..."* (KEYNES, 1980, p. 225).

Dos raros trabalhos a tratar de forma exclusiva e detalhada da participação de Keynes nas discussões do *Relatório Beveridge*, Marcuzzo (2006, p. 2) alerta já no início que se propôs a cobrir a lacuna assim apontada: *"Keynes's role in foundation of the Welfare State as far as his actual contributions are concerned both in theoretical and practical terms has not, however, been investigated in detail".*

Mais do que apresentar a Lord Beveridge críticas e sugestões a partir de versões iniciais, Lord Keynes teria atuado como intermediário nas negociações com o Tesouro britânico, inclusive tendo sido decisivo para que esse órgão aceitasse e alocasse mais recursos ao plano, segundo Skidelsky (2003, p. 709). Curiosamente, o resultado das polêmicas entre o Fabiano Beveridge e o reformista liberal Keynes é que: *"the two pillars of the Welfare State ... were formulated independently and, perhaps, even in opposition to one another"* (MARCUZZO, 2006, p. 10).

Na primeira avaliação do plano, Keynes manifestou pouco interesse nos benefícios de aposentadorias – e nem se mesmo se interessou por sua eventual universalização. Por outro lado, as atenções dele foram desde cedo mais concentradas nas propostas de benefícios do seguro-desemprego e de assistência familiar, porque atenderiam suas preocupações com a gestão pública dos efeitos do ciclo (SKIDELSKY, 2001, p. 267).[8] Além disso, em uma ótica microeconômica, Keynes temia que os custos das contribuições sociais

---

[8] Keynes passou a defender com entusiasmo a modelagem desenvolvida para a seguridade social e o chamado regime de pagamento diferido (SKIDELSKY, 2001, p. 269).

(para custear as aposentadorias) viessem a pressionar os custos de produção e isso provocasse reações indesejadas pelos empresários (KEYNES, 1980, p. 223224) – como atenuar o ímpeto por contratar mão-de-obra.

Enfim, Keynes parece que via no novo sistema social uma forma de combater os males do capitalismo, especialmente porque se lograria criar uma nova forma de gerar renda sem ligação direta com o mercado.[9] Ao criar um mecanismo de renda permanente, estarseia contribuindo para redistribuir a riqueza e, principalmente, para sustentar a demanda agregada.

Mas, décadas e décadas depois, estão abalados os alicerces da construção do seguro social ou do Estado do Bem-Estar Social, em muito inspirada por Keynes. Trabalho não mais se converte em emprego. Ao contrário, há uma tendência estrutural advinda da revolução digital em que, pela natureza dos negócios e também pelas aspirações das novas gerações de trabalhadores, a se trabalhar sem vínculo empregatício, sem um horário fixo e nem mesmo o local é único. Se a remuneração do trabalho não mais passará necessariamente por salário, todo o aparato de custeio do seguro-social baseada na folha salarial está abalado.

O Brasil parece já estar na vanguarda dessas mudanças no mercado de trabalho. Por outras razões, de planejamento tributário, para contornar o maior custo mundial de contratação de um trabalhador, os empregadores flexibilizaram seus contratos ao exigir daqueles que se convertessem em firmas e fossem contratados para trabalhos pontuais ou temporários. Quem lesse os originais do Keynes não estranharia esse fato porque ele já tinha alertado para essa possibilidade dos empresários reagirem a custos demasiado elevados de contratação de um empregado.

Como parcela cada vez menor da força de trabalho brasileira passará a ser coberta pela rede oficial de proteção social, em especial com direito a seguro--desemprego, é hora de repensar os esquemas vigentes. Seguindo a linha de Keynes, também aqui será deixado de lado o debate da previdência, para focar na questão do futuro do emprego, ou melhor, do trabalho.

---

[9] As reformas seriam conservadoras da ordem, segundo Carvalho (2009, p. 209), porque *"... they would help to restore the legitimacy of the social order by attenuating class diferences and eliminating extreme privileges"*. No entanto, isso não teria alterado o perfil de Keynes na opinião de um de seus biógrafos: *"the truth seems to be that he was not interested in social policy as such, and never attended to it. The sole question in his mind was whether the Exchequer could 'afford' Beveridge"* (SKIDELSKY, 2003, p. 711).

2. Esquema exitoso do FAT/BNDES[10]

Em linha com os preceitos aqui comentados defendidos por Keynes e das bases do Estado do Bem-Estar Social, espalhados desde a Inglaterra para o resto da Europa, o Brasil construiu um experimento muito bem-sucedido de modo ao mesmo tempo custear o seguro-desemprego e fomentar o desenvolvimento.

A Constituição de 1988 inovou ao incluir uma disposição geral (que tratava de matérias desde a ordem tributária até a social), numerado como art. 239[11],

---

[10] A presente seção é, em parte, fruto do debate promovido pela apresentação do autor "FAT e o Futuro do Trabalho: Histórico e Desafios", por ocasião do seminário "FAT e o Futuro do Trabalho" no dia 06/11/2018 no BNDES. Ver: https://bit.ly/2PwHli6

[11] É interessante reproduzir a íntegra do dispositivo constitucional vigente, com a redação dada pela Emenda Constitucional n. 103, de 2019:

"Art. 239. A arrecadação decorrente das contribuições para o Programa de Integração Social, criado pela Lei Complementar nº 7, de 7 de setembro de 1970, e para o Programa de Formação do Patrimônio do Servidor Público, criado pela Lei Complementar nº 8, de 3 de dezembro de 1970, passa, a partir da promulgação desta Constituição, a financiar, nos termos que a lei dispuser, o programa do seguro-desemprego, outras ações da previdência social e o abono de que trata o § 3º deste artigo.

§ 1º Dos recursos mencionados no «caput» deste artigo, pelo menos quarenta por cento serão destinados a financiar programas de desenvolvimento econômico, através do Banco Nacional de Desenvolvimento Econômico e Social, com critérios de remuneração que lhes preservem o valor.

§ 1º Dos recursos mencionados no caput, no mínimo 28% (vinte e oito por cento) serão destinados para o financiamento de programas de desenvolvimento econômico, por meio do Banco Nacional de Desenvolvimento Econômico e Social, com critérios de remuneração que preservem o seu valor.

§ 2º Os patrimônios acumulados do Programa de Integração Social e do Programa de Formação do Patrimônio do Servidor Público são preservados, mantendo-se os critérios de saque nas situações previstas nas leis específicas, com exceção da retirada por motivo de casamento, ficando vedada a distribuição da arrecadação de que trata o «caput» deste artigo, para depósito nas contas individuais dos participantes.

§ 3º Aos empregados que percebam de empregadores que contribuem para o Programa de Integração Social ou para o Programa de Formação do Patrimônio do Servidor Público, até dois salários mínimos de remuneração mensal, é assegurado o pagamento de um salário mínimo anual, computado neste valor o rendimento das contas individuais, no caso daqueles que já participavam dos referidos programas, até a data da promulgação desta Constituição.

§ 4º O financiamento do seguro-desemprego receberá uma contribuição adicional da empresa cujo índice de rotatividade da força de trabalho superar o índice médio da rotatividade do setor, na forma estabelecida por lei.

alterando a vinculação da antiga contribuição recolhida para o PIS/PASEP para custear o seguro-desemprego, dos quais 40% seriam reservados para financiar projetos de investimento através do BNDES. [12]

Acerca da criação do art. 239, Azeredo e Ramos (1995) escrevem:

> O artigo 239 da Constituição, portanto, ao mesmo tempo em que corrigiu as notórias limitações do PIS-PASEP, assegurou recursos para a consolidação de um direito social básico do trabalhador que é a proteção financeira no momento do desemprego, sem que fosse necessário um aumento na carga tributária do país. A destinação de 40% da arrecadação das contribuições ao PIS e ao PASEP, por sua vez, preservou os recursos públicos para investimentos produtivos. Além disso, esta dupla destinação dos recursos abriu a possibilidade de se estabelecer um mecanismo de financiamento do seguro-desemprego que financiaria a instalação produtiva das empresas, permitindo a criação de novos empregos.

O então Deputado José Serra, que durante a Assembleia Constituinte já tinha tomado a iniciativa de apresentar a emenda que originou o citado art. 239, também liderou o processo de aprovação de regulamentação infraconstitucional seguinte.

A Lei n. 7.998 de 11/1/1990[13] reuniu tais recursos em torno do Fundo de Amparo ao Trabalhador (FAT), que ainda acrescentou na sua finalidade "auxiliar os trabalhadores na busca ou preservação do emprego, promovendo, para tanto, ações integradas de orientação, recolocação e qualificação profissional." Também aí foram custeados abono para os menores salários – que tem um componente de assistência maior do que de proteção social ou de partilha de resultados entre empresas e empregados.

---

§ 5º Os programas de desenvolvimento econômico financiados na forma do § 1º e seus resultados serão anualmente avaliados e divulgados em meio de comunicação social eletrônico e apresentados em reunião da comissão mista permanente de que trata o § 1º do art. 166."
[12] Para aprofundamento do tema ver Azeredo (1998)
[13] Ver íntegra a lei em https://goo.gl/1VgJUZ .

O desenho adotado pela Constituição de 1988 atendeu perfeitamente ao ideal anticíclico tão bem defendido por Keynes (embora ele nem tenha sido citado nos correspondentes debates parlamentares brasileiros)[14]. Quanto mais bem-sucedido for o fomento à geração de emprego, através dos financiamentos do BNDES a investimentos produtivos, tanto menor pode ser a necessidade do orçamento público gastar com o seguro-desemprego. Apartar e acumular recursos em um fundo também permite fazer a ligação intertemporal, de modo a se poupar mais nos tempos de bonança para se sacar mais nos tempos de tempestade, em que o gasto com seguro-desemprego em muito se elevará. É natural que haja déficit do fundo em meio a recessão como é necessário que se produza superávit e seja comedido nas decisões de gasto durante a fase de crescimento do ciclo.

Também foi muito feliz a denominação dada pelos legisladores pós-Constituinte ao fundo, definido como de amparo ao trabalhador. A ideia era dar proteção e não apenas pagar um benefício – e como tal, não há uma apuração ou contabilidade individual, nem o valor se a pagar a um beneficiário está vinculado ao que o mesmo contribuiu. Também houve referência geral a "trabalhador" e não apenas ao "empregado".

Reforça essa desvinculação citar que se trata de amparo, não se limitando apenas ao benefício do seguro, porque outras atividades são contempladas – do financiamento ao investimento até a formação e treinamento profissional se está tentando evitar que haja desemprego, ou seja, se opta por gastar mais e preventivamente com crédito e ensino para reduzir a necessidade de gastar como seguro-desemprego.

A assistência constitui uma forma de proteção e não foi original e diretamente enquadrada pelos Constituintes como um elemento da seguridade social e nem de outros capítulos da Ordem Social – a opção foi tratar como uma norma geral. A inclusão do FAT no orçamento da seguridade social foi realizada *a posteriori* e mais por cultura ou prática do que por uma determinação legal específica.

---

[14] No auge da recessão, o gasto com seguro-desemprego esteve na casa de 0.6% do PIB. A sua trajetória crescente durante a fase anterior de forte crescimento foi explicada pela flexibilização na concessão de benefícios e, sobretudo, por peculiaridades brasileiras na rotatividade da mão-de-obra. Talvez mais do que política, se precisasse de mais polícia – quer dizer, maior e melhor controle na concessão e no pagamento dos benefícios.

De qualquer forma, mais uma vez se seguiu a lição dada por Keynes de separar em um orçamento à parte o que seria objeto do seguro social, que teria forma (classificação das contas) e conteúdo (proteção social) distinta das demais transações e obrigações do Poder Público. A miopia de tratar todos os recursos e todas as despesas públicas como se tivessem natureza e princípio iguais levará a importantes retrocessos na política fiscal, inclusive na sua tentativa de tentar obter de resultados através da desvinculação de recursos que é um mecanismo mais para alterar uso de uma para outra finalidade, sem que consiga elevar receita ou reduzir despesa (embora, como se verá à frente, no caso do FAT e do BNDES, acaba sim por permitir aumentar o gasto primário).

Sem obviamente terem previsto que no futuro trabalho não mais significaria emprego, e mesmo sendo o objetivo central pagar seguro-desemprego, o fundo não foi definido como protetor de empregados, mas sim de trabalhadores. A lógica era proteger todas as pessoas em idade e que procuraram trabalhar, ainda que nem todas tenham conseguido um emprego e aí se constituiria o subconjunto de trabalhadores a merecer maior atenção, seja porque tinham perdidos seus empregos, seja porque nem conseguiram seu primeiro emprego.

Não custa relembrar novamente que Keynes ensinou que tais recursos e ações públicas não deveriam ser vistas e tratadas como os recursos recorrentes de um governo (que devem ser equilibrados ou nunca apresentar déficit corrente). Outro é o caso do orçamento de capital ou de investimentos, nas diferentes denominações usadas por Keynes, que poderiam ou deveriam até apresentar déficits na fase de desaceleração e sobretudo na fase de recessão, porque aí estariam sendo acionados para funcionar como amortecedor dos impactos da retração da demanda.

Como tal, a lógica keynesiana se pode dizer contrária, por suposto, à opção pela desvinculação orçamentária adotada pelo Brasil desde a criação do Plano Real e que atinge muito mais e duramente o FAT do que outras receitas da União. Tal mecanismo (hoje denominado por Desvinculação da Receita da União – DRU) começou desviando fontes para custear o déficit da previdência dos servidores públicos e, ao diminuir os aportes o FAT, transferiam, sem explicitar e sem chance de negar, àquela conta para ser paga pelos trabalhadores passíveis de serem demitidos (caso de todos os empregados do setor privado). O posterior surgimento e a explosão do déficit da previdência social, que hoje absorve tudo que é desvinculado do FAT, significa que os trabalhadores, todos hoje em atividade e os que poderiam entrar no mercado (empregados em investimentos financiados pelo BNDES), estão pagando a conta dos aposentados e pensionistas do regime social (que até foram trabalhadores mas no passado).

A DRU, na prática, transforma parte do fundo de amparo ao trabalhador em custeio dos aposentados, públicos e privados. Não só não se segue a recomendação de Keynes, como ainda se promove uma ação no sentido radicalmente inverso. O retrocesso decorrente da DRU significou priorizar o passado em detrimento do presente e do futuro – ao se ter menos recursos para o seguro-desemprego, é reduzido o colchão amortecedor da crise, e ao se ter menos financiamento para investimentos, se atenua e se abandona a engenhosa e criativa invenção brasileira de aplicar parte da arrecadação tributária em projetos de investimento.

Tabela 4-DRU: BNDES X FAT e Aportes Tesouro Nacional – R$ milhões Valores Correntes. (1995-2018*)

Ano	DRU	BNDES	FAT	Tesouro	FAT Líquido	Perda Líquida Total
1995	(1.615,9)	(646,4)	(969,5)	-	(969,5)	(1.615,9)
1996	(1.834,8)	(733,9)	(1.100,9)	-	(1.100,9)	(1.834,8)
1997	(1.933,6)	(773,4)	(1.160,2)	-	(1.160,2)	(1.933,6)
1998	(1.912,8)	(765,1)	(1.147,7)	-	(1.147,7)	(1.912,8)
1999	(3.743,1)	(1.497,2)	(2.245,9)	-	(2.245,9)	(3.743,1)
2000	(1.485,8)	(594,3)	(891,5)	-	(891,5)	(1.485,8)
2001	(2.245,8)	(898,3)	(1.347,5)	221,0	(1.126,5)	(2.024,8)
2002	(2.521,8)	(1.008,7)	(1.513,1)	37,1	(1.476,0)	(2.484,7)
2003	(3.350,8)	(1.340,3)	(2.010,5)	12,9	(1.997,6)	(3.337,9)
2004	(3.881,6)	(1.552,6)	(2.329,0)	23,5	(2.305,5)	(3.858,1)
2005	(4.248,1)	(1.699,2)	(2.548,9)	-	(2.548,9)	(4.248,1)
2006	(4.735,5)	(1.894,2)	(2.841,3)	21,8	(2.819,5)	(4.713,7)
2007	(5.223,2)	(2.089,3)	(3.133,9)	5,7	(3.128,2)	(5.217,5)
2008	(6.166,1)	(2.466,4)	(3.699,7)	26,9	(3.672,8)	(6.139,2)
2009	(6.206,1)	(2.482,4)	(3.723,7)	24,6	(3.699,1)	(6.181,5)
2010	(8.075,3)	(3.230,1)	(4.845,2)	1.091,4	(3.753,8)	(6.983,9)
2011	(8.316,8)	(3.326,7)	(4.990,1)	88,1	(4.902,0)	(8.228,7)
2012	(9.546,2)	(3.818,5)	(5.727,7)	5.294,6	(433,1)	(4.251,6)
2013	(10.213,1)	(4.085,2)	(6.127,9)	4.831,2	(1.296,7)	(5.381,9)
2014	(10.354,1)	(4.141,6)	(6.212,5)	13.842,6	7.630,1	3.488,5
2015	(10.580,3)	(4.232,1)	(6.348,2)	7.396,8	1.048,6	(3.183,5)
2016	(15.850,3)	(6.340,1)	(9.510,2)	12.509,5	2.999,3	(3.340,8)
2017	(17.587,6)	(7.035,0)	(10.552,6)	13.794,9	3.242,3	(3.792,7)
2018*	(9.392,3)	(3.756,9)	(5.635,4)	74,3	(5.561,1)	(9.318,1)
Total	(151.021,0)	(60.408,4)	(90.612,6)	59.296,9	(31.315,8)	(91.724,2)

Fonte Primária: Ministério do Trabalho. Elaboração Própria.
*até jun/2018

Paradoxalmente, se justifica a DRU por razões fiscais, mas o seu efeito, tão somente no caso do FAT, é promover mais uma vez o oposto do que se apregoa. Os recursos aplicados pelo BNDES (e outros bancos públicos, no caso dos excessos de caixa) em projetos empresariais, sejam privados, sejam de estatais, geram no mesmo montante superávit primário e reduzem a dívida líquida. Quando se deixa de investir para pagar aposentadorias, de servidores ou do regime geral, se está transformando superávit em déficit primário. Aplicar DRU sobre o FAT é um inegável retrocesso em termos fiscais.

O paradoxo vira contradição quando se propõe ampliar ainda mais a desvinculação aplicada sobre o FAT e diminuir ainda mais os financiamentos concedidos pelo BNDES justamente quando a revolução digital (na falta de melhor nome) impõe novos e enormes desafios ao Brasil e todo o mundo. O trabalho deixará de ser necessariamente emprego.

3. Novos Desafios Estruturais

É público e notório que o avanço da automação provocará um brutal desemprego estrutural[15]. Por si só, isso significa que será inevitável e enorme a pressão sobre os gastos públicos com seguro-desemprego, inclusive não mais tendo apenas um caráter cíclico, e sim podendo se tornar uma exigência crônica de benefícios.[16] Além disso, mudanças no mercado e nas relações de trabalho convertem cada vez mais empregados, com vínculos formais, em trabalhadores por conta própria, ora até organizados na forma de firmas individuais, que passam a trabalhar sem local fixo e com horário flexível – o chamado trabalho independente da "economia do bico".

Tais estudos e aflições parecem serem solenemente ignorados no Brasil, que até poderia se dar ao luxo de ser dos raros países a ter estruturado uma equação de financiamento do seguro e de combate ao desemprego, mas justamente na hora em que mais será necessário usar tais instituições se defende reduzir e desmontar o FAT/BNDES. Não custa recordar que muitos

---

[15] Para maiores detalhes ver Mckinsey Global Institute (2017)
[16] Acerca dos impactos das novas tecnologias no mercado de trabalho ver apresentação de Carlos Henrique Corseuil, IPEA, em: https://bit.ly/2TjMmc4

estudiosos, países e organismos, inclusive multilaterais, estão estudando e defendendo a criação de um benefício da renda universal básica, para poder assistir multidões que ficarão desempregadas e, que, sem um seguro que lhe dê conta, precisarão sobreviver à custa de um subsídio assistencial do poder público.[17]

Não bastasse o desemprego maciço, outra tendência esperada da nova economia, aponta que, dos que conseguirem obter ou manter trabalho, parcela será de trabalhadores independentes, abrigados na chamada "economia do bico" (*gig economy*)[18]. É o caso daqueles que trabalham por empreitada, sem local e sem horário fixos, e não tendo um vínculo empregatício. Logo, não terão direito ao seguro-desemprego, muito menos a aposentadoria e a pensão, inclusive em caso de acidente de trabalho.

Em recente relatório, a Cognizant (2018) aponta 21 novos empregos que surgirão com o futuro. De a acordo com a pesquisa não são apenas os empregos estão mudando, mas as habilidades subjacentes também estão se transformando. Não se deve, entretanto, criar uma divisão em novas e velhas habilidades, uma vez que algumas habilidades sem mantem ao longo de gerações, enquanto algumas mais novas são descartadas.[19]

---

[17] Seetharaman e Gauret (2018) apontam que a cada dez trabalhadores europeus, quatro estão enquadrados em trabalho temporário ou por conta própria. Aqueles na faixa etária de vinte anos estão majoritariamente em empregos temporários ou "sem contrato", o dobro de outros grupos etários. Estes trabalhadores não possuem acesso ao seguro-desemprego em 11 países, e em 10 não estão protegidos para acidentes de trabalho.

[18] Intuit Research (2010) mostra que até 2020 a gig economy compreenderá 40% dos trabalhadores americanos.

[19] Para entender melhor o valor de qualquer habilidade individual, o relatório de Cognizant (2018) expõe os seguintes parâmetros:
".... É "eterno"? – Não importa quão brilhantes sejam as nossas tecnologias, certas habilidades surgiram junto a existência da raça humana e continuarão valendo a eternidade. Ex.: arrotar um bebê, manuseio de ferramentas, cooperando dentro do grupo, adaptação;
É «duradouro»? – Habilidades duradouras são centrais para os empregos do futuro. Ex.: empatia, confiança, ajuda, imaginação, criação, esforço;
Está "emergindo"? – Novas habilidades no futuro se alinham à complexidade, densidade e velocidade do trabalho. Ex.: agilidade; multitarefas;
Está "desvairando"? – A lista de habilidades em erosão está ficando mais longa a cada dia, e muitas delas se relacionam com a tecnologia. Habilidades de ponta deste ano serão pré-requisitos comuns do ano que vem. ..."

É uma ilusão acreditar que isso aliviaria o futuro gasto público supondo que não seja necessário também prestar assistência na linha antes já comentada. De acordo com o *World Economic Forum* (2018), é avaliado que mudará a natureza do trabalho para 42% dos brasileiros, igual a média mundial – no entanto, exigindo um esforço maior do que precisará ser realizado por países ricos, como Estados Unidos, China e Alemanha.

O Brasil não deveria estranhar essa tendência e seus efeitos no subfinanciamento da seguridade social porque talvez seja o País no mundo em que se constata de forma mais extensa e generalizada a transformação de pessoas físicas em jurídicas. A motivação para o País antecipar esse novo formato do mercado de trabalho respeita a aspectos particulares brasileiros – uma forma de planejamento tributário.

Gráfico 10: Declarantes por Natureza de Ocupação – DIRPF (2017)

Fonte Primária: SRF/DIRPF. Elaboração Própria.
Nota: O número total de declarantes é de 28.003.647 (incluindo servidores públicos, aposentados e contribuintes que não declararam ocupação).

Um alerta de Keynes veio a se confirmar, infelizmente, na experiência brasileira recente. Ao criar e manter uma previdência social bastante dispendiosa, o Brasil está entre os países que mais tributam o custo de contratação formal de mão de obra.[20] Além de desestimular a contratação de novos empregados,

---

[20] Ver Afonso (2014)

acabou por surgir entre aqueles de maior renda a preferência dos empregadores para os contratar como uma firma. Na falta de flexibilização de contratos e diante da imperiosa necessidade de reduzir custos, se generalizou tal prática – que ficou conhecida por *pejotização* (embora seja um conceito inadequado) – e chegou até aos trabalhadores de menor qualificação e renda – com a opção de se tornarem microempreendedores individuais (MEI).

Se esse fenômeno se expandiu mais como opção do empregador, para reduzir seus custos e riscos trabalhistas, a nova dinâmica econômica e social já impõe novas razões para aprofundar essa tendência. Já é maioria entre brasileiros a opção por serem empreendedores, com maior renda e menos benefícios sociais, do que terem carteira assinada, com menor salário e maiores benefícios, sendo proporcionalmente maior a preferência quanto menor for a idade e quanto maior for a renda. A partir de dados revelados por pesquisa de opinião pública do Datafolha, realizada em meados de setembro de 2018, os gráficos a seguir ilustram este cenário.

Gráfico 11: Preferência dos Eleitores por Trabalho Autônomo x Carteira Assinada – Em % do Total (2018)

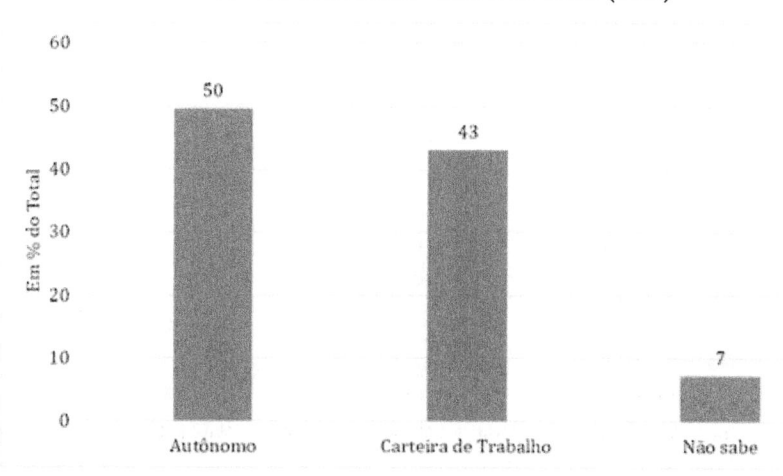

Fonte Primária: Datafolha (2018). Elaboração Própria.

Gráfico 12: Preferência dos Eleitores por Trabalho Autônomo x Carteira Assinada – Em % do Total – por Faixa Etária (2018)

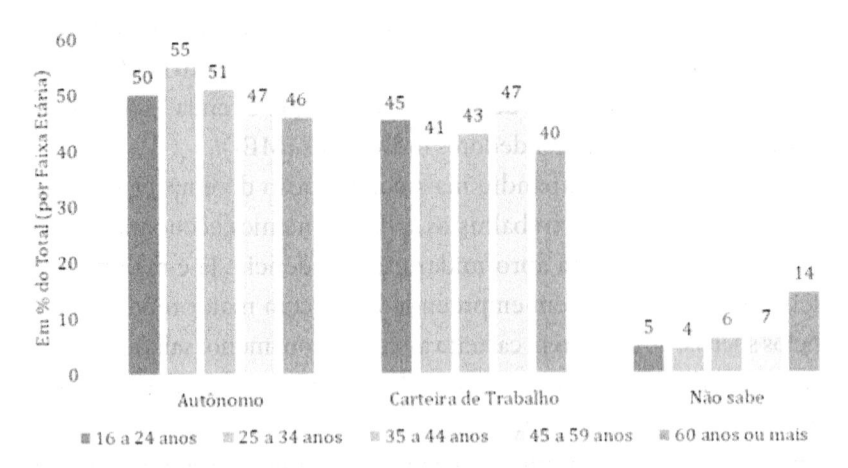

Fonte Primária: Datafolha (2018). Elaboração Própria.

Gráfico 13: Preferência dos Eleitores por Trabalho Autônomo x Carteira Assinada – Em % do Total – por Faixa de Renda Mensal Familiar (2018)

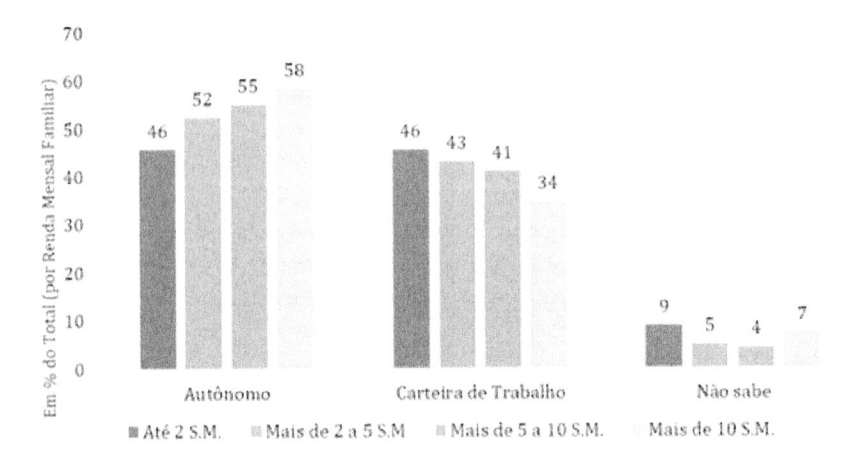

Fonte Primária: Datafolha (2018). Elaboração Própria.

Se além dos empregadores já preferirem (intensa e generalizadamente) contratar o trabalho de pessoas jurídicas no lugar de empregado com carteira assinada, quando os próprios trabalhadores também passam a preferir trabalhar por conta própria, isto aumenta o tamanho e a complexidade do desafio. Há um claro víeis contrário a se contribuir, individualmente, em cima de salários, para custear benefícios públicos. No mínimo, será preciso buscar em outras bases econômicas e em outros arranjos tributários a forma de custeio de tais ações ou serviços públicos.

Em que pese mudanças tão radicais na economia e na sociedade, ainda que se possa dizer esperadas para alguns, por outro lado, autoridades continuam falhando no diagnóstico. Ainda é comum a ideia de que tal fenômeno da opção por pessoa jurídica resultaria de decisão dos empregados, ignorando o custo de se contratar mão-de-obra e a consequente reação dos empregadores, ao preferirem e exigirem contratar firma no lugar de assinar carteira (sendo que a recessão e a disparada do desemprego aumenta ainda mais o poder de fogo do empregador). A esse fenômeno mais antigo se acrescentará as tendências dos trabalhadores mais jovens também preferindo atuar por conta própria do que com vínculo rígido.

Se não se sabe ao certo aonde se está e como aí se chegou, muito menos se conseguirá traçar um bom plano para lidar com o futuro. Ainda vale a ideia de que isso é caso de polícia (de falta de fiscalização e de punição), no lugar de buscar uma política adequada a nova e inevitável realidade. Menos de 40% dos trabalhadores ocupados trabalham em empresas privadas e com carteira assinada – e, como tal, podem se beneficiar de seguro, em caso de desemprego, de aposentadoria, em caso de velhice, e de pensão, em caso de doença.

Desafios tão graves para o futuro impõe ao Brasil consolidar e expandir a política pública que combina proteção trabalhista com fomento ao desenvolvimento, que passa pelo FAT e pelo BNDES. Embora se saiba que ambos precisarão serem reinventados.

Ações para formação e requalificação de trabalhadores, novos e já ativos, se tornarão cruciais para oferecer novos postos de trabalho e para se tentar as manter, de forma a atenuar a pressão inevitável de gastos com seguro-desemprego. Não se trata apenas de ampliar a educação, nem mesmo a profissionalizante, mas será investir desesperadamente em dotar os trabalhadores de habilidades, que lhes permita aprender a aprender e exercer as novas profissões, que muitas delas ainda nem são conhecidas.

A rápida evolução tecnológica está tornando obsoletos os atuais programas de treinamento corporativo. Deve-se focar agora na educação em áreas como computadores, dados, inteligência artificial etc. Neste contexto, cabe uma questão maior: qual é o verdadeiro propósito da educação em um momento de ampla automação e aumento da inteligência das máquinas?

No Japão, cursos de ciências sociais e humanas chegaram a ser ameaçados em virtude de uma recomendação de que as universidades oferecessem cursos voltados as necessidades da sociedade.[21] No entanto, essa forma de pensar é limitada, já que as novas tecnologias que serão desenvolvidas podem levar a sérios problemas éticos, e para lidar com eles, temos de pensar no ponto de vista humano. Nesse sentido, em recente entrevista (Canônico, 2018), Edson Prestes defende que desenvolver as habilidades nas áreas de Ciências e Tecnologia é importante, mas não é suficiente, existindo também a necessidade do estímulo de habilidades sociais e interpessoais para que se desenvolva o pensamento empático.[22]

Para a autora, a lição é clara: para a tecnologia cumprir sua promessa de melhoria humana, ela precisa de uma bússola cultural e moral. Por muito tempo agora, as disciplinas que instilam tal bússola – as humanidades – foram rejeitadas como um anacronismo; ao contrário, eles podem ser precisamente o que nos permite fazer o melhor uso de tecnologias cada vez mais potentes.

Banco Mundial (2016) mostra que, na média dos países desenvolvidos, entre 1995 e 2012, as ocupações baseadas em tarefas rotineiras (cognitivas e manuais) perderam 0,6 ponto percentual na estrutura ocupacional, enquanto aquelas baseadas em tarefas cognitivas e tarefas manuais interpessoais e não

---

[21] Segundo Grove (2015): 60 universidades nacionais que oferecem cursos nessas disciplinas, 26 já confirmaram que irão cancelar ou reduzir essas matérias.

[22] Pring (2004) vai além ao defender que a preparação para um futuro que seja economicamente próspero, bem como social e pessoalmente satisfatório, certamente requer a aquisição de habilidades que forneçam as competências para alcançar padrões apropriados em uma ampla gama de atividades. Mas focar nas habilidades nos leva a uma linguagem limitada que transforma e empobrece o empreendimento educacional.

Ainda acerca deste debate, Vestesber (2018) defende,

> The idea here is not to privilege some subjects over others; rather, it's to yank us out of the increasingly pointless dichotomy between sciences and humanities. To master this new epoch, we need both – and we need to integrate them as never before.

rotineiras aumentaram essa participação em 0,4 e 0,2 pontos percentuais, respectivamente.

Para economistas como Michele Boldrin, o ritmo de inovação atual destrói empregos com mais rapidez do que a educação os salva., e, portanto, a reestruturação do sistema educativo, a fim de formar estudantes mentalmente flexíveis, torna-se imprescindível. Na sua visão, a desigualdade é um subproduto da inovação, e como não há crescimento sem inovação, a desigualdade é um efeito secundário do crescimento econômico – Trotta (2018).[23]

Outro ponto de adequação à nova realidade social e às novas relações de trabalhos está no arcabouço legal que rege as mesmas, em especial no caso brasileiro Consolidação das Leis do Trabalho – CLT. A Lei Federal nº 13.467/2017, aprovada recentemente, buscou trazer a legislação de 1943 ao novo século, em consonância com as novas práticas do mercado de trabalho. Dentre as principais alterações introduzidas pela lei, Martins e Braz (2018) destacam podemos destacar: a prevalência do negociado sobre o legislado. O Contrato de Trabalho Intermitente, Jornada de Trabalho 12 x 36; a não integração da ajuda de custo, prêmios, abonos, auxílio-alimentação e diárias para viagem na remuneração e a extinção contratual por acordo entre empregado e empregador.

Também o BNDES terá que rever drasticamente sua forma de atuação e precisará equacionar o desafio de financiar projetos de investimentos em outras áreas diferentes das que historicamente apoiou, de modo a estimular cadeias de produção e de serviços e, obviamente, buscar maximizar a geração de emprego – seria óbvio demais dizer que indústria do lazer empregará mais que uma fábrica de automóveis. A captação de recursos pelo banco estatal também deverá passar por aprofundar a atual parceria com o mercado privado de capitais de modo a fomentar e se aproveitar do esperado alongamento e expansão da poupança privada doméstica. Em princípio, haverá uma maior demanda pela previdência privada não apenas para suplementar, mas até para cobrir o benefício básico, no caso da parcela crescente de trabalhadores sem

---

[23] A inovação é tão crucial ao desenvolvimento econômico que mesmo na China, dentro de sua política industrial tecnológica, companhias como a Tencent e Alibaba gozam de autonomia para inovar, e o governo intervém com alguma regulação ex-post, no resultado do processo. (Ver: https://bit.ly/2QzRMSd)

carteira assinada e, por conseguinte, sem contribuírem para o regime oficial ou social.

O gráfico abaixo mostra série de desembolso real do BNDES, e ajuda a ilustrar o recente movimento de apequenamento do banco.

Gráfico 14– Desembolsos reais do BNDES – Acumulados em 12 meses

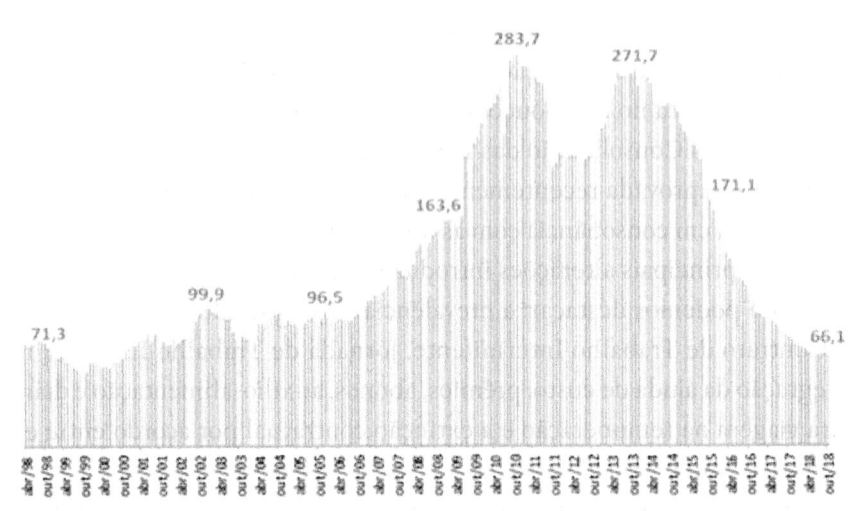

FONTE: BNDES. Deflacionado pelo IPCA, a preços constantes de out/2018.

Repensar o papel do BNDES também terá reflexos inexoráveis no resto do sistema bancário brasileiro, uma vez que, historicamente, ao menos metade de seus desembolsos serão realizados pela rede de agentes financeiros (FINAME e operações automáticas). Isso coincidirá com o impacto sobre os bancos comerciais e mesmo serviços conexos, como seguradoras e corretoras, da chegada da revolução digital. Como outros serviços, o sistema bancário deve ser mais afetado pela automação do que até mesmo a manufaturada, que já vinha automatizada.

Febraban (2018) mostra que o setor bancário é o segmento que mais investe em tecnologia, e afirma que as novas tendências na revolução digital do setor dizem respeito à experiência do usuário, *analytics*, inteligência artificial e open banking, e que estas estão sendo adotadas pelo setor bancário no Brasil.

Na China, tradicionais bancos estatais estão perdendo mercado para aplicativos e serviços financeiros na internet.[24]

Do *blockchain* ao celular, mudará a radicalmente a forma como se deterá moeda, se fará pagamentos, se aplica, enfim, se usará o dinheiro. A concorrência finalmente chegará ao concentrado mercado bancário brasileiro não apenas por novos agentes financeiros, como *fintech*, mas por outros entes que não são financeiros e por outros países – em comum, fugirão da clássica regulação e supervisão pelo banco central. O capital de giro também passará a ser fornecido aos produtores de bens pelos gigantes do comércio eletrônico. O crescimentos dos *marketplaces*, facilita a vida não apenas dos consumidores, mas também das corporações que podem cadastrar vendedores em seus site, aumentando a variedade de produtos ofertados sem a necessidade de aumentar o estoque próprio, liberando o capital de giro da firma.[25] Na China, as plataformas digitais já contribuem com 10,5 % do PIB e apontam para um caminho promissor na criação de empregos, conectando produtores a consumidores.[26] A globalização torna cada vez mais fácil que um banco na China financie um projeto no Brasil, às vezes até sem ter um escritório físico no País.

Como o BNDES continuará não tendo a menor condição física de estar presente em tantas praças diferentes de um país continental e como já enfrenta concorrência externa no financiamento de longo prazo, precisará repensar não apenas sua equação de captação de recursos (que muito já se fala) mas sobretudo de aplicação.

É até possível construir e usar plataforma digital para contato direto com clientes, mas, de qualquer forma, ainda faltarão recursos humanos para processar e analisar a qualidade dos projetos de investimentos – que dificilmente poderão ser subsídios por robôs.

A atuação e os desembolsos do BNDES através da rede de agentes financeiros tanto pode compreender a manutenção da histórica parceria com os bancos comerciais brasileiros, se valer cada vez mais das instituições atuantes no mercado de capitais e se reaproximar dos bancos de desenvolvimento dos outros países e as agências multilaterais quanto poderia inovar radicalmente

---

[24] Ver https://on.ft.com/2sPRHMK
[25] Ver XP Investimentos (2018)
[26] Ver https://bit.ly/2ECzVUH

e firmar consórcios de crédito com os gigantes do comércio eletrônico. O raio de manobra de uma instituição financeira de desenvolvimento se alargou ainda mais com a revolução digital – aliás, não por outro motivo que alguns países reverteram a desestatização de entidades desse tipo e mesmos os mais liberais estão a criar novas instituições.[27]

No caso Chinês, o Banco de Desenvolvimento da China atua ativamente no desenvolvimento do plano de longo prazo do governo central, na formulação da política industrial e coopera estreitamente com diversos ministérios e governos subnacionais. (XU, 2018)

Tanto mais bem-sucedidas forem as políticas de formação e de requalificação dos trabalhadores e a revisão e modernização das linhas de financiamentos, menos grave será a pressão sobre o seguro-desemprego e se poderá tentar disparar um círculo virtuoso. Sem isso, será inevitável cair no círculo vicioso da crise que se retroalimenta, do desemprego que derruba o consumo e a renda, e que Keynes tanto se ocupou e se notabilizou em combater. Do BNDES e do FAT, até ao governo como um todo, é inegável a imperiosidade de se reinventar políticas públicas para atender aos desafios da era digital.

Por último, não se pode deixar de registrar o desafio da reforma tributária. Não deixa de ser uma coincidência histórica que Keynes se preocupasse em fazer uma reforma estrutural do lado do gasto (com a consolidação do seguro social) cujo custeio fosse realizado única e exclusivamente em cima do aumento das tradicionais contribuições sobre folha salarial.

Se o cenário para esse tributo já seria preocupante em todo mundo diante do desemprego a ser provocado pela automação, que dizer dos efeitos do trabalho independente que, como já dito, já se manifesta no Brasil de forma expressiva – ainda que inicialmente inspirado pelo planejamento tributário, sobretudo do empregador preocupado em fugir dos altos encargos trabalhistas, em uma reação exatamente igual a que Keynes temia há mais de meio século.

A Assembleia Constituinte de 1987/88 até inovou no custeio da seguridade social ao diversificar suas fontes de recursos, ao incorporar uma contribuição

---

[27] Ver Rodrigues, Afonso e Paiva (2017) e Além, Madeira e Martini (2017). Além disso, vale citar que nos EUA está sendo avaliado pelo Congresso uma proposta para recriar um banco de infraestrutura, aos moldes do que foi fechado, pelo próprio Congresso, 1956. (Ver: https://washex.am/2ClDVpW)

sobre o faturamento (até então cobrada sob título de FINSOCIAL) e criar outra sobre o lucro, e ainda deixada uma competência residual para criação de novas contribuições. Não ficar dependente da base salários era uma inspiração claramente keynesiana para o debate do seguro social – talvez por acaso (o economista não foi citado nos debates). O retrocesso veio breve, em 1998, com emenda que vinculou exclusivamente a contribuição de salários para pagar benefícios da previdência social. Lógico que não impediu que outras fontes custeassem tal regime, mas sinalizou a incompreensão da necessidade de diversificação.

Uma reforma abrangente faz todo sentido porque, por exemplo, para se tributar o trabalhador independente ou o empregador ou contratante de seu trabalho pode ser necessário mesclar diferentes tributos ou bases. Se não for empregado e contribuinte, não terá direito a se aposentar – ao menos não com seus vencimentos. Mas, para ser atendido pelos serviços públicos de saúde e assistência social, bem assim pela rede de proteção social, precisaria contribuir, ainda que de forma genérica.

Tanto o Banco Mundial, quanto a OCDE, já tratam com atenção a reformulação da rede de proteção social, inclusive no que se refere ao seu financiamento. Banco Mundial (2019) defende a garantia de um nível mínimo universal de proteção social, através de reformas em subsídios, na regulação do mercado de trabalho e na política tributária e afirma que: *"Investing in human capital is not just a concern for ministers of health and education; it should also be a top priority for heads of state and ministers of finance."*

Por seu turno, além de analisar as despesas com proteção social, seu financiamento e sustentabilidade de longo prazo, OCDE(2018a) apresenta uma ferramenta de análise para subsidiar esforços de países em desenvolvimento que desejam ampliar e reformar seu sistema de proteção social, levando em conta fatores demográficos, dinâmica da pobreza, tendências do mercado de trabalho e a composição da receita tributária.

Uma hipótese poderia ser taxar o faturamento e/ou até o lucro, mas deduzir dessa base bruta o valor folha salarial (também se pode apurar o montante devido e descontar a contribuição previdenciária paga). Seria o caso de adotar uma espécie de tributo parcial sobre o valor adicionado. De modo que aquela empresa que emprega com carteira assinada (e como tal, já contribuísse para a previdência social) não precisasse contribuir, ou o fizesse de forma reduzida, para o custeio da seguridade social. Essa poderia ser uma alternativa para revisar a própria contribuição do PIS/PASEP de modo a premiar quem emprega com baixa rotatividade e promoção de treinamento e qualificação profissional e, por conseguinte não sobrecarrega o FAT, em troca de mais cobrar de quem fatura, porém não contrata mão-de-obra formalmente.

Outras propostas de mudanças institucionais, focadas no Sistema Público de Emprego, Trabalho e Renda (SPETR), foram apresentadas em Silva (2018).[28]

Existem várias outras hipóteses de se misturar as bases de cálculo tradicionais – como salários, faturamento ou valor adicionado, rotatividade, gastos com qualificação e até lucros – visando adequar a exigência das contribuições ou dos tributos aos objetivos do que se precisa financiar e de quem se pretende taxar.

Seja qual for o caminho, o melhor seria mais uma vez voltar ao Keynes e também repensar como um todo o futuro do financiamento da seguridade social e do próprio Poder Público.

Conclusões

Voltar à Keynes e às origens da estruturação do seguro-social britânico nos anos quarenta pode ajudar a iluminar os caminhos futuros que se precisará

---

[28] A fim de oferecer nova dinâmica ao FAT, o Silva (2018) propõe quatro medidas:
"... • destinação da parte da multa rescisória de contrato de trabalho que diz respeito à LC no 110/2001 para o FAT, imputando alguma progressividade na alíquota (que, pela lei, atualmente é de 10% sobre o saldo do FGTS) como forma de desestimular a rotatividade no mercado de trabalho. (...)

(...)• desconto do valor das desonerações tributárias sobre o total da DRU, ambas incidentes sobre o PIS/Pasep. (...)

(...)• estabelecer a necessidade de escolha por parte do trabalhador demitido imotivadamente entre duas opções: sacar o saldo em sua conta do FGTS, já acrescido com o valor referente à multa rescisória que lhe cabe, e abrir mão do seguro-desemprego naquele momento, ou receber o seguro-desemprego, caso esteja elegível para o benefício, abrindo mão do direito de sacar o valor em conta.

(...)• reformulação do abono salarial, alterando sua lógica atual. Em vez de ser calculado com base no período de trabalho, o cálculo dar-se-ia sobre o período de desemprego durante o ano de referência, tornando-se um benefício assistencial para aqueles trabalhadores que não atendem mais às exigências para acessar o seguro, mas continuam em situação de desemprego. (...)"

trilhar no Brasil para enfrentar os novos desafios decorrentes da revolução digital, econômica e social.

Como chama atenção Nemat Shafik, em publicação recente do FMI e do Banco Mundial:

> "... Perhaps we need to revisit the political and social advantages of universal benefits, which are better for getting political buy-in and ensuring quality. The founder of the welfare state in the United Kingdom, the LSE's William Beveridge, intended it to be based on the concept of universal social insurance. That link was lost as the social safety net increasingly was funded through general taxation and some citizens opted out through private provision..." (SHAFIK, 2018)

Só a leitura nas *Obras Completas* do capítulo da *Política de Emprego* – como foi denominado e sistematizado pelo organizador da coleção (KEYNES, 1980, p. 264419) – permite recuperar as reflexões de Keynes que em toda a sua obra foram mais focadas em torno de matérias fiscais. É curioso que, mesmo sem merecer a atenção dada às obras e aos demais temas, muitas das recomendações e observações de Keynes sobre a forma de estruturação do orçamento britânico, de gestão da dívida pública, de planejamento dos investimentos e até mesmo de cobrança de tributos, para não falar nos objetivos e nos meios mais amplos da política fiscal, vieram a marcar e condicionar o processo orçamentário, contábil, financeiro e tributário que passou a ser seguido por todos os países, sem maiores diferenciais no conteúdo, até os dias de hoje. (salto?)

As tendências da revolução digital, da automação ao trabalho independente, vão acelerar a deterioração do mercado de trabalho brasileiro. Ter trabalho não será necessariamente ter emprego.

À medida que a tecnologia evolui, fica cada vez mais claro que nossos sistemas educacionais não estão preparando as pessoas para as oportunidades que os avanços da Revolução Industrial 4.0 apresentarão. Educadores, formuladores de políticas, organizações sem fins lucrativos e a comunidade empresarial precisam confrontar esse fato – mesmo que (especialmente se) isso signifique questionar práticas de longa data e suposições da moda.

Em trabalho recente, OCDE (2018) destaca que o grau que as firmas, economias e mesmo os indivíduos podem aproveitar os benefícios da crescente inovação depende diretamente da capacidade de adaptação dos sistemas educacionais para adultos, para que esses desenvolvam habilidades relevantes ao novo mundo de trabalho. Mais especificamente, OCDE (2018) analisa a realidade do sistema educacional para adultos no Brasil, em especial o PRONATEC. O estudo identifica como o principal fator de preocupação no cenário nacional, o rápido envelhecimento populacional e esforços recentes de inserção de empresas nacionais no comércio internacional. [29]

Sem diagnóstico atualizado, as políticas públicas de atenção aos trabalhadores seguem ultrapassadas. Justamente agora estão sendo esvaziados os principais instrumentos do governo brasileiro para tanto, diretamente o FAT, que não apenas paga seguro-desemprego como se ocupa da qualificação profissional, e indiretamente, o BNDES, que financia investimentos produtivos geradores de emprego.

É mais atual do que nunca as lições de Keynes sobre o seguro social ainda que seja premente promover reformas estruturais que criem as bases de um novo pacto social no Brasil. Trabalho não mais será sinônimo de emprego, como financiar investimento produtivo não mais será sinônimo de construir fábrica. Se o Brasil não preservar e expandir seus mecanismos de proteção ao trabalhador e de fomento ao desenvolvimento estará fadado a manter a atual tendência de retrocesso na economia mundial, com custos econômicos e sociais cada vez mais pesados. Há tantas condições de se tornar o País do futuro, quanto de virar a sede do Jurassic Park.

O debate político, mesmo econômico, no Brasil é muito precário ou raso diante da radical transformação estrutural que se experimenta na produção, nas finanças, na sociedade, nessa era digital. O ponto relevante não é se o BNDES vai atuar focado – até porque pode haver tantos focos que no final

---

[29] Dentre as recomendações propostas por OCDE (2018), podemos destacar:
"Develop *a government-led Skill Assessment and Anticipation (SAA) system and devote resources to conduct systematic and regular SAA analyses. The development of SAA exercises is fundamental to improve the alignment of education and training policy with labour market needs (...)*
Develop *restricted catalogues of subsidised training courses that strictly respond to labour market needs. These catalogues should be specific to each region and developed based on rigorous SAA analyses. (...)*
Implement *a training voucher system to let selected individuals choose their training course out of their regional-specific catalogue. (...)Expand the "Rede CERTIFIC" programme to recognise prior learning acquired informally."* OCDE (2018)

vira generalista. O que se deve atentar é que ele precisa responder aos novos desafios, a começar um dos maiores que é o do trabalho sem necessariamente emprego e a nova intermediação financeira que não necessariamente passará pelo sistema bancário clássico, o que afetará radicalmente do FAT à FINAME/ BNDES Automático. Esses dois novos desafios, monumentais, que precisam ser repensados pelo BNDES de forma urgente.

Referências

AFONSO, José R.R.. Trabalho independente, reforma independente. Conjuntura Econômica. Rio de Janeiro, v. 72, p. 18-21, 2018.

_____. Imposto de renda e distribuição de renda e riqueza: as estatísticas fiscais e um debate premente no Brasil. Revista da Receita Federal: estudos tributários e aduaneiros, v. 1, n. 1, p. 28-60, 2014.

_____. Muito além da reforma previdenciária. Conjuntura Econômica. Rio de Janeiro, v. 71, p. 24-26, 2017.

_____; TRENGROUSE, P.. Atletas-empresas no país do amadorismo. Conjuntura Econômica. Rio de Janeiro, v. 71, p. 22-24, 2017.

ALÉM, Ana Cláudia; MADEIRA, Rodrigo Ferreira; MARTINI, Ricardo Agostini. Sistemas nacionais de fomento: experiências comparadas = National systems of development: comparative experiences. Revista do BNDES, Rio de Janeiro, n.47 , p. [205]-257, jun. 2017.

AZEREDO, Beatriz. Políticas públicas de emprego: a experiência brasileira. São Paulo: ABET, v. 1, 1998.

AZEREDO, Beatriz; RAMOS, Carlos Alberto. Políticas públicas de emprego: experiências e desafios. Planejamento e políticas públicas, n. 12, 1995

BANCO MUNDIAL. World Development Report 2019: The Changing Nature of Work. World Development Report; Washington, DC: World Bank. 2019. Disponível em:. https://openknowledge.worldbank.org/handle/10986/

BNDES. O BNDES em 3 Gráficos Relevantes. Nota AP/DEPEC nº 44 ano III – 10 de dezembro de 2018.

CANÔNICO, M. A.. Conhecimento técnico não basta, é preciso ensinar empatia', diz especialista em robótica. 2018. Disponível em: <https://glo.bo/2OSE1bF>. Acesso em: 19 nov. 2018.

CARVALHO, Fernando C. Keynes and the reform of the capitalist social order. Journal of Post Keynesian Economics, [s.I.]: M. E. Sharpe, v. 31, n. 2, p. 191211, Winter 2009. Disponível em: http://bit.ly/fmPqcg. Acesso em: 30 set. 2010.

COGNIZANT. 21 More Jobs of The Future: A Guide to Getting and Staying Employed Through 2029. 2018. Disponível em: <https://cogniz.at/2AqhFup>. Acesso em: 30 nov. 2018.

GROVE, Jack. Social sciences and humanities faculties 'to close' in Japan after ministerial intervention. 2015. Disponível em: <https://bit.ly/1gQObrW>. Acesso em: 19 nov. 2018.

INTUIT RESEARCH: Intuit 2020 Report: twenty trends that will shape the next decade (2010). Disponível em: <http://intuit.me/2kMQtMd>. Acesso em: 29 out. 2018.

KEYNES, John Maynard. A teoria geral do emprego, do juro e da moeda. São Paulo: Nova Cultural, 1996. 352 p. (Os Economistas). 1ª edição de 1983. Disponível em: http://bit.ly/hdYUOL. Acesso em: 30 set. 2010.

_____. The collected writings of John Maynard Keynes: activities 1940-1946, shaping the postwar. Volume 27. Edited by Donald Moggridge. London: Macmillan/Cambridge University Press, 1980. 520 p.

KREGEL, Jan. Budget deficits, stabilisation policy and liquidity preference: Keynes's postwar policy proposals. In: VICARELLI, F. (ed.). Keynes's relevance today, p. 2850. London: Macmilliam, 1985.

MARCUZZO, Maria C. Keynes and the Welfare State. [S.I.]. [2006?]. 17 p. Trabalho não publicado. Disponível em: http://bit.ly/b7CHqI. Acesso em: 27 jul. 2010.

MARTINS, Thiago Penido; BRAZ, Virgínia Lara Bernardes. As transformações nas relações de trabalho, a reforma trabalhista e a proibição ao retrocesso social. Direito e Desenvolvimento, v. 9, n. 2, p. 95-117, 2018.

MCKINSEY GLOBAL INSTITUTE. Jobs Lost, Jobs Gained: Workforce Transitions in a Time of Automation. 2017. Disponível em: https://goo.gl/JNqgJS;

MOGGRIDGE, Donald. As ideias de Keynes. São Paulo: Cultrix, 1976. 153 p. (Mestres da Modernidade).

MCINNIS, Brian James; MURNANE, Elizabeth Lindley; EPSTEIN, Dmitry; COSLEY, Dan, and LESHED, Gilly. 2016. One and Done: Factors affecting one-time contributors to ad-hoc online communities. In Proceedings of the 19th ACM Conference on Computer-Supported Cooperative Work & Social Computing (CSCW '16). Association for Computing Machinery, New York, NY, USA, 609–623. DOI:https://doi.org/10.1145/2818048.2820075

OCDE. Social Protection System Review: A Toolkit, OECD Development Policy Tools, OECD Publishing, Paris,2018a.

OCDE. Getting Skills Right: Brazil. Getting Skills Right, OECD Publishing, Paris, 2018b.

PRING, R.. The Skills Revolution. Oxford Review of Education, v. 30, n. 1, p.105-116, mar. 2004.

RODRIGUES, Denise Andrade; AFONSO, José Roberto R.; PAIVA, Sílvia Maria. Instituições financeiras de desenvolvimento: revisitando lições das experiências internacionais. 2017.

SEETHARAMAN, M.; GAURET, F. Workers' rights transformed: Ensuring social protection. Euronews. maio/18. Disponível em: < https://bit.ly/2sfVwKv>. Acesso em 10/07/2018.

SHAFIK, Nemat. A New Social Contract. Finance & Development; FINANCE & DEVELOPMENT, VOL. 55, Nº. 4. Dezembro de 2018. Disponível em: < https://bit.ly/2PavVLN>. Acesso em: 17 dez. 2018.

SILVA, B. A.; RAMOS, C. A.. POLÍTICAS PÚBLICAS DE EMPREGO: EXPERIÊNCIAS E DESAFIOS. Planejamento e Politicas Publicas, v. 12, p. 91-116, 1995.

SILVA, Sandro Pereira. 2018. Propostas de reformulação no arranjo de financiamento e da agenda programática do sistema público de emprego, trabalho e renda no Brasil. Boletim do Mercado de Trabalho. IPEA. 2018 Disponível em: < https://bit.ly/2QqhsAP>. Acesso em: 11 dez. 2018.

SKIDELSKY, Robert. John Maynard Keynes: fighting for Britain 19371946. London: Papermac, 2001. v. 3. 580 p.

_____. John Maynard Keynes 18831946: economist, philosopher, Statesman. London: Penguin Books, 2003. 1021 p.

TROTTA, T.. A inovação destrói empregos com mais rapidez do que a educação os salva. 2017. Disponível em: <https://bit.ly/2oPe820>. Acesso em: 07 set. 2018.

UHY. The cost of "taxes" on jobs around the world: How social security payments and other employer costs impact job creation and wage growth in different economies. Fevereiro de 2016

VESTBERG, Hans. Why we need both science and humanities for a Fourth Industrial Revolution education. 2018. Disponível em: <https://bit.ly/2xRIzc7>. Acesso em: 19 nov. 2018.

WORLD ECONOMIC FORUM. The Future of Jobs Rebort: 2018. Geneva: 2018. Disponível em: <https://bit.ly/2xeWN7e>. Acesso em: 18 set. 2018.

XP Investimentos. Meios de pagamento: Por que todos estão de olho? Uma análise de como os varejistas se encaixam nesse assunto. Apresentação. Dezembro 2018.

XU, Q. Y. CDB: Born Bankrupt, Born Shaper. In: CEBRI; BNDES The Future of National Development Banks. 2018. p. 62-104